资本运作与公司治理
——助力上市公司高质量发展

王如富 等著

中国财经出版传媒集团
中国财政经济出版社

图书在版编目（CIP）数据

资本运作与公司治理：助力上市公司高质量发展 / 王如富等著. ‐‐北京：中国财政经济出版社，2023.3

ISBN 978‐7‐5223‐2035‐9

Ⅰ.①资… Ⅱ.①王… Ⅲ.①上市公司‐企业管理‐研究‐中国 Ⅳ.①F279.246

中国国家版本馆 CIP 数据核字（2023）第 039549 号

责任编辑：孙　琛　贺靖轩　　　责任校对：胡永立
封面设计：陈宇琰　　　　　　　　责任印制：党　辉

资本运作与公司治理——助力上市公司高质量发展
ZIBEN YUNZUO YU GONGSI ZHILI
——ZHULI SHANGSHI GONGSI GAOZHILIANG FAZHAN

中国财政经济出版社 出版

URL：http://www.cfeph.cn

E‐mail：cfeph@cfeph.cn

（版权所有　翻印必究）

社址：北京市海淀区阜成路甲 28 号　邮政编码：100142
营销中心电话：010‐88191522　责任编辑电话：010‐88190653
天猫网店：中国财政经济出版社旗舰店
网址：https://zgczjjcbs.tmall.com
北京时捷印刷有限公司印刷　各地新华书店经销
成品尺寸：170mm×240mm　16 开　19.25 印张　280 000 字
2023 年 4 月第 1 版　2023 年 4 月北京第 1 次印刷
定价：98.00 元
ISBN 978‐7‐5223‐2035‐9
（图书出现印装问题，本社负责调换，电话：010‐88190548）
本社质量投诉电话：010‐88190744
打击盗版举报热线：010‐88191661　QQ：2242791300

序

党的二十大报告指出，要加快构建新发展格局，着力推动高质量发展。中国证监会易会满主席指出，上市公司是中国企业的优秀代表，是中国经济的支柱力量。作为公众公司，上市公司要做好表率，巩固治理能力、增强竞争能力、提升创新能力、提高抗风险能力、提升回报能力，努力实现更高质量的发展。

作为中国 5000 多家上市公司中的一员，东方证券也在不断努力追求实现公司的高质量发展。公司自 1998 年 3 月成立以来，就坚持服务实体经济发展和服务社会财富管理的初心和使命，打造为客户提供优质综合金融服务的一流现代投资银行。公司经过 20 多年的努力，综合实力不断增强，已经接近行业的第一梯队。在公司的快速发展中，离不开资本市场的推动和助力。

一方面，公司通过资本运作，有效壮大了公司的资本实力。公司从 2007 年开始经过 8 年的努力，在 2015 年 3 月实现 A 股上市；随即启动 H 股发行，克服英国脱欧带来的国际金融市场波动挑战，于 2016 年 7 月实现 H 股上市；2017 年 12 月，公司又克服再融资新规、减持新规、资管新规带来的挑战，完成了 A 股非公开发行；2020 年公司推进实施 H 股员工持股计划，在员工持股机制上进行了有益探索和尝试；2022 年 4—5 月，克服新冠肺炎疫情封控和市场下跌带来的严峻挑战，完成了公司 A+H 股配股，成为市场首单 A 股折价、H 股溢价配股创新案例。这些资本运作项目，在一定程度上见证了东方证券发展的历史，对于上市公司发展具有典型的参考意义。

另一方面，作为一家Ａ＋Ｈ股上市公众公司，长期以来注重公司治理的不断进步和完善，公司治理组织和机制运行良好，真实、准确、完整、及时、公平地做好信息披露工作，专业化、体系化地做好投资者关系管理，加强与投资者的沟通交流，积极传导公司的发展价值，努力维护和提升公司的市值，力争打造一家规范优秀的Ａ＋Ｈ股上市公司。建立和完善上市公司的治理机制，是一家公司保持长期可持续发展的必要条件，是上市公司实现高质量发展的基石。

本书由公司董事会秘书王如富先生联合董事会办公室同事撰写，站在上市公司的角度，结合上市公司实践案例，深入论述上市公司的资本运作和公司治理，内容比较全面，既具有理论性又具有实践性。相信本书对于提升上市公司的资本运作和公司治理水平，对于推动我国上市公司的高质量发展，具有较好的参考价值。

金文忠

东方证券股份有限公司董事长

2023年2月于上海

前　言

上市公司是企业中的优秀代表，作者长期在 A＋H 股上市公司工作。时常去观察和思考，是什么力量决定了一家上市公司发展的好坏，有哪些路径推动上市公司走上更好的高质量发展之路。上市公司高质量发展的维度是多方面的，其中资本运作和公司治理是上市公司共性的要求，是推动上市公司高质量发展的重要维度。

在东方证券的平台上，作者有幸参与了公司的 A 股发行上市、H 股发行上市、A 股非公开发行、A＋H 股配股、实施员工持股计划和投行合资等重要的资本运作。这些项目在推进实施过程中都遭遇了挑战，但在监管部门和公司股东、董监高等各方的支持下，在公司的坚强领导和相关部门与中介机构的共同努力下，取得了来之不易的成果。同时，作为 A＋H 股上市公司，我们时刻重视不断优化和完善公司治理，做好上市公司信息披露和投资者关系管理工作，努力为公司的高质量发展贡献力量。

因此，作者通过总结、提炼的方式撰写了本书。本书分为上、下两篇。上篇十一章为上市公司资本运作篇，下篇五章为上市公司治理篇。上、下两篇既相互独立，又紧密相关，是一家上市公司发展与运作的两个重要方面。本书撰写过程中注意理论性、实践性和可读性，希望对推动上市公司的高质量发展，对有志于从事资本市场和上市公司相关工作的人士，具有一定的参考价值。

本书由王如富负责总体统筹和撰写，东方证券董事会办公室李婷婷、吴一波参与撰写第十二章，沈嵘、王凯笠、于方参与撰写第十三章，张潇参与撰写第十四章，吴一波参与撰写第十五章。由于作者水平有限，如有不当之处，请读者批评指正。

本书的成稿出版，特别感谢东方证券金文忠董事长的指导和支持，感谢东方证券宋雪枫党委书记、鲁伟铭总裁、杜卫华党委副书记和潘鑫军、杨玉成、舒宏、张建辉、徐海宁、杨斌等领导的支持以及李志强律师的鼓励；感谢东方投行、光大证券、国泰君安、中金公司等境内投行，花旗、高盛、野村、东证国际等境外投行，以及国浩律师事务所、高伟绅律师事务所、德勤会计师事务所、立信会计师事务所等参与东方证券项目的中介机构同事的共同奋斗；感谢东方投行洪伟龙和花旗投行刘冰楠对本书的贡献以及家人的支持，感谢中国财政经济出版社付克华、贺靖轩编辑的辛勤工作，方能使得本书付梓出版。

作者

2023年2月于上海

目 录

概论：上市公司高质量发展 …………………………………… 1
 一、上市公司高质量发展的维度 ………………………………… 1
 二、上市公司的资本运作 ………………………………………… 3
 三、上市公司的公司治理 ………………………………………… 6
 四、基本框架 ……………………………………………………… 8

上篇　上市公司资本运作

第一章　上市公司资本运作概述 ………………………………… 13
 一、上市公司资本运作的主要方式 ……………………………… 13
 二、上市公司资本运作的基本流程 ……………………………… 17

第二章　A 股发行上市 …………………………………………… 22
 一、企业上市战略选择 …………………………………………… 22
 二、A 股主要板块上市条件 ……………………………………… 23
 三、A 股 IPO 的流程 ……………………………………………… 30
 案例　东方证券八年努力，终于实现 A 股 IPO ………………… 36
 附件　东方证券 IPO 发审会上的总结陈述 ……………………… 48

第三章　境外发行上市 …………………………………………… 49
 一、H 股发行上市的意义 ………………………………………… 49
 二、H 股发行上市的条件 ………………………………………… 50

三、H股IPO的基本流程 …………………………………… 52

　　四、H股市场的估值问题 …………………………………… 55

　　五、红筹上市 ………………………………………………… 55

　　六、美股上市 ………………………………………………… 56

　　案例　攻坚克难书写精彩，东方证券实现H股发行上市 …… 60

　　附件　东方证券H股IPO的主要进程 ……………………… 72

第四章　A股非公开发行 ……………………………………… 73

　　一、非公开发行股票 ………………………………………… 73

　　二、再融资基本审核流程 …………………………………… 75

　　三、如何找到参与定增投资者 ……………………………… 76

　　案例　克服挑战，一年完成A股定增 ……………………… 80

　　附件　东方证券A股定增的主要进程 ……………………… 86

第五章　上市公司配股 ………………………………………… 87

　　一、配股的条件 ……………………………………………… 87

　　二、配股的特点 ……………………………………………… 89

　　案例　克服新冠疫情和极端市场环境挑战，东方证券完成

　　　　　A＋H股配股发行 …………………………………… 90

第六章　上市公司可转债发行 ………………………………… 103

　　一、可转换债券的发行条件 ………………………………… 103

　　二、可转债的发行与转股情况 ……………………………… 104

　　三、可转债发行的案例 ……………………………………… 105

　　附件　东方财富证券2021年可转债发行主要要素 ………… 107

第七章　全球存托凭证（GDR）发行 ………………………… 111

　　一、GDR简介 ……………………………………………… 111

　　二、GDR发行总体情况 …………………………………… 114

　　三、GDR发行流程 ………………………………………… 115

　　四、GDR发行案例 ………………………………………… 117

第八章　上市公司并购重组与分拆上市 ······ 120
　　一、上市公司并购重组 ······ 120
　　二、上市公司分拆上市 ······ 125
　　三、上市公司并购重组案例 ······ 127

第九章　上市公司股票回购 ······ 133
　　一、上市公司股票回购规则 ······ 133
　　二、上市公司股票回购概况 ······ 135

第十章　上市公司实施员工持股与股权激励 ······ 137
　　一、员工持股 ······ 137
　　二、股权激励 ······ 138
　　三、员工持股案例 ······ 140
　　四、股权激励案例 ······ 149
　　附件　东方证券通过OTC系统办理员工持股计划的工作创新 ······ 151

第十一章　建立中外合资企业 ······ 154
　　一、中外合资企业概述 ······ 154
　　二、我国证券业对外开放进程 ······ 154
　　案例　东方投行合资 ······ 158

下篇　上市公司治理

第十二章　上市公司的公司治理 ······ 167
　　一、上市公司治理架构与机制 ······ 167
　　二、股权结构和股东支持 ······ 170
　　三、董事选聘与董事会的科学决策 ······ 174
　　四、经营层选聘与激励约束 ······ 178
　　五、监事会的作用发挥 ······ 179
　　六、公司治理的规范运行 ······ 181

七、上市公司 ESG 管理 ·················· 184
　　案例　中国平安董事会建设 ·················· 188
　　附件　二十国集团/经合组织《公司治理原则》（2015 年修订版） ··· 192

第十三章　上市公司信息披露　199
　　一、上市公司信息披露的原则要求 ·················· 199
　　二、上市公司信息披露的内容体系 ·················· 207
　　三、上市公司信息披露的工作体系 ·················· 217
　　四、上市公司的关联交易管理 ·················· 223
　　五、上市公司内幕信息与知情人登记管理 ·················· 231

第十四章　上市公司投资者关系管理　236
　　一、投资者关系管理工作的发展与意义 ·················· 236
　　二、投资者关系管理工作与市值的关系 ·················· 240
　　三、投资者关系管理工作的理念与体系 ·················· 243
　　四、投资者关系管理工作的实践 ·················· 251
　　五、投资者关系管理工作的难点与应对 ·················· 254
　　案例　东方证券 2021 年报业绩说明会实践 ·················· 260

第十五章　上市公司的法律责任与风险防范　264
　　一、证券发行违法违规 ·················· 266
　　二、信息披露违法违规 ·················· 271
　　三、其他违法违规行为 ·················· 276
　　四、上市公司违法违规的风险防范 ·················· 279

第十六章　上市公司董秘与董办建设　282
　　一、上市公司董事会秘书 ·················· 282
　　二、建设专业高效的董事会办公室 ·················· 289
　　案例　力学笃行，做好"四篇文章" ·················· 291

参考文献　·················· 295

概论： 上市公司高质量发展

上市公司是企业中的优秀代表，作者长期在 A+H 股上市公司东方证券工作。时常去观察和思考，是什么力量决定了一家上市公司发展的好坏，有哪些维度推动上市公司走上更好的高质量发展之路。

一、上市公司高质量发展的维度

2022 年 4 月，中国证监会主席易会满在中国上市公司协会第三届会员代表大会上指出，上市公司要遵循公众公司的特点和发展规律，着力提升"五种能力"，探索高质量发展路径：一是抓基础，巩固治理能力；二是强主业，增强竞争能力；三是育长板，提升创新能力；四是增韧性，提高抗风险能力；五是重效益，提升回报能力。

2022 年 12 月，中国上市公司协会会长、中国企业改革与发展研究会会长宋志平指出，围绕锚定高质量发展这一首要任务，加快建设世界一流企业：一是要深化企业改革，完善中国特色现代企业制度；二是做强做精主责主业，增强企业发展活力，提升企业核心竞争力；三是要进行有效、有目的和有质量的创新；四是要充分发挥资本市场作用，服务实体经济，支持企业高质量发展。

同期，中国人民大学教授刘运宏发表文章指出，上市公司高质量发展是指上市公司在符合宏观经济发展政策、证券监管法律法规、商业运行逻辑和价值规律的前提下，既实现经营管理持续规范和协调等质的提升，又有经营效率等量的积累的一种发展状态。上市公司高质量发展必须从六个方面着力：制订科学的公司发展战略，奠定上市公司持续稳定发展的基础；建立适合于己的公司治理结构，筑牢上市公司高质量发展的根基；聚焦主业，融合技术创新实现产业升级，提升上市公司资产质量；借助资本市场的投融资工具，提升上市公司的实力与效率；建立激励与约束相结合的薪酬分配机制，提高上市公司运行的效率与活力；建立有效的风险防控机制，提高应对突发事件的能力，有效防控风险。

2020年10月5日，国务院下发的《关于进一步提高上市公司质量的意见》（国发〔2020〕14号）指出，资本市场在金融运行中具有牵一发而动全身的作用，上市公司是资本市场的基石。提高上市公司质量是推动资本市场健康发展的内在要求，是新时代加快完善社会主义市场经济体制的重要内容。上述《意见》从提高上市公司治理水平、推动上市公司做优做强、健全上市公司退出机制、解决上市公司突出问题、提高上市公司及相关主体违法违规成本、形成提高上市公司质量的工作合力等七个方面提出了相应的工作举措。

由此可见，上市公司实现高质量发展的维度是多方面的。站在上市公司主体的角度，从手段上来讲，包括不断完善公司治理体制和机制、抓好主业提升竞争能力、适应发展提升创新能力、加强人才团队建设、做好资本运作推动发展、控制风险加强风险管理能力等。从结果上来讲，表现为取得行业一流大型企业或专精特新企业的行业地位，企业的经济效益、财务状况和发展前景良好，能够有效回报公司的投资者，更加注重承担企业的社会责任等。在上述多个维度中，资本运作和公司治理，是上市公司存在共性的因素，有许多互通的地方；而其他的竞争能力、创新能力、风险管理能力等方面，为上市公司个性的因素，因企业而存在差异。

因此，我们结合多年的工作思考和实践，本书从上市公司的资本运作和公司治理两个共性的维度，深入论述相关思考与实践，是一件有价值和意义的事情。希望对提升我国上市公司的资本运作和公司治理水平，推动我国上市公司的高质量发展，发挥积极的助力作用。

二、上市公司的资本运作

（一）资本运作的内涵

资本运作，又称为资本运营，没有标准统一的定义，综合各类文献资料，摘录相对全面的定义如下：

资本运作是指利用市场法则，通过资本本身的技巧性运作或资本的科学运动，对企业的资本进行运筹谋划和优化配置，实现价值增值、效益增长的一种经营方式。资本运作是以资本的最大限度增值为目标，以价值形态运作为特征，利用生产要素的优化配置和资本结构的动态调整等手段对资本进行综合运作的一种经营模式。

资本运作通过以货币化的资产为主要对象的购买、出售、转让、兼并、托管等活动，实现资源重新配置，从而达到企业利益最大化的目标。它是市场经济的产物，是企业继生产经营、商品经营之后，以拥有的资本为对象，通过资本更大范围的流动来实现内外部资源的优化配置，提升企业竞争力的经营活动，是企业发展中的一个重要层次。

通过以上定义，我们可以看到资本运作的目标是实现资本最大限度的增值。在企业资本运作中，不仅要注意企业利润最大化和企业所有者权益最大化，而且更要重视企业价值最大化。

同时我们看到，资本运作的范围相当广泛，从广义上来讲，可以涵盖一切与资本有关的运营活动，又分为融资和投资活动。融资活动中又分为股权融资和债务融资等。

限于篇幅和专业能力，本书主要介绍上市公司常见的涉及股权的资本运作，包括通过企业上市成为一家上市公众公司以及上市公司再融资、资产重组、员工持股与股权激励、合资等上市公司十大典型的资本运作。

(二) 资本运作的作用与价值

美国作家约翰·斯蒂尔·戈登的著作《伟大的博奕》（祁斌译）论述了以华尔街为代表的资本市场在美国经济发展的每一个阶段中都扮演着重要的角色。华尔街为美国经济的发展提供源源不断的资金，实现社会资源的优化配置，华尔街本身也伴随着美国经济的发展成长为全球金融体系的中心。美国经济的成功是资本市场和实体经济之间协同发展的良好例证。

资本运作是现代企业经营的一个重要层次，对于企业的发展成长和企业价值提升具有十分重要的意义。美国诺贝尔经济学奖得主乔治·斯蒂格勒曾说过："纵观全球优秀企业和著名公司，没有一家不是在某个时期以某种方式通过资本市场发展起来的，也没有哪一家是单纯依靠企业自身利润的内部积累发展起来的。资本决定速度！"

我国证券行业的龙头中信证券，就是一家充分注重运用资本运作推进公司发展的证券公司，具体案例如表1所示。该公司成立于1995年10月，1999年改制为中信证券股份有限公司。2003年和2011年分别在上交所和香港联交所上市，是中国第一家"A+H"股上市的证券公司。公司经过多年科学经营和资本运作，特别是资本运作与业务发展相辅相成、相互促进，终于发展成为我国证券行业的龙头。2022年，中信证券实现营业收入655亿元，净利润211亿元；2022年年末，中信证券的总资产为13102亿元，净资产为2530亿元。

表1　　　　　　　　　　中信证券资本运作案例

时间	项目	实施结果	募集或支付资金总额
2002年12月	A股IPO（上交所）	发行A股40000万股，发行价4.50元/股	18亿元
2004年	控股收购万通证券		
2005年	股权激励	结合股权分置改革，老股东提供3000万股用作股权激励股份	机制创新

续表

时间	项目	实施结果	募集或支付资金总额
2006 年	收购金通证券		近 8 亿元（支付）
2006 年 6 月	A 股非公开发行	向中国人寿保险（集团）公司、中国人寿保险股份有限公司非公开发行 50000 万股 A 股，发行价 9.29 元/股	46.45 亿元
2007 年 9 月	A 股公开发行	公开发行的 33373.38 万股，发行价 74.91 元/股	250 亿元
2011 年 10 月	H 股 IPO	发行 H 股 107120.70 万股，发行价 13.30 港元/股	142.5 亿港币
2011—2013 年	收购里昂证券		12.52 亿美元（支付）
2015 年 6 月	H 股非公开发行	向科威特投资局等 10 位投资者非公开发行 11 亿股 H 股，发行价格 24.60 港元/股	270.6 亿港币
2020 年 3 月	发行股份收购广州证券	向越秀金控、金控有限发行 809867629 股代价股份，定价 16.62 元/股	134.6 亿元（收购广州证券资产对价）
2022 年 2—3 月	A+H 股配股	A 股配股发行 1552021645 股，发行价格 14.43 元/股；H 股配股发行 341749155 股，发行价格 17.67 港元/股	273.3 亿元

中信证券在注重业务发展创新和企业内部积累的同时，资本运作是非常成功和优秀的，其采取的是"熊市并购，牛市再融资"战略，及时采取合适的资本运作、实现有效的资源配置，使公司不断做大做强。在行业低迷时期，公司把握逆周期布局机遇，通过收购兼并等方式，先后收购了万通证券、金通证券、里昂证券、广州证券，低成本扩大市场份额，迅速确立行业龙头地位。在市场整体较为乐观时期，公司也善于抓住机遇，通过各类增发、配股等方式不断扩大净资产，累计募集资本金近 1000 亿元（含发行股份购买资产），同时撬动更高杠杆率做大做强公司资本金业务，实现资产规模与利润规模的双重增长。

因此，可以说资本运作是企业发展的助推器，作为现代的企业家必须充分注重资本运作手段的运用，来推动企业的发展。当然，我们也需要避免从一个极端走向另一个极端的倾向，误认为资本运作是"万能"的。资本运作只是企业发展的一个推动力而非决定因素，一个企业能不能真正成熟的发展，最终要看企业的商业模式、核心竞争力、经营业绩等整体的经营实力。

在实际的运作中，要特别注意企业的资本运作与企业发展相协调，与实体经营相互促进，形成资本运作、企业发展、投资者回报的良性循环，否则就是不可持续的，具体如图1所示。

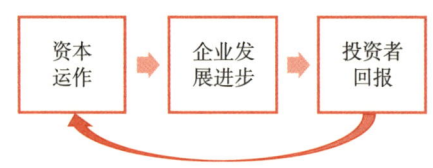

图1　资本运作助推企业发展

从融资类的资本运作来看，募集资金从投入到产出较好的效益需要一定的时间；从并购重组类的资本运作来看，也需要一定的时间通过并购重合发挥出产业协同的效应。因此，除非企业处于极快速的成长期或者有特别的机会，一般而言，资本运作需要有一定的时间间隔。如果一家企业只注重资本运作，而不注重企业本身的主业经营，那也只是一轮一轮的圈钱或热闹一时、昙花一现，最终会受到投资者的反对和抛弃。

在东方证券的发展历程中，先后进行了公司的A股IPO、H股IPO、A股非公开发行（A股定增）、员工持股计划、A+H股配股、投行合资等资本运作。在这些资本项目运作的过程中，积累了不少经验和感悟。因此，在本书的上篇中，我们介绍上市公司资本运作的思考与实践，并与资本市场的全面注册制改革作了衔接，希望对上市公司的实操运作具有较高的参考价值。

三、上市公司的公司治理

广义的公司治理是指通过一套包括正式或非正式的、内部或外部的制度或机制来协调公司与所有利益相关者之间的利益关系，以保证公司决策的科学化，从而最终维护公司各方面利益的一种制度安排。

狭义的公司治理是指所有者（主要是股东）对经营者的一种监督与制衡机制，即通过一种制度安排，合理地配置所有者和经营者之间的权力和责任关系。其借助股东大会、董事会、监事会、经理层所构成的公司治理结构来实现内部治理。公司治理最本质上解决的是因所有权和控制权分离所产生的委托—代理问题，由于两权分离而产生的委托—代理理论被称为主流公司治理理论，是公司治理理论重要的组成部分。

我们去观察社会上企业的发展，有的企业内部运行有序，即使遇到困难也能自我克服，从长期来看保持优良的发展态势，而有的企业内部运行混乱，或者暂时发展很好，但一旦遇到问题就急转直下。比较这两类企业的异同，其中的重要原因就是公司治理的不同。

良好的公司治理是一家企业发展的必要条件。公司治理是一整套指导和控制公司运作的制度与方法，是实现公司价值最大化的前提；是公司降低资本成本、保持公司稳定发展的必要条件；是投资者进行投资决策的重要依据；是增强投资者信心、提高公司在资本市场上竞争力的基础。良好的公司治理能平衡公司所有者、管理者及其他利益相关者的利益，构建有利于公司持续、健康发展的内外治理生态。宋志平会长指出，公司治理是企业规范化运行的基础，拥有规范的治理结构、高瞻远瞩的董事会和精干高效的经理层是企业长期经营与发展的根基。明确股东会、董事会、经理层的责权利是现代公司治理的核心。

1999年，二十国集团/经合组织首次发布了《公司治理原则》（G20/OECD Principles of Corporate Governance），又分别于2004年和2015年进行了两次修订，已成为全球范围内政策制定者、投资者、公司以及其他利益相关者的国际基准。《公司治理原则》旨在帮助政策制定者评估并完善公司治理的法律、监管和制度框架，以保障经济效率、可持续发展和金融稳定。实现这一目标的主要方式是给予股东、董事会成员、高管以及中介机构正确的引导，使其在分权制衡框架内履行各自职责。《公司治理原则》给予各国企业建立和完善公司治理以指导和参考，其基本内容请参见第十二章的附件。此外，南开大学中国公司治理研究院院长李维安教授从2003年开始每年对中国上市公司治理指数进行评价，其评价体系分为股东治理维度、董事会治理维度、经理层治理维度、监事会治理维度、信息披露维度和利益相关者治理维度。

在本书下篇中，我们主要从狭义的角度，论述上市公司治理有关的内容，包括公司治理、信息披露、投资者关系管理、上市公司法律责任与风险防范、上市公司董秘和董办建设等。在论述中，我们以上海证券交易所主板公司的相关规定和要求为例，请读者注意其他交易板块（如深交所、创业板、科创板）上市公司在规则方面的细微差别。

四、基本框架

我们从资本运作、公司治理两大维度，分上、下两篇来深入论述上市公司资本运作和公司治理的思考与实践，以推动上市公司的高质量发展。为论述方便，本书的结构如表2所示。

表2　　　　　　　　　　　本书的基本框架

类别	方式	具体细分	章节
上市公司高质量发展			概述
上篇　资本运作篇			
上市公司资本运作概述			第一章
IPO	境内上市	主板	第二章
		创业板	
		科创板	
	境外上市	H股上市	第三章
		红筹上市	
		美股上市	

续表

类别	方式	具体细分	章节
再融资	股权融资	非公开发行（定增）	第四章
		配股	第五章
		公开增发	
	混合融资	可转换公司债券	第六章
		优先股	
	境外市场	全球存托凭证（GDR）	第七章
并购重组	并购重组与分拆上市		第八章
其他	股份回购		第九章
	员工持股计划 VS 股权激励		第十章
	合资		第十一章
下篇　公司治理篇			
上市公司的公司治理			第十二章
上市公司信息披露			第十三章
上市公司投资者关系管理			第十四章
上市公司法律责任与风险防范			第十五章
上市公司董秘与董办建设			第十六章

　　资本运作和公司治理上、下两篇的内容既相互独立，又紧密相关，是上市公司发展和运营的主要行动，对上市公司而言都十分重要。希望本书对于提升我国上市公司资本运作和公司治理水平，推动我国上市公司的高质量发展，具有参考意义。

上篇 上市公司资本运作

第一章　上市公司资本运作概述

在介绍具体的资本运作项目之前，本章先对资本运作进行总体性概述，包括资本运作的主要方式和基本流程等内容。

一、上市公司资本运作的主要方式

上市公司的资本运作主要包括IPO、再融资、并购重组、持股机制创新等方面。为了叙述方便，我们将其分为以下四类。

（一）通过IPO成为上市公众公司

首次公开募股（Initial Public Offering，IPO）是指一家企业第一次将它的股份向公众出售，通过IPO获得成为在一家证券交易所上市公开挂牌的公司地位。

根据企业生命周期理论，企业发展一般经历种子期、起步期、成长期、成熟期和衰退期等发展阶段。通过IPO成为上市公司，可以说是一家企业发展历程中的成人礼，标志着企业进入一个崭新的发展阶段，其产权结构、公司治理、融资活动和经营管理都将表现出新的形式。

具体来讲，上市可以募集一大笔资金，壮大公司的资本实力，并建立持续的市场化资本补充渠道；通过挂牌上市，公司治理机制的不断完善，公司运作进入更加规范发展的阶段；有利于提升企业的品牌知名度，塑造市场化的公司品牌形象，更好地推动企业发展；对于公司的股东来说，股权的价值有了公开定价和交易的场所，一般来说意味着原始投资的较大升值和便捷的退出渠道。

（二）上市公司的再融资

公司上市之后，要结合企业发展的资金需求，充分利用资本市场可持续的融资渠道，做好上市公司的再融资工作，助力企业发展。企业在作再融资战略的选择时，除了考虑企业内部因素外，更要考虑再融资的相关政策条件。

中国证监会对上市公司再融资政策，随着市场变化而不断调整。当再融资市场过热的时候，则会收紧相关政策。如2017年2月出台了《关于引导规范上市公司融资行为的监管要求》，明确定价基准日只能为非公开发行股票的首日，拟发行股份数量不得超过发行前总规模的20%，上市公司再融资的发行董事会决议日距离前次募集资金到位日不得少于18个月。

当再融资市场需要放宽时，监管部门就会放松相应的监管政策。如2020年2月，中国证监会对上市公司再融资制度进行了优化，这也是现行有效的再融资监管政策。一是精简优化再融资发行条件，规范上市公司再融资行为，支持优质上市公司利用资本市场发展壮大，大力推动提高上市公司质量。二是切实提高公司治理和信息披露质量，督促上市公司以投资者决策为导向，真实准确完整地披露信息。三是调整再融资市场化发行定价机制，形成买卖双方充分博弈，市场决定发行成败的良性局面，充分发挥市场对资源配置的决定性作用，进一步提高上市公司再融资效率。2023年2月，我国资本市场全面注册制改革发布和实施，上市公司再融资政策得到了进一步的优化和完善。

表1-1为2017—2022年上市公司股权融资的数据。从表1-1中我们可以看到，排名第一位的是上市公司定增发行，第二位的为可转债发行，第三位的是配股（虽然有几年优先股的规模超过了配股，但主要是商业银行发行），这对上市公司再融资方向是一个重要参考。

表 1-1　　　　2017—2022 年我国上市公司再融资数据

年度	增发统计		配股统计		可转债统计	
	定增家数（家）	定增募资（亿元）	配股家数（家）	配股募集资金（亿元）	可转债家数（家）	可转债募集资金（亿元）
2022	358	7213.70	9	615.26	153	2735.58
2021	538	9087.19	7	493.35	127	2743.85
2020	410	8324.17	18	512.97	206	2475.25
2019	276	6810.88	9	133.88	106	2477.82
2018	302	7538.75	15	228.32	78	1073.10
2017	603	12541.21	7	162.96	24	602.83

数据来源：Wind。

此外，对于表 1-1 没有列出的上市公司公开增发股票品种，由于要求发行价格应不低于公告招股意向书前二十个交易日公司股票均价或前一个交易日的均价，在此定价机制下，公开发行面临的市场风险较大，近几年来不是上市公司再融资选择的主流品种。2019 年选择公开增发的企业为 3 家，融资总额为 89.5 亿元；2020 年公开增发的企业为 2 家，融资总额为 25.7 亿元，2021 年至今没有企业选择公开增发的方式进行再融资。

对于发行优先股，由于上市公司不得发行可转换为普通股的优先股，但商业银行可根据商业银行资本监管规定，非公开发行触发事件发生时强制转换为普通股的优先股。同时由于优先股无"税盾"作用（股息不能在税前抵扣），股息率高于债券利率，相比普通公司债券的融资成本更高。因此，主要以商业银行发行优先股为主，其他上市公司一般不会选择优先股作为再融资方式。

（三）上市公司并购重组与分拆上市

上市公司并购重组，是指上市公司及其控股或者控制的公司在日常经营活动之外购买、出售资产或者通过其他方式进行资产交易，实现资源优化组合配置的资本运作行为。

上市公司的并购重组包括资产购买、资产出售、资产置换、整体上市、吸收合并等形式，支付上又可以分为现金交易、股票交易、现金结合股票交易等，是最为复杂的交易，也是最能给上市公司带来重大变化和影响的交易，被称为"投行业务上的皇冠"。

上市公司分拆是资本市场优化资源配置和深化并购重组功能的重要手段，有利于公司进一步实现业务聚焦、提升专业化经营水平，更好地服务科技创新和经济高质量发展，也将对上市公司产生重要影响。

（四）上市公司其他资本运作方式

上市公司的其他资本运作方式，主要包括上市公司股票回购、实施员工持股与股权激励、建立中外合资企业等。

上市公司股票回购，是上市公司为了用作员工持股或股权激励股票来源、维护公司价值等目的而按有关回购规定采取的回购公司自身股票的行为。

上市公司实施员工持股与股权激励，是上市公司从股权制度上的应用，建立公司员工与公司发展的利益关系，以进一步推动企业发展和员工建立主人翁的意识。

建立中外合资企业，是中国企业与外资企业以合资为目的（如以市场换技术、利用各自优势等）而建立合资企业的行为。

我们对上述主要的资本运作形式，结合公司实践案例和资本市场案例，从理论到实践，分门别类按章节作相应的论述。

2023年2月17日，全面实行股票发行注册制相关制度规则正式发布施行。注册制的全面推出和实施，在中国资本市场改革发展进程中具有里程碑意义。在本书资本运作的论述中，部分保留了核准制下的内容，有的是为了记忆历史，有的操作在注册制下得到了传承，同时我们也对全面注册制实施后的操作作了衔接。

二、上市公司资本运作的基本流程

上市公司的资本运作，需要一套规范的工作流程（见图1-1），来确保项目的实施与推进。总体而言，不同的资本运作项目，有许多共性相通的工作流程，这些工作是可以相互借鉴的，同时也要注意因项目不同而需要独特把握的特殊环节。

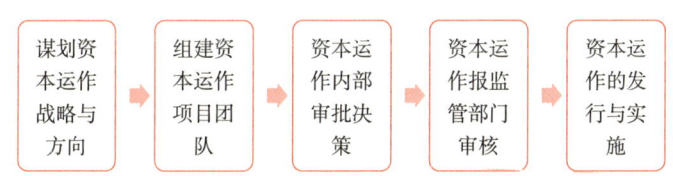

图1-1　资本运作的基本流程

（一）选择确定资本运作的方向

企业结合发展现状、发展阶段、发展前景、资本需求、股东回报等情况，综合考虑选择确定企业的资本运作方向。例如，企业处于快速成长期，一般会努力实现 IPO 发行上市；公司上市后，主要考虑是以上市公司再融资为主要方向，此时要比较选择股权融资或债务融资；公司需要外延式发展时，可考虑并购重组；进入发展瓶颈时，可考虑剥离或分拆；需要持股机制创新时，可考虑实施管理层和员工持股或股权激励等。

本阶段需要形成资本运作项目的基本方案、项目的必要性分析、可行性分析以及董事会决策的所有材料，包括项目的预案、前次募集资金使用情况报告、本次募集资金投向报告等。

（二）履行公司内部的决策程序

公司任何重大的资本运作，都需要获得公司董事会和股东大会的表决通过。公司股东的投资目的不尽相同，董事和股东会站在公司发展的角度和各自利益影响的角度等方面，进行独立的分析和决策。由于利益出发点或考虑的角度各有不同，会导致不同的股东对同一项资本运作表现出不同的意见。

公司股东意见不统一时，需要公司管理层做大量的沟通协调的工作，通过深入专业的分析与沟通，尽可能使多数股东的意见达成一致，是资本运作项目推进的前提条件。根据公司章程的有关规定，有的事项需要过半数的董事或股东表决通过，有的事项需要三分之二以上的股权表决通过。做好股东的沟通工作，资本运作事项得到股东会表决机制的顺利通过，是上市公司推进资本运作事项的前提条件。

对于 A + H 股公司，有的事项还需要类别股东大会的审议通过。在常规的股东大会表决基础上，增加类别股东大会的表决机制，是对于多地上市公司股东权利的一种保护机制。有的公司在 A 股由于有相对大股东的存在和支持，相应的事项通过股东大会的表决，就会变得相对容易。然而，对于可能没有相对大股东的 H 股，对于某些事项的表决，需要特别小心，以免被类别股东大会否决事项情况的出现。

（三）组建公司内部的工作团队

公司作为发行人，推进资本运作的项目，需要公司内部组建专门的工作团队。一般由公司的主要领导担任项目的领导小组成员，负责项目的总体统筹和重大事项的决策；由董事会秘书担任项目工作小组的负责人，领导项目工作团队的具体工作。项目工作团队涉及的部门和主要职责如表 1-2 所示。

表 1-2　　　　　　　　资本运作项目团队的组成

部门	主要职责
董事会办公室	总体统筹资本运作项目
	总体聘请中介机构
	总体协调法律尽调、财务尽调、业务尽调
	总体协调项目审核通过后的发行实施工作
财务部门	财务、税收相关尽调

续表

部门	主要职责
行政部门	资产、品牌、专利等尽调
合规风控部门	合规、风险尽调
业务部门	业务尽调

项目团队负责人需要得到充分的授权和资源保障，通过每周召开项目工作例会等方式，协调内外部资源，充分调动各方团队的工作，解决项目中的问题，使各方团队各自履职又能高效配合，提高项目的推进效率。

（四）聘请相关的中介机构

在资本运作项目中，企业需要聘请中介机构，承担项目推进的各自职责，主要的中介机构如下。

保荐机构：在保荐人制度下，IPO 与再融资项目，一般都需要聘请具有相应业务牌照的保荐机构担任保荐人角色。保荐机构在资本运作项目中一般起到牵头人的作用，有的还会赋予兼任全球协调人的角色。发行人一般从保荐机构的市场影响力、专业化程度、委派的保荐人团队能力水平、项目受重视程度、保荐机构的声誉与受处罚情况等方面，选择合适的保荐机构。对于不需要保荐机构保荐的资本运作项目，有时也需要聘请独立财务顾问提供相应的独立财务顾问服务等。

律师事务所：提供资本运作项目中的法律服务，根据监管要求出具相应的法律意见书等工作。对于境外资本运作项目，有时聘请 4 家以上的律所，分别是发行人境内、境外律师和承销商境内、境外律师，有的还聘请特殊地域的律所。这样安排，主要是为了保持律所工作的独立性和专业性。

会计师事务所：按地域会计准则要求提供经审计的财务报告。对于境外资本运作项目，一般较多聘请"四大"会计师事务所提供审计服务，并出具相应的审计报告等材料。

承销商：在发行阶段，会由各销售机构组成承销团。一般保荐机构会牵头项目的主承销商，其他有利于项目发行实施的机构，也都会加入承销团，助力项目的成功实施。有时由于承销商机构众多，需要做好地域上或者投资者类别上的职责划分，以便各自履行好职责而又不相互冲突。

印刷商：为资本运作项目提供专业的排版打印等服务。境内一般为荣大等专业机构，境外的印刷商有时还提供专业的翻译等服务。由于中介机构众多，有时需要不断讨论完善企业的招股说明书，因此在印刷商处还提供会场、餐饮甚至住宿等服务。

财经公关公司：为资本运作项目提供专业的财经公关服务，包括媒体沟通材料的撰写、路演活动安排、舆情引导等，在配股等项目中还负责联系中小投资者积极参与配股等。

其他机构：在一般的资本运作项目中，还需要涉及证券交易所、登记结算公司、资产评估机构等。

（五）报监管部门的审核注册程序

发行人在保荐机构等各方的协助下，按发行申报要求准备全套文件报到监管部门或交易所。监管部门就会按照审核、注册、聆讯等核准程序，做好资本运作项目有序推进的审核管理。监管部门根据发行条件等，对资本运作的项目进行审核或问询，往往要经历多个来回。通过解释说明或实际举措解决有关问题的，项目可以进一步往下推进；有的项目在这一阶段碰到了无法解决的问题，项目就会则会以失败告终。对于核准制下需要上发审会等类型会议的项目，发行人和保荐机构应作好充分的准备，确保项目顺利通过有关发审会或并购重组委会议的审核。

（六）发行实施环节的程序

对于融资类资本运作，得到投资者的支持、确保发行成功，是项目成功实施最为关键的因素。在我国境内现有IPO体制下，总体而言IPO还是相对受到投资者的追捧，挑战不是很大，随着全面注册制的进一步推进，今后可能改变这一局面。从我们的资本运作项目经验来看，A股定增、A+H股配股、H股IPO、GDR发行等，都是更加市场化的发行机制，在投资者认购环节都受到了较大的挑战。企业为了找到足够投资者的投资支持，需要讲好企业的故事、合理的估值与定价、合适的发行时间窗口等。

对于并购重组类项目，通过一系列科学合理的并购整合行动与安排，实现双方的业务协同等并购重组目标，是项目成功的关键。企业并购后整合（Post–merger Integration）是并购企业获得目标企业的资产所有权、股权或经营控制权之后进行的资产、人力资源、管理体系、组织结构、文化、知识等企业资源要素的整体系统性安排，从而使并购后的企业按照一定的并购目标、方针和战略组织运营。并购后整合是价值创造的来源和并购成功的重要保证。在这方面，有大量的研究和论文讲述如何做好企业的并购整合工作。

第二章　A股发行上市

在第一章中,我们已经提到企业通过发行上市,成为上市公众公司,是企业发展到一定阶段推动企业发展的重要选择。

本章我们介绍企业在A股的发行上市。A股的正式名称是人民币普通股票,即由中国境内注册公司发行,在境内上市,以人民币标明面值,提供给境内投资者交易的股票。之所以称之为A股,是为了与B股"人民币特种股票"作区分,而并不是某个单词的英文首字母。

一、企业上市战略选择

企业在作出发行上市战略时,首先要从"要不要上市"和"怎么上市"两个方面来考虑,作好公司上市的必要性和可行性分析。其次,作出上市场所的选择,主要考虑因素如图2-1所示。

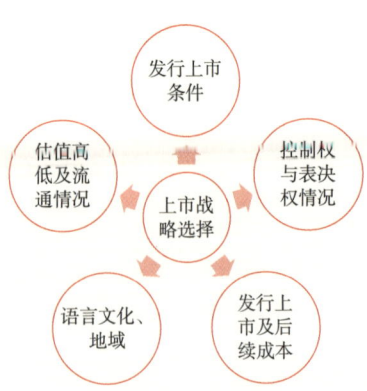

图2-1　企业上市战略的选择

（1）是否符合发行上市条件。由于各个交易所不同的板块，其企业发行上市条件有较大的差别，因此企业需要在保荐机构的协助下，对照发行条件作出分析研究，以确保申报符合 IPO 发行上市的条件，这部分内容请见本章第二部分内容。

（2）估值的高低，是否可全流通。由于各交易场所所处地域和投资者结构的不同，对于企业的估值也会表现出差异。总体而言，企业一般选择具有较好估值的交易所发行上市，这样不仅有利于企业股东的投资增值，也有利于企业通过发行新股募集更多的资金。同时还要考虑企业在上市之后，企业原来的股权是否可以实现全流通，以便为老股东建立退出的渠道。

（3）控制权情况。从企业的股权结构角度和流通股比例等角度分析，企业保持控制权的难易程度，是否有被并购的风险等。如交易所是否允许不同表决权股份的企业上市，确保企业创始人的控制权。

（4）语言文化及地域情况。综合考虑交易所所在地的语言文化及地域情况，考虑交流沟通及差旅等情况。

（5）上市及后续成本。企业 IPO 及后续成本，对于企业来说也是一笔不小的开支，需要综合考虑成本的因素。

企业通过以上因素的综合分析，综合选择确定对企业发展上市最合适的证券交易所和相应板块。

二、A 股主要板块上市条件

企业考虑上市战略时，首先要考虑的是选择境内还是境外上市；其次，如果选择境内上市，需要选择合适的证券交易所和板块。本章主要介绍境内上市的内容，下一章将介绍境外上市有关的规定。

在我国推进社会主义市场经济体制改革的进程中，资本市场体系建设从 1990 年正式开始起步。上海证券交易所和深圳证券交易所分别于 1990 年先后成立。2004 年为解决中小企业融资难问题，深交所设立中小板，2009 年为了支持创新创业企业的发展，深交所又设立创业板。近年来我国多层次资本市场体系建设不断深入。2018年，在上海设立科创板并试点注册制启动；2020年8月，创业板改革并试点注册制平稳落地；2021年2月，深交所主板市场与中小板市场并板；2021年11月，我国专门服务创新型中小企业的北京证券交易所开市。至此，我国形成了主板、科创板、创业板、新三板等构成的多层次资本市场体系，具体如图2-2所示。

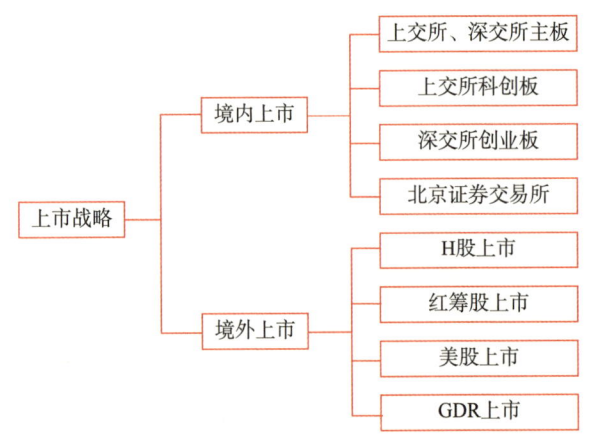

图2-2　我国企业上市的交易板块和方式

沪深两大交易所的主板市场，突出"大盘蓝筹"的特色，主要服务于成熟期大型企业，重点支持业务模式成熟、经营业绩稳定、规模较大、具有行业代表性的优质企业；科创板面向世界科技前沿、面向经济主战场、面向国家重大需求，主要服务于符合国家战略、突破关键核心技术、市场认可度高的科技创新企业，突出"硬科技"的特色，发挥资本市场改革"试验田"作用；创业板定位于主要服务于符合"三创四新"（创新、创造、创意、新技术、新产业、新业态、新模式）成长型创新创业企业上市融资的目标，更加强调推动传统产业的创新升级；北交所与全国股转系统共同打造服务创新型中小企业主阵地。

截至2022年年底，各交易所和板块的上市公司数量、市值情况，具体如表2-1所示。

表 2-1　　　　　　　我国境内各交易板块上市公司情况

板块	上市公司数量（家）	上市公司市值（万亿元）
上交所主板	1673	40.56
上交所科创板	501	5.82
深交所主板	1511	21.15
深交所创业板	1232	11.27
北交所	162	0.21

在我国多层次资本市场体系下，企业选择境内 IPO 也面临着更多的选择，需要结合企业特点，选择最合适的交易所和板块。

《首次公开发行股票注册管理办法》规定了企业申请首发上市应当满足以下四方面的基本条件：一是组织机构健全，持续经营满三年；二是会计基础工作规范，内控制度健全有效；三是发行人股权清晰，业务完整并具有直接面向市场独立持续经营的能力；四是生产经营合法合规，相关主体不存在《注册管理办法》规定的违法违规记录。同时，根据主板定位特点，规定企业申请在主板上市的，相较科创板、创业板，在实际控制人、管理团队和主营业务方面应满足更长的稳定期要求。

下面对各交易板块当前的 IPO 条件，作简要介绍。

（一）上交所、深交所主板发行上市主要条件

上交所、深交所股票上市规则（2023 年 2 月修订）的相关规定如下。

1. 境内发行人申请首次公开发行股票并在本所上市，应当符合下列条件：

（1）符合《证券法》、中国证监会规定的发行条件；

（2）发行后的股本总额不低于 5000 万元；

（3）公开发行的股份达到公司股份总数的 25% 以上；公司股本总额超过 4 亿元的，公开发行股份的比例为 10% 以上；

（4）市值及财务指标符合本规则规定的标准；

（5）本所要求的其他条件。

本所可以根据市场情况，经中国证监会批准，对上市条件和具体标准进

行调整。

2. 境内发行人申请在本所上市，市值及财务指标应当至少符合下列标准中的一项：

（1）最近三年净利润均为正，且最近三年净利润累计不低于 1.5 亿元，最近一年净利润不低于 6000 万元，最近三年经营活动产生的现金流量净额累计不低于 1 亿元或营业收入累计不低于 10 亿元；

（2）预计市值不低于 50 亿元，且最近一年净利润为正，最近一年营业收入不低于 6 亿元，最近 3 年经营活动产生的现金流量净额累计不低于 1.5 亿元；

（3）预计市值不低于 80 亿元，且最近一年净利润为正，最近一年营业收入不低于 8 亿元。

（二）上交所科创板发行上市主要条件

《科创板首次公开发行股票注册管理办法（试行）》指出，发行人申请首次公开发行股票并在科创板上市，应当符合科创板定位，面向世界科技前沿、面向经济主战场、面向国家重大需求。优先支持符合国家战略，拥有关键核心技术，科技创新能力突出，主要依靠核心技术开展生产经营，具有稳定的商业模式，市场认可度高，社会形象良好，具有较强成长性的企业。发行人应当根据中国证监会和上交所相关规定，结合科创板定位，就是否符合相关行业范围和科创属性要求等事项进行审慎评估，并提交符合科创板定位的专项说明；保荐人应当就发行人是否符合相关行业范围和科创属性要求等事项进行专业判断，并出具发行人符合科创板定位的专项意见。

1. 发行人申请股票首次发行上市的，应当至少符合下列上市标准中的一项，发行人的招股说明书和保荐人的上市保荐书应当明确说明所选择的具体上市标准：

（1）预计市值不低于人民币 10 亿元，最近两年净利润均为正且累计净利润不低于人民币 5000 万元，或者预计市值不低于人民币 10 亿元，最近一年净利润为正且营业收入不低于人民币 1 亿元；

（2）预计市值不低于人民币 15 亿元，最近一年营业收入不低于人民币 2 亿元，且最近三年累计研发投入占最近三年累计营业收入的比例不低于 15%；

（3）预计市值不低于人民币 20 亿元，最近一年营业收入不低于人民币 3 亿元，且最近三年经营活动产生的现金流量净额累计不低于人民币 1 亿元；

（4）预计市值不低于人民币 30 亿元，且最近一年营业收入不低于人民币 3 亿元；

（5）预计市值不低于人民币 40 亿元，主要业务或产品需经国家有关部门批准，市场空间大，目前已取得阶段性成果。医药行业企业需至少有一项核心产品获准开展二期临床试验，其他符合科创板定位的企业需具备明显的技术优势并满足相应条件。

2. 为落实科创板定位，支持和鼓励硬科技企业在科创板上市，中国证监会出台了《科创属性评价指引（试行）》：

（1）支持和鼓励科创板定位规定的相关行业领域中，同时符合下列 4 项指标的企业申报科创板上市：

①最近三年研发投入占营业收入比例 5% 以上，或者最近三年研发投入金额累计在 6000 万元以上；

②研发人员占当年员工总数的比例不低于 10%；

③应用于公司主营业务的发明专利 5 项以上；

④最近三年营业收入复合增长率达到 20%，或者最近一年营业收入金额达到 3 亿元。

采用《科创板上市规则》第 2.1.2 条第一款第（五）项规定的上市标准申报科创板的企业，或按照《关于开展创新企业境内发行股票或存托凭证试点的若干意见》等相关规则申报科创板的已境外上市红筹企业，可不适用前款第④项指标的规定；软件行业不适用前款第③项指标的要求，研发投入占比应在 10% 以上。

（2）支持和鼓励科创板定位规定的相关行业领域中，虽未达到前述指标，但符合下列情形之一的企业申报科创板上市：

①发行人拥有的核心技术经国家主管部门认定具有国际领先、引领作用或者对于国家战略具有重大意义；

②发行人作为主要参与单位或者发行人的核心技术人员作为主要参与人员，获得国家科技进步奖、国家自然科学奖、国家技术发明奖，并将相关技术运用于公司主营业务；

③发行人独立或者牵头承担与主营业务和核心技术相关的国家重大科技专项项目；

④发行人依靠核心技术形成的主要产品（服务），属于国家鼓励、支持和推动的关键设备、关键产品、关键零部件、关键材料等，并实现了进口替代；

⑤形成核心技术和应用于主营业务的发明专利（含国防专利）合计50项以上。

（3）限制金融科技、模式创新企业在科创板上市。禁止房地产和主要从事金融、投资类业务的企业在科创板上市。

（三）深交所创业板发行上市主要条件

《深圳证券交易所创业板股票发行上市审核规则》指出，发行人申请股票首次发行上市，应当符合创业板定位。创业板深入贯彻创新驱动发展战略，适应发展更多依靠创新、创造、创意的大趋势，主要服务成长型创新创业企业，支持传统产业与新技术、新产业、新业态、新模式深度融合。发行人应当结合创业板定位，就是否符合相关行业范围，依靠创新、创造、创意开展生产经营，具有成长性等事项，进行审慎评估；保荐人应当就发行人是否符合创业板定位进行专业判断，并出具专项说明。

深圳证券交易所创业板股票上市规则（2023年修订）相关规定如下。

1. 发行人申请在本所创业板上市，应当符合下列条件：

（1）符合中国证券监督管理委员会（以下简称中国证监会）规定的创业板发行条件；

（2）发行后股本总额不低于3000万元；

（3）公开发行的股份达到公司股份总数的25%以上；公司股本总额超过4亿元的，公开发行股份的比例为10%以上；

（4）市值及财务指标符合本规则规定的标准；

（5）本所要求的其他上市条件。

2. 发行人为境内企业且不存在表决权差异安排的，市值及财务指标应当至少符合下列标准中的一项：

（1）最近两年净利润均为正，且累计净利润不低于5000万元；

（2）预计市值不低于10亿元，最近一年净利润为正且营业收入不低于1亿元；

（3）预计市值不低于50亿元，且最近一年营业收入不低于3亿元。

深圳证券交易所支持和鼓励符合下列标准之一的成长型创新创业企业申报在创业板发行上市：

（1）最近三年研发投入复合增长率不低于15%，最近一年研发投入金额不低于1000万元，且最近三年营业收入复合增长率不低于20%；

（2）最近三年累计研发投入金额不低于5000万元，且最近三年营业收入复合增长率不低于20%；

（3）属于制造业优化升级、现代服务业或者数字经济等现代产业体系领域，且最近三年营业收入复合增长率不低于30%。

最近一年营业收入金额达到3亿元的企业，或者按照《关于开展创新企业境内发行股票或存托凭证试点的若干意见》等相关规则申报创业板的已境外上市红筹企业，不适用前款规定的营业收入复合增长率要求。

（四）北京证券交易所发行上市条件

《北京证券交易所股票上市规则（试行）》的相关规定如下。

1. 发行人申请公开发行并上市，应当符合下列条件：

（1）发行人为在全国股转系统连续挂牌满12个月的创新层挂牌公司；

（2）符合中国证券监督管理委员会规定的发行条件；

（3）最近一年期末净资产不低于5000万元；

（4）向不特定合格投资者公开发行（以下简称公开发行）的股份不少于100万股，发行对象不少于100人；

（5）公开发行后，公司股本总额不少于3000万元；

（6）公开发行后，公司股东人数不少于200人，公众股东持股比例不低于公司股本总额的25%；公司股本总额超过4亿元的，公众股东持股比例不低于公司股本总额的10%；

（7）市值及财务指标符合本规则规定的标准；

（8）本所规定的其他上市条件。

本所可以根据市场情况，经中国证监会批准，对上市条件和具体标准进行调整。

2. 发行人申请公开发行并上市，市值及财务指标应当至少符合下列标准中的一项：

（1）预计市值不低于2亿元，最近两年净利润均不低于1500万元且加权平均净资产收益率平均不低于8%，或者最近一年净利润不低于2500万元且加权平均净资产收益率不低于8%；

（2）预计市值不低于4亿元，最近两年营业收入平均不低于1亿元，且最近一年营业收入增长率不低于30%，最近一年经营活动产生的现金流量净额为正；

（3）预计市值不低于8亿元，最近一年营业收入不低于2亿元，最近两年研发投入合计占最近两年营业收入合计比例不低于8%；

（4）预计市值不低于15亿元，最近两年研发投入合计不低于5000万元。

三、A股IPO的流程

企业需要在保荐机构的协助下，结合A股IPO的流程（见图2-3），制定企业发行上市的关键节点和时间表。对于 A 股 IPO 来说,最主要的环节还是如何规范符合上市要求以及 IPO 审核。

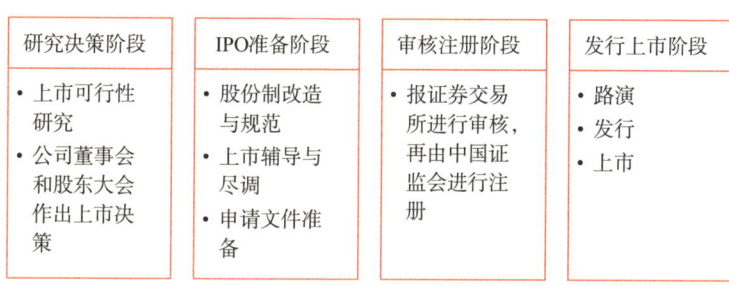

图 2-3 A 股 IPO 的流程

在研究决策阶段,企业主要分析上市的必要性和可行性,选定上市的交易所和板块,作出上市战略的选择,同时履行内部董事会和股东大会的决策程序。

在 IPO 准备阶段,企业主要根据监管要求,对上市主体进行股份制改造并进行有关规范活动,在保荐机构的指导下进行上市辅导和尽职调查,尽职调查一般分为财务、业务、法律等几个方面,涉及公司的各个部门和子公司,同时起草准备 IPO 申报的一整套文件。

在审核注册阶段,主要是根据交易所或证监会的问询,作好相应的回复,有的加以解释说明,有的需要进一步解决,确保企业符合 IPO 的要求,在信息披露方面做到真实、准确、完整。审核注册的流程按核准制、注册制进行。

在发行上市阶段,主要是获得发行核准或注册批文后,进行路演、发行、上市环节的一系列活动,最终实现股权融资和挂牌上市的目标。

在 IPO 的进程中,最难的阶段主要是在审核注册阶段,下面对此进行展开。

(一)核准制下的 IPO 审核(2001 年至注册制推出)

根据中国证监会规定,主板首发的基本流程如图 2-4 所示。

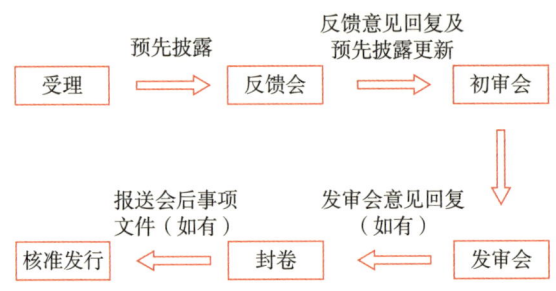

图 2-4　核准制下的企业 IPO 审核流程

资料来源：中国证监会网站。

1. 受理和预先披露

中国证监会受理部门根据《行政许可实施程序规定》等规则的要求，依法受理申请文件，并按程序转发行监管部。发行监管部在正式受理后即按程序安排预先披露（对于 IPO）并将申请文件分发至相关监管处室，相关监管处室根据发行人的行业、公务回避的有关要求以及审核人员的工作量等确定审核人员。

2. 反馈会

相关监管处室审核人员审阅发行人申请文件后，从非财务和财务两个角度撰写审核报告，提交反馈会讨论。反馈会主要讨论初步审核中关注的主要问题，确定需要发行人补充披露以及中介机构进一步核查说明的问题。

反馈会按照申请文件受理顺序安排，参会人员有相关监管处室审核人员和处室负责人等。反馈会后将形成书面意见，履行内部程序后反馈给保荐机构。反馈意见发出前不安排发行人及其中介机构与审核人员沟通。

保荐机构收到反馈意见后，组织发行人及相关中介机构按照要求进行回复。综合处收到反馈意见回复材料进行登记后转相关监管处室。审核人员按要求对申请文件以及回复材料进行审核。

发行人及其中介机构收到反馈意见后，在准备回复材料过程中如有疑问可与审核人员进行沟通，如有必要也可与处室负责人、部门负责人进行沟通。

审核过程中如发生或发现应予披露的事项，发行人及其中介机构应及时报告发行监管部并补充、修改相关材料。初审工作结束后，将形成初审报告（初稿）提交初审会讨论。

3. 预先披露更新（IPO 适用，再融资不适用）

反馈意见已按要求回复、财务资料未过有效期，且需征求意见的相关政府部门无异议的，将安排预先披露更新。对于具备条件的项目，发行监管部将通知保荐机构报送发审会材料和用于更新的预先披露材料，并在收到相关材料后安排预先披露更新，以及按受理顺序安排初审会。

4. 初审会

初审会由审核人员汇报发行人的基本情况、初步审核中发现的主要问题及反馈意见回复情况。初审会由综合处组织，发行监管部相关负责人、相关监管处室负责人、审核人员以及发审委委员（按小组）参加。

根据初审会讨论情况，审核人员修改、完善初审报告。初审报告是发行监管部初审工作的总结，履行内部程序后与申请材料一并提交发审会。

初审会讨论决定提交发审会审核的，发行监管部在初审会结束后出具初审报告，并书面告知保荐机构需要进一步说明的事项以及做好上发审会的准备工作。初审会讨论后认为发行人尚有需要进一步披露和说明的重大问题、暂不提交发审会审核的，将再次发出书面反馈意见。

5. 发审会

发审委制度是发行审核中的专家决策机制，发审委通过召开发审会进行审核工作，发审会以投票方式对首发申请进行表决。

发审会由审核人员向委员报告审核情况，并就有关问题提供说明，委员发表审核意见，发行人代表和保荐代表人各 2 名到会陈述并接受聆讯，发行人聆讯时间不超过 45 分钟，聆讯结束后由委员投票表决。发审会认为发行人有需要进一步披露和说明问题的，形成书面审核意见后告知保荐机构。

保荐机构收到发审委审核意见后，组织发行人及相关中介机构按照要求回复。综合处收到审核意见回复材料后转相关监管处室。审核人员按要求对回复材料进行审核并履行内部程序。

6. 封卷

发行人的申请通过发审会审核后,需要进行封卷工作,即将申请文件原件重新归类后存档备查。封卷工作在按要求回复发审委意见后进行。如没有发审委意见需要回复,则在通过发审会审核后即进行封卷。

7. 会后事项

会后事项是指发行人申请通过发审会审核后,启动发行前发生的可能影响本次发行上市及对投资者作出投资决策有重大影响的应予披露的事项。发生会后事项的需履行会后事项程序,发行人及其中介机构应按规定向综合处提交会后事项材料。综合处接收相关材料后转相关监管处室。审核人员按要求及时提出处理意见。需重新提交发审会审核的,按照会后事项相关规定履行内部工作程序。如申请文件没有封卷,则会后事项与封卷可同时进行。

8. 核准发行

封卷并履行内部程序后,将进行核准批文的下发工作。发行人领取核准发行批文后,无重大会后事项或已履行完会后事项程序的,可按相关规定启动招股说明书刊登工作。

(二)全面注册制之后的审核注册流程

2013年11月,党的十八届三中全会提出,推进股票发行注册制改革。2018年11月5日,习近平总书记宣布在上海证券交易所设立科创板并试点注册制。2019年7月22日,首批科创板公司上市交易。2020年8月24日,深圳证券交易所创业板改革并试点注册制首批企业上市。2021年11月15日,北京证券交易所揭牌开市,同步试点注册制。2023年2月17日,中国证监会、证券交易所发布全面实行股票发行注册制相关制度规则,自公布之日起施行。注册制的全面推出和实施,在中国资本市场改革发展进程中具有里程碑意义。

中国证监会指出,注册制改革的本质是把选择权交给市场,强化市场约束和法治约束。与核准制相比,不仅涉及审核主体的变化,更重要的是充分贯彻以信息披露为核心的理念,发行上市全过程更加规范、透明、可预期。

一是大幅优化发行上市条件。注册制仅保留了企业公开发行股票必要的资格条件、合规条件，将核准制下的实质性门槛尽可能转化为信息披露要求，监管部门不再对企业的投资价值作出判断。二是切实把好信息披露质量关。实行注册制，绝不意味着放松质量要求，审核把关更加严格。审核工作主要通过问询来进行，督促发行人真实、准确、完整披露信息。同时，综合运用多要素校验、现场督导、现场检查、投诉举报核查、监管执法等多种方式，压实发行人的信息披露第一责任、中介机构的"看门人"责任。三是坚持开门搞审核。审核注册的标准、程序、内容、过程、结果全部向社会公开，公权力运行全程透明，严格制衡，接受社会监督，与核准制有根本的区别。

我国资本市场注册制改革全面推出之后，企业 IPO 的审核注册流程如图 2-5 所示。

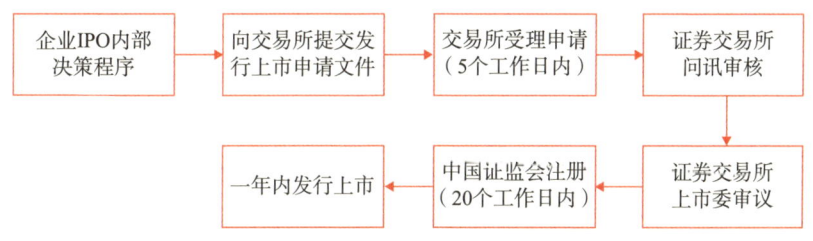

图 2-5　注册制下的审核注册流程

首先，证券交易所的发行上市审核。证券交易所在收到材料后五个工作日内确认是否受理申请；只有受理后才进入为期三个月的发行上市审核流程。交易所的审核主要通过向发行人提出审核问询、发行人回答问题的方式展开，交易所按照规定的的条件和程序，形成发行人是否符合发行条件和信息披露要求的审核意见。根据情况作出同意发行上市的审核意见或终止发行上市的审核决定。

其次，证监会的作出注册决定。证监会对证券交易所提交的资料进行形式审核，对有异议的内容可以要求交易所继续补充问询，对于有重大问题可要求上交所补充审核；对符合要求的发行人则作出同意注册的决定。

案例　东方证券八年努力，终于实现 A 股 IPO

东方证券设立于 1998 年，于 2003 年 9 月完成股份制改造。公司和多数企业一样，也一直在努力追求实现企业上市的发展梦想。

2001—2005 年，证券市场处于熊市阶段，证券行业进行综合治理，不少券商因超规模自营、三方监管、违规委托理财等问题而被关闭和收购，2005 年前后证券行业也进入了创新试点发展的新阶段；与此同时，为解决我国股市的历史遗留问题，股权分置改革也在 2005 年拉开了历史序幕，终于迎来了 2005—2007 年的一轮大牛市周期。

券商如何实现上市，成为该阶段发展的主题之一。从证券行业来看，中信证券 2003 年年初通过 IPO 发行上市进入了发展的快车道。2006 年以来借助股权分置改革的进程，券商借壳上市的热潮风起云涌，先后有广发证券借壳延边公路、海通证券借壳都市股份、长江证券借壳石炼化、东北证券借壳锦州六路等近 10 家券商，通过借壳上市的方式实现了上市。

同时在牛市的大背景下，券商的盈利也开始增大，逐渐达到了连续三年盈利的 IPO 要求，这为券商申请 IPO 发行上市也打开了空间。这其中就有光大证券、招商证券、东方证券等证券公司。

（一）东方证券 A 股上市的第一次努力

2006 年，公司也曾考虑过通过借壳实现上市的方案，但因为需要找到合适的借壳对象、推动一整套借壳上市流程、借壳上市过程本身不一定能带来融资等原因，没有取得实质性的进展。因此，公司最终决定走 IPO 之路。

2007 年 9 月 28 日，东方证券以 2004 年、2005 年、2006 年三年数据为基础，在公司上市办公室的组织推动下，向中国证监会第一次申报了公司的 IPO。为了做好公司上市之后的准备，公司设立了董事会办公室。

2007 年，资本市场处于完全的牛市氛围中，东方证券当年实现了创记录的43亿元净利润。公司股东、董事、监事和高管中，除了极少数的专业人士能够保持冷静之外，多数处于公司将在2008年顺利实现上市的美好憧憬之中。根据发行上市方案，公司发行不超过15亿股，募集资金总额将不超过300亿元，而公司2007年年底的净资产为88亿元左右，这预期是一笔多么重大的资本补充，将极大地提升公司的资本实力和竞争地位。

然而，资本市场的运行总是瞬息万变。2007年10月16日，上证指数涨到了最高的6124点，随后出现调整，但是微调后继续向上还是大幅下调，很难作出及时准确的判断，市场仍处于相对地亢奋之中。随之而来的是，2008年国际次贷危机爆发，引发国际金融动荡，并进而对国际实体经济产生重大影响；受国际经济、金融形势影响以及国内的通货膨胀、汶川地震等因素的影响，国内经济增长放缓，国内资本市场大幅下跌。如图2-6所示，2008年，上证综指年初开盘于5265点，收盘于1821点，全年下跌65.4%，相当惨烈。

图2-6 2005—2008年上证指数

这给东方证券带来了很大的经营压力，2008年公司出现了净利润亏损8.8亿元。除前述市场大幅下跌的原因之外，事后分析发现，公司亏损与在2007年财务处理上不够谨慎也不无关系。

按照当时的会计准则，金融资产可以根据持有目的分为交易性金融资产和可供出售金融资产。其中，交易性金融资产是以短期获利为目的而持有的金融资产，其浮盈将影响公司的当期损益。2007年公司在执行新的会计准则时仅将有限售条件的法人股等归类为可供出售金融资产，其余都记入了交易性金融资产。这样处理的结果是，在2007年浮盈的股票，都计入了当期利润。但随之带来的是经营负担，即这些持仓浮盈的股票在2007年底的收盘价成为了经营的成本，从2008年开始任何新的涨跌都将影响利润。上述财务处理，在大幅波动的市场环境中，实际上放大了公司2007年的利润，也放大了公司2008年的亏损。事后公司总结时指出，公司对新会计准则中关于金融资产分类规定的学习不够深入，理解不够透彻，对金融资产分类给公司未来经营所造成的影响也估计不足。同时考虑到公司申报IPO及其以2007年利润计算发行价格等因素，过于注重短期利益，没有顾及公司长远可持续发展。

2009年年初，公司曾试图对金融资产分类不够谨慎进行追溯调整，通过调减2007年净利润、调增2008年净利润的方式，使公司2008年保持盈利，但能否调整涉及的责任相对重大，最终因没有达成一致意见而作罢。

自此，东方证券不再符合连续三年盈利的上市条件，第一次冲击IPO的努力失败了。同期申报IPO的招商证券、光大证券等，由于盈利结构和财务处理较好，在2009年顺利实现了IPO，各自募集了110亿元左右的发展资金。

（二）东方证券A股上市的第二次冲击

东方证券由于2008年出现亏损，第一次IPO的努力铩羽而归，教训是深刻的。但公司没有气馁，认真总结公司经营发展中存在的不足，制定好公司的发展战略，励精图治、强身健体，进一步完善公司治理，加强合规与风险管理，加大公司创新转型的发展力度，不断夯实公司上市的基础。

当时间进入2011年下半年，公司预计各方面再次达到上市条件时，启动了第二次上市进程。自2011年8月上市辅导启动，至2015年3月成功实现上市，历时3年8个月，历经辅导、申报与反馈、股票发行及上市等阶段。这期间，公司经历了漫长的等待与煎熬，经历了 8 次 IPO 尽职调查与材料更新，经历了最全面的 IPO 财务现场检查与反馈，经历了中国证券市场长达 1 年多的 IPO 暂停。

1. 2011 年 8 月—2012 年 4 月：完成 IPO 申报

东方证券于 2011 年 8 月分别在《东方早报》《新民晚报》刊登上市辅导公告，标志着公司上市筹备工作正式启动。随后，在保荐机构的辅导下开展了首轮尽职调查。根据保荐机构、律师事务所等中介机构提供的尽职调查清单，结合公司实际情况，将清单内容分拆落实到公司董监高、20 多个部门及 7 家子公司、60 多家股东单位，同时运用查阅公司、工商、税务档案等多种方式，及时、高效搜集到了招股书等申报文件所需要的信息。

与此同时，东方证券按照上市公司要求开始完善公司治理的制度体系，规范运作。公司请来专业人员对董事、监事、高管人员进行上市辅导培训，并对公司制度进行逐项逐条修订，在 2012 年年初召开的董事会及股东大会上审议通过了修改公司章程及系列公司治理制度、制定上市后适用的章程草案及相关配套制度、发行方案、募集资金运用方案、滚存利润分配等方案。

2012 年 2 月底，东方证券向中国证监会上报首次公开发行股票并上市监管意见书申请报告，并于 3 月中旬接受上海证监局对公司 IPO 辅导及监管意见书的现场检查。与此同时，确定国有股设置与转持方案，协调 12 家国有股东出具国有股转持承诺。由于涉及每家国有股东的切身利益，需要做大量的沟通工作。在 2012 年 4 月 1 日获得中国证监会机构部出具的上市监管意见书后，公司终于及时在当天完成了 IPO 申报，公司董事会办公室的人员如释重负，在第一时间完成了报会的阶段性任务目标。当时 IPO 堰塞湖现象非常严重，早一天报会，意味着可以早一点排队轮到审核过会的可能。

2. 2012 年 4 月—2014 年 4 月：积极地等待，经受史上最长 IPO 停摆考验

当东方证券完成 IPO 材料，满怀希望等待发行上市之际，股票市场却经历着 2011—2012 年持续下滑的严峻形势，而市场的萧条也引发了监管部门 IPO 监管政策的变化，证监会新股发行上市审核的节奏突然慢了下来。

等了近半年，公司终于在 2012 年 9 月初收到证监会对公司 IPO 申请文件的首次反馈意见，这份意见涉及业务、财务、内控、股权、国有股转让、控股股东认定、"三会"运作及董监高、房产租赁等各类问题。公司在取得意见后的短短一周后即上报证监会，为的就是希望抓住公司 IPO 进程中任何"弯道超车"的机会。这半年里，根据证监会对申请文件半年有效期的规定，公司同时完成了 2012 年中报尽职调查、中期报告审计及招股说明书等申请文件的更新。

然而，令整个市场始料未及的是，2012 年 11 月至 2013 年 12 月，IPO 暂停了，此次停摆长达 14 个月，此间无一家公司首发上市。在此期间，东方证券又经历了 3 次尽职调查以及史无前例的财务大检查。2013 年年初，证监会要求保荐机构、会计师事务所在 2013 年 3 月底之前提交首发公司财务会计信息自查工作报告，并将于自查阶段结束后对自查报告进行审核和抽查。由此，全公司及中介机构再一次奋斗到 IPO 一线，终于在 3 月底前上报了 2012 年年报及财务核查自查报告。

东方证券作为证监会监管的金融企业，相对比较规范，当时预计不会被抽查到，董办的工作人员在忙完阶段性工作后，也想着清明节期间好好休息一下。令人意想不到的是，2013 年 4 月 3 日下午，根据 5% 比例、合计抽取 30 家的抽签方式，东方证券成为被抽中的 7 家主板企业之一。上市团队的工作人员只得放弃休息，加班加点地准备检查材料。

当时涉及各类文件和底稿，我们整理之后竟然装了 30 多个纸箱（见图 2-7），公司根据要求，专门租了一辆车来运输检查材料，将检查材料运往上海国家会计学院，分门别类地把一个个文件夹摆好。4 月 15 日，证监会由监管人员、财务、法律专业人士组织的 10 人检查组正式进驻检查，之后又进驻公司现场进行检查。检查持续了两周，可以说是把公司"翻了个底儿朝天"，检查组提出了公司存在近 10 个涉及财务和法律方面需要说明或解决的问题。

图 2-7　2013 年 4 月公司将材料运往上海国家会计学院供 IPO 财务检查

我们担心检查的问题，会影响公司的 IPO 进度。为此，上市团队共同努力，有的需要提供充分的解释说明材料，以得到监管人员的认可，有的需要公司作出及时的决策，采取妥当的实质性的处理措施去解决存在的不合规范的问题。经过和监管部门不断的汇报沟通，使得公司的现场检查问题得以有效解决，没有太影响公司的 IPO 进度，也为公司 IPO 的推进奠定了坚实的基础。

3. 2014 年 4 月—2015 年 3 月：驶入 IPO 快车道，成功上市

2014 年 4 月，东方证券 IPO 招股说明书在中国证监会网站预先披露。受市场发行上市节奏停止的影响，发行上市工作延缓，公司采取稳健的经营策略，确保全年实现较好的经营业绩和成长性等指标继续符合申请上市要求。

随着 IPO 开闸，从 2014 年 6 月开始，公司 IPO 进入了快车道。公司及时完成 2014 年中报和 9 月上市监管意见书的更新，并及时于 2014 年 12 月完成了补充的三季报材料更新，有效地推动了 IPO 进程。

2014 年 12 月 9 日，公司完成预披露更新，12 月 16 日通过初审会。为确保公司能够以 2014 年的业绩发行新股，一方面，公司领导带队多次赴证监会

沟通，及时组织调整相关工作进程；另一方面，公司领导组织集团全体财务人员讨论落实年报审计具体工作；董办与相关部门、中介机构做好2014年年报补充安排总体计划与落实工作。公司领导与员工一起加班加点，放弃元旦假期，在1月1日加班人员就达100人。经过各方努力，公司1月12日上报2014年年报补充材料、回复初审会反馈意见及补充上会稿，完成了几乎不可能完成的任务。

为做好发审会的准备工作，公司组成了董事长和总裁上会的强大阵容，董办整理出上会答辩流程与注意事项，同时调动中介机构及相关资深专业人士力量，在北京进行了多场发审会模拟演练。2015年1月28日，公司IPO经发审委2015年第16次会议审核通过（见图2-8）。

图2-8　2015年1月东方证券参加公司IPO发审会

春节前后，董办合理安排过会后事项，协同其他部门及中介机构，展开与证监会、上交所、中登公司等机构的多条线工作，经历高密度的封卷、上报发行方案、网上路演、定价、发行、登记、上市筹备等阶段。当时上海证券交易所给了我们一张可选的股票代码，600段剩下的代码已经不多了，我们选了"600958"。就这样，东方证券于3月23日在上交所成功挂牌上市（见图2-9）！董办与办公室等部门筹备的公司上市挂牌仪式取得圆满成功，200多位嘉宾来到上交所，共同分享公司成功上市的喜悦。

图 2-9　东方证券 A 股 IPO 上市敲钟仪式

本次公开发行 10 亿股，发行后总股本增至 52.82 亿，募集资金 100.3 亿元，为公司发展募集了更多的发展资金，也更大程度地保护了老股东的利益。东方证券的成功上市，不仅是 2011 年 11 月之后至当时 A 股最大的 IPO，是近五年来市属金融企业 A 股 IPO 第一单，也是上海市第一家直接发行上市的市属证券公司，将上海市金融国资证券化率从 52% 提高到了 58% 左右，为上海国际金融中心建设作出了积极贡献。

（三）东方证券 A 股上市的困难与挑战

在东方证券上市的过程中，经历了各种问题与挑战，在各方的支持与努力下，都得到了比较圆满地解决。

1. 确保公司的盈利性、成长性、合规性等达到上市条件

在漫长的上市准备期里，东方证券始终围绕着"确保任一关键时点上市指标的达成"，做好资产负债配置、财务筹划预测、成长性指标达成等工作。

在公司 2008 年业绩发生亏损后，为避免业绩再度大幅波动，公司在 2009 年开展资产负债配置管理工作，明确公司资源在不同业务之间的配置、主要风险业务的操作规模、仓位限制和可承受最大风险额等，创造性解决了财务风险管理的前瞻性问题。资产负债配置管理工作的开展，从源头上为保持公司健康良好的财务状况做出了全局规划，为 IPO 的成功提供了重要保障。

为进一步增强财务前瞻性，推动公司可持续平稳发展，公司于2010年着手开展财务预测工作。根据市场环境变化，对经营前景和收入利润进行量化评估，逐月、动态测算公司月度、年度盈利情况，对可能出现的业绩波动，及时提出针对性财务建议，为公司经营决策的有效实施提供重要依据。

当时，中国证监会为对证券公司上市加以控制，规定了必须满足成长性指标的有关要求。为满足证券公司上市的成长性指标，公司对业务逐项梳理，测算经纪业务、投资咨询业务、财务顾问业务等三项业务的年度成长性指标有望持续满足监管要求，相关部门就如何确保满足成长性要求举行联席会议，探讨和采取可行性措施。

2. 控股股东与实际控制人的认定问题

公司曾于2007年9月28日向中国证监会申请首次公开发行股票，在该次招股说明书"公司的实际控制人"中披露如下：

本公司的第一大股东为申能（集团）有限公司，持有本公司股份的比例为29.31%，对公司经营决策具有一定影响力，但对本公司不构成控制关系。截至本次发行前，由于股东持股分散，本公司不存在按股权比例、《公司章程》或协议能够控制本公司董事会半数以上投票权的法人或其他组织。本公司不存在控股股东及实际控制人。

2010年9月28日，为贯彻落实中国证监会"参一控一"的政策要求，进一步推进上海市金融行业的改革发展，上海久事公司、上海交通投资（集团）有限公司与申能集团有限公司签署了《股权划转协议》，分别将其持有的262366688股和36473338股本公司的股份无偿划转给申能（集团）有限公司。上述股权转让分别于2011年1月4日、2010年12月23日，先后获得中国证监会和上海证监局的批准，转让完成后申能集团的持股比例提升为38.38%。

从当时情况来看，申能集团仍然是公司第一大股东，公司的管理关系仍然是由上海市金融工委和金融办管理，董事会成员结构也没有发生变化。公司根据长期实践和实际情况，在2012年年初上报IPO时仍然继续作出了公司无控股股东、无实际控制人的认定。回头来看，这一认定是符合当时公司实际情况的。在那个时点上，公司也不可能作出控股股东、实际控制人认定的变更，因为主板发行上市要求发行人最近三年内实际控制人没有发生变更，如果变更认定意味着公司需要再等三年才能符合 IPO 条件。因为这一法律上的认定问题，在东方证券上市的反馈、发审等环节不断提及，公司不断地做好相关的解释沟通工作。

公司的第一大股东申能（集团）有限公司在发行前持股 38.38%，发行 10 亿股后持股比例将下降为 30.08%。鉴于当时申能集团推荐的 3 名董事，未超过 15 名董事会成员的 1/2；未将东方证券纳入下属控股子公司管理等原因，因此未将申能集团认定为公司的控股股东。

申能集团等五家上海国有股东，系上海市国资委直接或间接出资的国有企业，发行前合计持有本公司股份比例为 48.84%，发行后将稀释为 38.36%。鉴于上海市国资委依据《公司法》《企业国有资产法》等法律法规，对其直接出资企业行使出资人职责，不干预企业经营管理；上述五家上海国有股东无关联关系，也未形成一致行动人，董事、监事和高级管理人员无相互兼任情况等原因，未将上海市国资委认定为公司的实际控制人。

对于上述法律认定问题，由于沟通解释较为充分、发行审核逐渐转向以信息披露为核心，所以最终未成为公司上市的实质性障碍。公司根据发审会意见，在招股说明书中补充披露了上述认定的原因、依据以及相关风险揭示。

3. IPO 财务核查中发现问题的妥善解决

经过 IPO 财务专项核查小组两周的持续检查，对公司的财务处理的合理性与规范性提出了 14 个问题，包括有关财务处理是否符合权责发生制，有关金融资产分类与估值是否符合会计准则规定，与公司工会下设全资子公司诚恭实业发生交易的合理性等。IPO 财务核查中发现的问题被分为三类进行处理：第一类是作相关补充说明以表示符合有关的规范；第二类是的确存在不完全不符合规范的地方，但占比或影响较小，今后进一步加以规范；第三类是通过整改彻底解决相关的问题，如公司工会最终对下设全资子公司诚恭实业作了关闭的处理。

(四) 东方证券 A 股上市的成功经验

2015 年 3 月 23 日，时任上海市金融工委书记孔庆伟和东方证券董事长潘鑫军在上交所敲响东方证券（上交所：600958）上市铜锣的那一刻，东方证券全体员工的心情，正如潘董事长在发审会总结陈述上所说的，是"无限感慨、无比激动"！东方证券的上市梦想，历经 8 年终于实现了。

东方证券经过 8 年的努力，终于实现了公司的上市，为公司发展打开了新的平台和天地，主要有以下的几点成功经验，可供其他拟上市企业参考。

1. 坚持

东方证券虽经 2007 年上市失败，但始终坚持上市目标不动摇，不断夯实公司上市的基础。经过近 17 年的努力，东方证券已经从一家业内曾经默默无名的区域中小型券商，发展成为一家具备较强竞争优势和发展活力、深受市场关注和同行认同的全国性综合类证券公司。公司之所以能取得这些发展成绩，关键在于无论在何种市场环境和经营压力下，领导班子始终坚持打造一个团结、进取、稳定的高管团队，始终坚持完善以人为本的优秀企业文化，始终坚持与时俱进地建立健全市场化经营管理机制，并使其成为东方证券不可复制的核心竞争力。

2. 团队

公司组建了专业的中介机构和公司工作团队。中介机构包括光大证券、国浩律师事务所、立信会计师事务所等。公司领导冲在上市工作的第一线，指导有方、组织得力，有关部门和子公司员工经历了无数的加班与坚守，涌现了一批可亲可敬的先进人物和一批可歌可泣的先进事迹，他们团结、坚韧、顽强、奉献（见图 2-10）。功夫不负有心人，公司上下的努力与付出终于有了回报。

3. 沟通

东方证券之所以能成功到达胜利上市的彼岸，离不开上海市金融工委、金融办等各级政府主管部门与中国证监会、上海证券交易所等监管机构的指

图 2 – 10 东方证券 A 股 IPO 团队工作餐

导与支持,离不开公司股东、董事、监事和公司领导、各部门及子公司的大力支持。公司始终与上述各方做好交流沟通工作,争取最大的支持。

"雄关漫道真如铁,而今迈步从头越。"2015 年 3 月,东方证券成功登陆 A 股市场,将是公司今后发展的一个崭新起点。东方证券将继续秉持"团结、进取、务实、高效"的企业精神,坚持服务实体经济发展,坚持服务社会财富管理,坚持守住合规与风险管理底线,创建"具有一流核心竞争力,为客户提供综合金融服务的现代投资银行"。与此同时,我们要做好公司的规范运作、信息披露以及投资者关系管理工作,以优异的业绩回报投资者、回馈社会。在公司及资本市场的大平台上,携起手来,聚力前行,圆梦东方!

附件　在东方证券 IPO 发审会上的总结陈述

（时任董事长　潘鑫军）

今天，当我踏进这个会场的时候，心情可以用 8 个字来概括，那就是"无限感慨、无比激动"。为什么会有这种心情，那是因为公司 2007 年首次申报 IPO，但由于 2008 年亏损受到挫折，一等就是长达 8 年的时间。在各种压力下前行，个中滋味可以说是酸甜苦辣，难以用语言来表达，所以我的心情是既感慨又激动。

其实，东方证券是一家非常健康、自信的公司。特别是 2012 年证券行业召开创新大会以来，公司抓住机遇实现了跨越式发展。总资产从 2011 年年末的 400 亿元增加到 2014 年年末的 1075 亿元，综合实力已经接近券商第一梯队。公司经营管理发生了翻天覆地的变化，主要体现在以下三个方面：（1）基本摆脱了靠天吃饭的盈利模式，收入来源多元化格局初步形成；（2）作为一家金融机构，服务实体经济发展、服务社会财富管理的能力，得到了有效提升；（3）全面风险管理理念由外在要求，变成了公司内生性发展的必然要求。这些变化还将在今后的公司发展中得到更好的体现，推动公司发展再上新台阶。

各位委员，感谢您们花了大量时间和精力，认真阅读公司的材料，了解东方。我们也十分感谢您们提出的问题，我们将以此作为鞭策，在今后的工作中加以改进。

我们已经做好了走向资本市场的各项准备。如果在证监会和各位委员的支持下，东方证券能够顺利上市，我们将不辱使命。近期公司已经制定了 2015—2017 年发展战略规划，核心就是抓住四个驱动，即资本驱动、创新驱动、人才驱动、客户驱动。实现公司未来三年战略目标，最首要的一条就是资本补充，所以恳请委员们支持东方证券的发行上市。如果给我们一个机会，我们将打造一家具有一流核心竞争力的现代投资银行，以优异的业绩，回报社会、回报投资者。

最后，我代表公司的全体员工和股东，再次感谢各位委员的理解和支持！谢谢！

第三章　境外发行上市

境外IPO，也是我国企业的重要选择。根据中国证监会有关规定，依照《中华人民共和国公司法》设立的股份有限公司，在符合境外上市地上市条件的基础上，可自主向中国证监会提出境外发行股票和上市申请。境外发行上市主要有H股、红筹股、美股和GDR等形式。本章主要介绍H股、红筹股和美股发行上市。同时在第七章介绍境内上市公司到境外发行GDR的情况。

一、H股发行上市的意义

H股上市，是指在中国境内注册的股份有限公司发行H股并在香港上市的方式。在香港上市、以港币或其他货币认购及买卖的中国企业股份，取香港英文Hong Kong的首字母，称为"H股"。

与境内上市相比，香港上市门槛低，无需排队，是境内企业打造境外资本平台的首要选择。香港与祖国大陆又地理相近、文化相通。尤其是针对分类表决权的企业或者未盈利的企业，香港联交所更早建立比较成熟的制度安排，有利于各种类型企业赴港上市融资。

根据方达律师事务所团队的统计，近三年港股主板上市公司的股权结构类型如下。

2019年度港股主板公开招股书且已经成功上市的公司为151家，其中采用H股上市方式的公司14家，占比9%；

2020年度港股主板公开招股书且已经成功上市的公司为129家，其中采用H股上市方式的公司15家，占比12%；

2021年度（截至2021年9月30日）港股主板公开刊登招股书的公司为265家，其中采用H股上市方式的公司62家，占比23%。

2022年，前十大募集资金的H股IPO企业如表3-1所示。

表3-1　　　　2022年前十大募集资金的H股IPO企业

代码	名称	募资总额（亿港元）
1880.HK	中国中免	183.89
9696.HK	天齐锂业	134.58
3931.HK	中创新航	101.02
6963.HK	阳光保险	67.05
6680.HK	金力永磁	42.41
9878.HK	汇通达网络	23.18
2402.HK	亿华通	13.40
2121.HK	创新奇智	11.77
2418.HK	德银天下	10.93
9985.HK	卫龙	10.18

由此可见，境内企业采用H股方式赴港上市，成为上市方式的重要选择。

二、H股发行上市的条件

根据香港联交所公布的主板上市规则，在香港联交所的主板上市需要符合以下条件。

8.05　发行人必须符合《上市规则》第8.05（1）条的「盈利测试」，或《上市规则》第8.05（2）条的「市值／收益／现金流量测试」，或《上市规则》第8.05（3）条的「市值／收益测试」。

1. 「盈利测试」

为符合「盈利测试」，新申请人须在相若的拥有权及管理层管理下具备足够的营业记录。这是指发行人或其有关集团（不包括任何联营公司，或其业绩是以权益会计法计入发行人财务报表内的其他实体）（视属何情况而定）须符合下列各项：

（1）具备不少于三个会计年度的营业记录（参阅《上市规则》第 4.04 条），而在该段期间，新申请人最近一年的股东应占盈利不得低于 3500 万港元，及其前两年累计的股东应占盈利亦不得低于 4500 万港元。上述盈利应扣除日常业务以外的业务所产生的收入或亏损；

（2）至少前三个会计年度的管理层维持不变；

（3）至少经审计的最近一个会计年度的拥有权和控制权维持不变。

2.「市值／收益／现金流量测试」

为符合「市值／收益／现金流量测试」，新申请人须符合下列各项：

（1）具备不少于三个会计年度的营业记录；

（2）至少前三个会计年度的管理层维持不变；

（3）至少经审计的最近一个会计年度的拥有权和控制权维持不变；

（4）上市时市值至少为 20 亿港元；

（5）经审计的最近一个会计年度的收益至少为 5 亿港元；

（6）新申请人或其集团的拟上市的业务于前三个会计年度的现金流入合计至少为 1 亿港元。

3.「市值／收益测试」

为符合「市值／收益测试」，除非本交易所已根据《上市规则》第 8.05A 条的规定作出豁免，否则新申请人须符合下列各项：

（1）具备不少于三个会计年度的营业记录；

（2）至少前三个会计年度的管理层维持不变；

（3）至少经审计的最近一个会计年度的拥有权和控制权维持不变；

（4）上市时市值至少为 40 亿港元；

（5）经审计的最近一个会计年度的收益至少为 5 亿港元。

8.08　寻求上市的证券，必须有一个公开市场，这一般指：

（1）无论何时，发行人已发行股份数目总额必须至少有 25% 由公众人士持有。

(2) 对于那些拥有一类或以上证券（除了正申请上市的证券类别外也拥有其他类别的证券）的发行人，其上市时由公众人士持有（在所有受监管市场（包括本交易所）上市）的证券总数，必须占发行人已发行股份数目总额至少25%。然而，正申请上市的证券类别，则不得少于发行人已发行股份数目总额的15%，而其上市时的预期市值也不得少于1.25亿港元。

三、H股IPO的基本流程

（一）我国境内核准制下的H股IPO流程

根据中国证监会发布的《【行政许可事项服务指南】股份有限公司境外公开募集股份及上市（包括增发）审批》，确定境外上市外资股的行政许可性质上为"前审后批"，明确了六项申请的核心文件。

(1) 申请报告及相关文件。申请报告内容包括：公司演变（含历史沿革及股权变动情况）及业务概况、公司治理结构（含董事、监事和高级管理人员选任及构成）、财务状况与经营业绩、经营风险分析、发展战略、筹资用途、符合境外上市地上市条件的说明、发行上市方案、发行前后股权结构等；相关文件包括：股东大会及董事会决议，营业执照，特殊行业许可证（如适用），公司章程，关于审核关注要点的说明，公司及其董事、监事、高级管理人员关于申请材料真实、准确、完整的承诺，申请人及中介机构联络表；

(2) 行业监管部门出具的监管意见书（如适用），

(3) 募集资金投资项目的审批、核准或备案文件（如适用）；

(4) 近三年（主板）或两年（创业板）税务部门出具的纳税证明；

(5) 境内法律意见书（附关于审核关注要点的专项法律意见及律师事务所、律师事务所负责人、签字律师关于申请材料真实、准确、完整的承诺）；

(6) 招股说明书（草稿）。

自 2018 年中国证监会启动 H 股"全流通"改革试点以来，境内企业在 H 股发行上市时，还可以申请将相关境内未上市股份转为 H 股并在香港市场进行流通。申请实施 H 股"全流通"，更加关注境内未上市股份获得市场化的估值，扩大公司在香港上市股份的流通规模，这将吸引更多国际投资者投资 H 股公司，有利于公司长远发展和股东利益。

如图 3-1 所示，境内企业 H 股方式赴港上市前需先向中国证监会提交申请文件。如材料齐备，中国证监会将出具正式受理函，俗称"小路条"；获得中国证监会"小路条"后，境内企业就可以向香港联交所正式报送 A1 文件，包括招股说明书、盈利预测以及现金流量预测、主要财务指标的摘要和解释、三年一期经审计的财务报告、审计师或其他专家的确认函、所有要求豁免遵守《上市规则》规定以及香港《公司条例》条文的豁免申请初稿等，申请于香港联交所发行 H 股并上市。

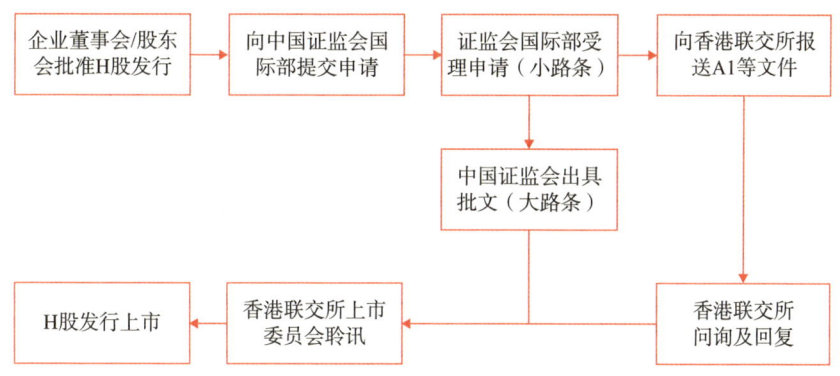

图 3-1　核准制下境内企业赴港上市流程图

此后中国证监会和香港联交所审核同步进行。香港联交所和香港证监会将同时审阅 A1 稿招股书以及其他一并递交的支持性文件和确认函，并提出问题、反馈意见及其他要求，一般要经过多轮，除了书面询问还会有大量的口头问题。发行人需通过保荐人，回答提出的所有问题，并依据要求对招股书做出相应修改。

中国证监会审核后，如果认为境内企业满足各项要求且相关整改措施到位（如涉及）后，会出具正式的 H 股发行批复，俗称"大路条"；在获得中国证监会"大路条"后，香港联交所会安排境内企业上市聆讯。上市聆讯是聆讯委员会与上市科专案小组的问答与讨论，其中聆讯委员会会针对专案小组对上市申请人出具的报告提出问题，专案小组成员则会相应回答聆讯委员会的问题。通过聆讯，境内企业即可启动正式发行、路演和上市工作。

（二）我国境外上市备案管理后的境外 IPO 流程

2023 年 2 月 17 日，经国务院批准，中国证监会发布了《境内企业境外发行证券和上市管理试行办法》，并同步发布了 5 项配套指引，自 2023 年 3 月 31 日起施行。

中国证监会指出，相关改革的总体考虑：一是坚持监管全覆盖。补齐境外发行上市制度短板空白，对境内企业直接和间接境外发行上市活动统一实施监管，压实市场主体责任；以负面清单形式明确境内企业境外发行上市的禁止情形，并与行业监管要求有效衔接。二是坚持落实"放管服"改革要求。将许可管理改为备案管理，强化事中事后监管，创造更加透明、更可预期的制度环境，支持企业利用境外资本市场规范发展。三是坚持深化对外开放。进一步放宽境内企业境外发行上市在投资者、存量股流通、币种等方面限制，保障境外融资渠道畅通，提升企业整体合规水平，推进制度型高水平对外开放。

根据相关制度规定，备案制下我国企业境外上市流程如图 3-2 所示。该流程适用于我国企业赴境外发行上市的所有情形。

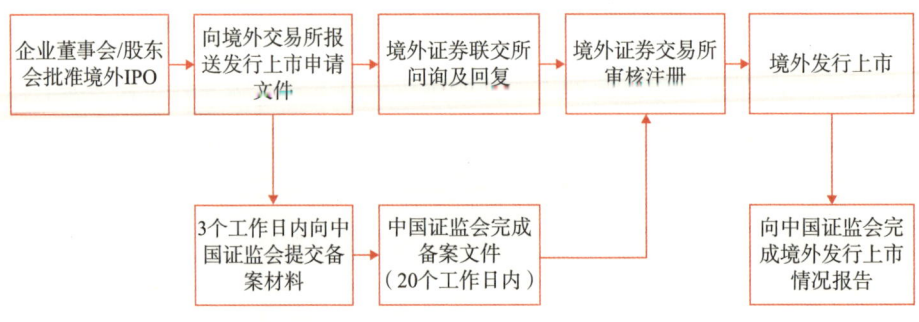

图 3-2 备案制下境内企业境外上市流程图

四、H 股市场的估值问题

截至 2022 年年底境内有近 150 家的 A+H 股上市公司。上市公司在两地市场的估值，是一个值得关注的问题。

总体而言，这些公司 A 股股价平均是其 H 股股价的 2.07 倍，A 股、H 股股价最为接近的为招商银行、中国平安、海尔智家、中国中免、紫金矿业和邮储银行等，相差最大的为弘业期货，其 A 股股价是 H 股股价的 10.99 倍。

投资者们常常会问 A 股与 H 股股价为什么差别那么大，或者有的投资者以两地价差较大、以为价差会缩小来作为选股的依据。表 3-2 为截至 2022 年年底香港证券交易所市场概况。

表 3-2　　　　　截至 2022 年年底香港证券交易所市场概况

板块	上市公司数量（家）	上市公司市值（亿港币）	平均市盈率
香港交易所主板	2240	332349	9.5
香港交易所创业板	342	829	12.21

我们的回答是，虽然两地市场建立了互联互通的机制，大陆投资者可以通过港股通投资港股，境外投资者可以通过陆股通（包括沪港通、深港通）投资 A 股，但总体而言这种机制对于缩小两地市场估值差异的作用有限。我们应该注意到，两地市场的市场环境、面对的投资者存在较大差异，港股市场受到国际金融市场波动的影响更大。

五、红筹上市

除了前述的中国境内注册的企业，直接发行 H 股上市外，还有红筹上市的模式。

红筹上市模式是指中国公司主要运营资产和业务虽在中国境内，但间接以注册在境外离岸法域（通常在开曼、百慕大或英属维尔京群岛等地）的离岸公司名义而在境外交易所挂牌交易的上市模式。上市主体与境内运营实体间通过持股或插入其他架构实现控制的关系。红筹上市与 H 股上市的主要区别如表 3-3 所示。

表 3-3　　　　　　　　红筹上市与 H 股上市的主要区别

比较项目	红筹	H 股
公司性质	境外注册但运营主要在中国境内的公司	中国境内注册的公司，受中国公司法约束
上市前重组	需要在上市前搭建离岸控股平台，并购境内运营实体，现有股东转为持有离岸控股平台股份	上市前需要境内股份公司改制
上市审批	需要获得香港联交所的批准	需要获得香港联交所和中国证监会的批准
主要优点	通过红筹化创造的海外上市平台具备更多的灵活性	不需要搭建红筹架构

需要说明的是，搭建红筹上市模式是我国境内企业在境外证券交易所上市的一种模式，并不仅限于在香港证券交易所上市。同时，根据 2023 年 3 月 31 日开始施行的《境内企业境外发行证券和上市管理试行办法》，搭建红筹架构在境外上市的企业（属于境内企业境外间接发行上市类型），同样需要向中国证监会履行备案程序。

六．美股上市

实现在美股发行上市，也是中国企业可以选择的境外上市方式之一。目前，美国主要的证券交易所如下。

（1）纽约证券交易所（NYSE）：具有组织结构健全，设备最完善，管理最严格以及上市标准高等特点；

（2）全美证券交易所（AMEX）：运行成熟与规范，股票和衍生证券交易突出。其上市条件比纽约交易所低，具有上百年的历史；

（3）纳斯达克证券交易所（NASDAQ）：完全的电子证券交易市场。全球第二大证券市场，证券交易活跃。其面向的企业多是具有高成长潜力的大中型公司，而不只是科技股。

根据 Wind 数据，截至 2022 年年末，在美股上市的中概股公司共有 282 家，其主要的上市场所和上市方式如表 3-4 所示。

表 3-4　　　　　　　　　中概股公司在美股上市的情况

证券交易所		纽交所	纳斯达克
上市公司数量（家）		72	202
上市方式	普通股	7	116
	存托凭证	65	86
典型上市企业		阿里巴巴、百胜中国、中通快递、贝壳、南方航空	拼多多、京东、网易、百度

数据来源：Wind。

目前，在美国纽约证券交易所和纳斯达克证券交易所发行上市的主要条件如表 3-5 所示。

表 3-5　　　　　　　　　　美股上市的主要条件

项目	纽交所	纳斯达克
主要准入条件	依据美国证券交易法在美国证监会办理证券登记	依据美国证券交易法在美国证监会办理证券登记
	公众持股量至少为 110 万股	最低股东权益为 400 万美元（在标准 1 下需为 500 万美元）
	上市时最低股价为每股 4 美元	公众持股量至少为 110 万股

续表

项目	纽交所	纳斯达克
财务条件	公司须满足以下财务条件之一： √ 过去三个财务年度累积税前利润达1亿美元（最近两个财务年度每年最低2500万美元） √ 全球市值至少为7.5亿美元，且最近一个财务年度的收入至少为7500万美元 √ 全球市值到少为5亿美元，且最近12个月的收入至少为1亿美元，过去三个财务年度的累积现金流至少为1亿美元（最近两个财务年度每年最低2500万美元） √ 母公司或其他附属机构为上市公司，公司本身由上市公司控股或与上市公司被同一公司控股，全球市值至少达到5000万美元，且拥有至少12个月的经营记录	公司须满足以下财务条件之一： √ 过去三年财年的累计税前利润大于等于1100万美元，且每年的税前利润均不得为负 √ 过去三个财年的累计现金流大于等于2750万美元，且每年的现金流均不得为负，前12个月的平均市值至少为5.5亿美元，上一年度的收入至少为1.10亿美元 √ 前12个月的平均市值至少为8.50亿美元，上一年度的收入至少为9000万美元 √ 市值至少为1.6亿美元，总资产至少8000万美元，股东权益至少为5500万美元
公司历史	一般要求至少经营三年	要求至少两年的财务历史

中国企业为了实现美股发行上市，其流程与H股发行上市是类似的，都包括境内和境外的程序，境内程序主要是获得中国证监会批准或备案，境外主要是向美国证监会和证券交易所的审核。美股上市的示范性流程和时间进度表如图3-3所示。

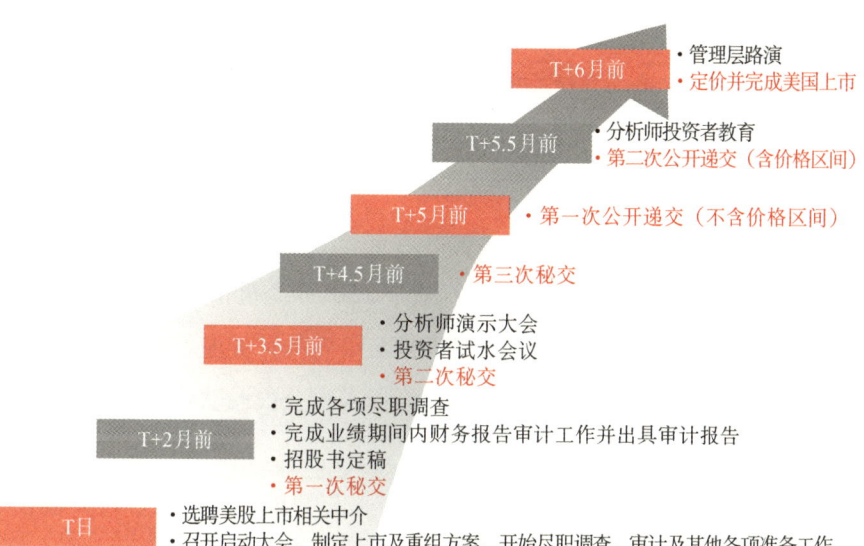

图3-3　美股上市的示范性流程和时间进度表

资料来源：花旗亚洲。

案例　攻坚克难书写精彩，东方证券实现 H 股发行上市

东方证券的 H 股发行上市于 2016 年 7 月 8 日完成。H 股定价为每股 8.15 元港币，合计发行规模为 9.3 亿股（含超额配售权，不含全国社保卖出股权），募集资金达到 76.1 亿元港币。这是 2016 年香港市场上首只证券股 IPO，是 2014 年以来当时香港市场发行规模排名第三的证券股 IPO，是英国公投脱欧后当时首只成功定价的大规模 IPO，也是英国公投脱欧后当时全球发行规模排名第二的交易。

东方证券的领导团队在紧要关头，带头忘我地全球奔波、没日没夜地不懈努力，终使公司 H 股发行上市逆势取得成功，让国际顶级投行机构竖起了大拇指。在公司 H 股发行上市的庆祝晚宴上，国际投行花旗的一位专业人士作诗一首以记之："世纪之灾，史无前例；审时度势，毅然出击；运筹帷幄，笑傲香江；东方如珠，璀璨靓丽。"

（一）认知 H 股 IPO 意义

H 股发行上市，是东方证券前进中的一座里程碑，对公司未来发展具有重要的战略意义。

一是打造公司 A + H 股发展平台。当时，公司已成为内地第 5 家实现 A + H 股整体上市的大型证券公司。实践表明，A + H 股证券公司均是行业内实力较强、取得良好发展的公司。H 股上市将为公司引入高质量的国际机构投资者，形成多元化的公司股权结构，进一步优化完善公司的治理机制。

二是募集公司发展所需资金。本次募集资金中，约 35% 将用于经纪及证券金融（财富管理）业务；约 30% 将用于境外业务，支持境外业务做大做强；约 15% 将用于投资管理业务；约 10% 将用于证券销售及交易业务；约 5% 将用于资本支出，以提升信息系统及扩充轻型营业部网络；约 5% 将用于营运资金和其他一般企业用途。更为重要的是，今后在市场形势好的时候，

可以较快地利用国际资本市场进行再融资，进一步补充公司发展所需资金。

三是推动公司国际化发展。随着中国经济的发展和国际化程度的提升，作为资本市场中介的投资银行也亟需提升国际化金融服务能力。因此，推动公司的国际化发展已成为核心业务战略之一，以全面提升公司的国际知名度和影响力。

公司管理层在路演中，反复向国际投资者介绍公司的五大投资亮点：（1）行业领先、快速增长的全国性资本市场服务提供商；（2）具备卓越的投资管理及交易能力，拥有出色的过往业绩；（3）立足上海、快速增长的财富管理业务；（4）审慎有效、屡经考验的全面风险管理体系；（5）稳定、经验丰富的管理层和高素质的专业队伍。这些介绍让国际投资者对公司的经营特色留下了深刻印象，将进一步扩大公司在国际业务领域的合作。

（二）回顾高效 H 股 IPO 的历程

公司 A 股于 2015 年 3 月 23 日成功在上海证券交易所上市后，公司紧锣密鼓地启动 H 股发行准备工作，当时希望努力争取的目标是在 2015 年内同时实现 H 股 IPO，成为一年内完成 A 股和 H 股 IPO 的公司。

由于受 2015 年下半年的股灾等因素影响，最终东方证券的 H 股发行上市历时近一年时间，这也算是相当快的，历经公司董事会和股东大会审议决策、申请上市监管意见书、国有股减持审批、招股说明书起草与更新、中国证监会审批、香港联交所聆讯、路演发行上市等环节。

公司在一年时间内顺利完成所有流程并实现 H 股发行上市，离不开政府部门和监管部门的指导，离不开公司股东、董事、监事、高管们的支持与领导，离不开公司各部门和子公司以及中介机构的共同努力。

1. 筹备（2015 年 5 月—2015 年 9 月）

2015 年 5 月，公司就启动了 H 股 IPO 进程，我们聘请了三家国际知名投行花旗、高盛、野村，还有我们自己的东方香港公司，为公司 H 股 IPO 的保荐机构和承销商。在法律方面为发行人、承销商聘请了境内外律师，在财务方面聘请了德勤会计师事务所为境内外的审计机构，此外还有印刷商、财经公关公司等。H股项目的团队是相当庞大的，每周开例会时都是一大屋子几十人，各方加强团结和沟通，协同推进好项目。

然而，2015年6月12日上证指数在创出阶段性高点5178点后，股市出现了断崖式下跌的股灾行情，下跌到8月末的2850点左右，使公司原本拟于7月上中旬启动H股的董事会被迫延后了。至7月15日，H股的周例会被暂停。说实话，当时的心情是落寞的。可现实如此，就必须耐得住寂寞。等待中的整个7月至8月中下旬，为了抢时间，我们积极研究A股是否可以不因启动H股而作停牌公告，我们提前研究H股招股书结构和A股有什么不同，由这些不同所导致的H股尽调、访谈和A股会有多大差异，终于在8月27日成功召开启动H股发行上市相关事宜的董事会并向市场公告，比最初的时间表并没有晚太多。

2. 重启（2015年9月—2016年3月）

不同于A股IPO，一切的努力只为得到发审会后的一纸批文，H股上市需要过境内、境外两道审批关。境内，需要中国证监会机构部（监管意见书）、中国证监会国际部（"小路条"和"大路条"）、国有股减转持（国资委批复和全国社保基金理事会复函）审批；境外，需要报香港证监会、香港联交所（聆讯信函）等六处审批。

从H股上市的整体时间安排、到每周的工作例会，从整本招股书的编纂流程、到对招股书每句话的验证，从每一轮的尽职调查、到对各部门子公司的访谈，从设计国有股减转持方案、到反复与股东和监管部门沟通协调，从统筹监管意见书的必备文件、到后续数次反馈和往返沟通，每一次，都是公司领导带领董办和中介团队往前冲，所有人毫无怨言；每一步，都是力争严格按照计划执行，所有人充满激情！

3. 曙光（2016年3月—2016年6月）

进入到2016年3月中下旬，H股上市审批中最具标志性的节点、首次将A1全套文件报联交所的曙光终于出现了，也包括A1前需报证监会国际部的7

项文件（受理后获得"小路条"）。经过前后二十几天夜以继日地在公司、荣大或香港印刷商处，与公司领导、业务骨干、中介机构的反复修订和完善（见图3-4），两套文件分别于2016年4月5日和4月11日成功递交中国证监会国际部以及香港联交所。

图3-4　发行人与中介机构在香港印刷商处讨论H股申报及招股材料

经过公司与各大投行、律师的共同努力，为公司打造的投资定位如下：我们是投资能力卓越、高速增长的中国领先资本市场服务提供商；立足上海、覆盖全国，我们打造了优秀的投资管理及交易和财富管理业务平台；我们为客户提供综合金融产品和服务，凭借稳健的经营策略和优秀的执行能力，多项业务均处于行业领先水平；我们充分把握了中国证券行业创新发展的机遇，并取得了快速发展。

在这之后，公司便正式进入H股"两条腿走路"的关键时期，一条腿是应对好证监会国际部、香港联交所的反馈，另一条腿是启动后续发行上市工作及预路演。

值得一提的是联交所反馈，除了法定的两次正式信函式反馈，粗略统计了一下非正式邮件反馈次数竟有19次之多，且很多时候都是在晚上八九点以后发出。每一次，董办与中介机构都会立即召开电话会议讨论反馈口径和内容，力争在24小时至48小时之内上报，为H股聆讯等关键时间的抢夺打下了坚实的基础。公司于 2016 年 6 月 2 日顺利通过了香港联交所的聆讯，从上报 A1 文件到聆讯通过仅花了 7 周多的时间，特别是在增加一季度审计的情况下，是联交所当期审批最快最顺利的项目之一！

然而，在路演前遇到了一个突发事件。2016 年 6 月 16 日，公司下属全资子公司东证期货收到了中国证监会的立案调查通知书，指出因未能有效履行资产管理人职责，根据《期货交易管理条例》的有关规定，证监会决定对东证期货立案调查。面对即将发行路演和刊登招股书的紧张时刻，我们及时与保荐机构商量如何处理。保荐人在尽调的基础上，马上向香港联交所汇报情况，主要包括事件的背景、影响程度、整改措施以及在招股书中披露等内容，使这一事件没有影响公司 H 股 IPO 的进程。这一事件最终于 2017 年 11 月结案，因违法行为轻微并及时纠正，没有造成相应后果，中国证监会决定对东证期货不予行政处罚。上述事件的处理，也反映了公司当时对于在招股说明书中真实、准确、完整披露信息的重视。

(三) 直面发行艰辛

公司于 2016 年 4 月中旬启动发行工作，历经分析师大会的完美展现、5 月初和 5 月底的两次香港预路演、北京上海多次投资者拜访和接待的积累，共会见各类投资者 100 多家。管理层克服路演与行程的疲惫，耐心向投资者介绍公司的投资亮点，极力搜寻和热情招揽任何一个潜在的投资者。投资者除了要有意愿投资公司 H 股外，还需要准备好境外资金，或境内资金有出境的合理通道（如 QDII），任何一个环节都必须作好衔接。

这为最终 10 家基石投资者（见表 3 - 6）的敲定和正式开启国际路演行程增强了信心、奠定了基础。确定发行规模 40%—50% 甚至更高比例的基石投资者，是 H 股发行项目顺利推进的关键。

图 3 - 5 为东方证券 H 股招股说明书封面。为了做好 H 股发行工作，公司组建了 18 家承销商组成的项目承销团。公司希望充分调动各方的资源和力量，为项目的顺利发行作出积极的贡献，这需要建立与承销额相关的激励机

表 3-6　　　　　　　　东方证券 H 股发行基石投资者情况

序号	基石投资者	投资规模（万美元）
1	交银资管	9900
2	红佳金融	10000
2	上海电气	3000
3	上海实业	3000
4	旺佳集团	5000
5	保银资本	5000
6	云南能投	3000
7	中民投	2500
8	东航金融	3000
10	中国太保	3000
小计		47400

制。为了避免承销商之间，不在主要投资者上产生冲突，出现多家机构去联系同一家机构投资者的混乱局面，也需要对每家机构的重点沟通客户作一定的合理分工。

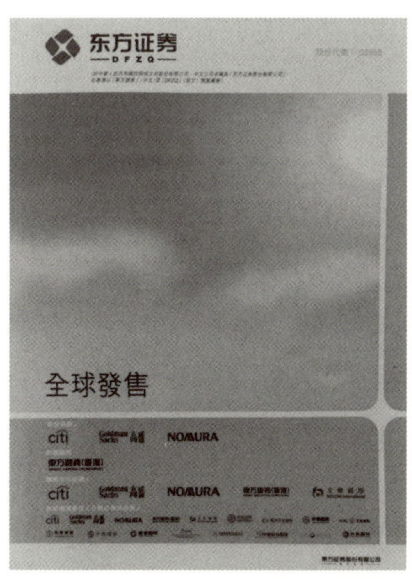

图 3-5　东方证券 H 股招股说明书封面

公司于 2016 年 6 月 2 日通过香港联交所聆讯后，公司领导急需做出是否启动正式全球路演的决定。根据当时的市场情况，经综合几方中介机构意见，公司领导将原本定在 6 月 13 日开始的全球路演延后一周至 6 月 20 日。

6 月 16 日，公司领导与中介机构在公司总部 28 楼召开 H 股定价区间会。顾名思义，这个会应该是围绕定价区间的考虑因素和近期 H 股市场上市企业及同类券商定价比较分析，然后由公司做出最终的定价区间决定。可意料之外的是，会议过半，几家中介机构突然提出让公司 6 月 20 号的国际路演再次延后一周，理由大致围绕英国脱欧的各种风险、极端情况下公司可能发行失败！

这时候，公司领导决定休会十分钟。十分钟后，公司领导回来说的第一句话就是："无论是 620 还是 627，公司发行肯定会成功！"接下来又从公司已有足够基石、一旦延后反而再难有补救措施、最终定价时间可以适当推迟等层次上进行了深入分析，最终决定按照原计划正式开启国际路演。

6 月 20 日，公司 H 股 IPO 开始了国际路演（见图 3-6）。时任董事长潘鑫军坐镇香港进行统一的指挥与协调，时任总裁金文忠带领路演团队，按照香港、新加坡、英国、美国的路线进行。然而在路演过程中，除 H 股市场低迷外，更是与 6 月 23 日英国脱欧公投不期而遇。英国脱欧公投的"黑天鹅"给国际金融市场造成了剧烈冲击，原来投资公司 H 股的部分投资者，纷纷放弃下单甚至撤单，给公司 H 股发行带来了巨大的压力，保荐机构和承销团成员能够贡献的订单也极其有限。在此情况下，保荐人建议公司缩减发行规模、采用 7.85 元港币低端定价的策略等，只求发行成功，因为在这种情势下能够发行成功已经很不容易了。

可是缩减发行规模不但需要烦琐的手续，对公司的企业形象也会产生较大的负面影响，因此公司考虑不能缩减发行规模。但是在原有的发行规模下，如果投资者认购少一股，就将视作发行失败，所有认购的订单需要退回投资者。国内某上市公司，在 2011 年年底发行 H 股时，就碰到类似失败的情况。这种发行失败的局面，公司也是不能接受的。

图3-6 东方证券管理层在全球发售路演午餐会上（2016年6月20日）

6月29日早上，路演团队从美国返回香港后，早上9：30马上召开H股发行的最终定价会，由公司和中介机构逐单分析订单确定性并统计不同价格段订单覆盖率。此刻，即使公司以7.85元港币低端订价，订单仍缺近4千万美元。公司领导沉着应对，建议再由公司和中介抓紧中午最后的四五个小时再努力一把，定价会改为下午3点再召开。公司领导加紧与几个投资者，作了进一步的沟通争取，经过一个中午的努力，至下午3点半再次开会，订单总数增加了1亿多美元！最终公司领导决定采取折中的方式，最终将每股价格定在每股8.15港币上。在打开香槟举杯庆祝的时刻，公司参与工作的董事会办公室员工流下了激动的泪水（见图3-7）。

为了公司H股的成功发行上市并达到预期目标，公司领导们在巨大压力中奋力前行，时任董事长潘鑫军、总裁金文忠带头以不成功绝不罢休、不成功不回上海的决心日夜奋战，坚持不懈地想尽各种办法，调动各种资源，争取投资者的订单。功夫不负有心人，通过公司领导团队的不懈努力，终于争取到足够多的订单，不仅避免了发行失败的风险，而且将定价由保荐机构推荐的每股7.85元港币推升到每股8.15元港币，为公司多募集了发展资金，也更大程度地保护了老股东的利益。

图3-7 东方证券与中介机构在H股定价和配售成功后庆祝（2016年6月29日）

是呀，在如此艰难的形势下，公司H股发行上市成功来之不易，足以载入史册，成为国际投行的精彩教案！这样的逆势发行成功，不仅赢得国际投行机构一片赞叹，参加上市仪式的吴俊豪、周尧、李志强、刘文彬等十多位公司董事监事也是极为赞赏。周尧动情地说："作为一个和东方证券共同走过12年的人，今天特别激动，更特别感动，一定要在此特别感谢东方人……为东方证券的里程碑振奋和尽情高歌！东方明珠因东方证券而更精彩！"

高盛投行项目负责人指出："最难忘同管理层和各中介一路走来的互相鼓励和同甘共苦，在脱欧公投风浪中破浪前行和成功喜悦……'团结村'名副其实，永生难忘。"

（四）感受荣耀时刻

2016年7月8日，公司在香港联合交易所举行H股发行上市仪式，公司管理层成员出席上市仪式（见图3-8）。时任黄浦区委常委、副区长吴成，时任申能（集团）有限公司副总经理、东方证券监事会主席宋雪枫，公司董事、监事，公司H股上市中介机构代表等也见证了公司H股挂牌上市这一重要时刻。

图3-8 嘉宾出席东方证券H股发行上市仪式（2016年7月8日）

时任董事长潘鑫军代表公司致辞并为公司H股鸣锣开市（见图3-9）。时任总裁金文忠接受媒体采访（见图3-10）与香港联交所代表互相赠送上市纪念品，并向公益金执行委员会代表移交公益金支票。

图3-9 时任董事长潘鑫军在东方证券H股发行上市仪式上敲钟

图3-10 时任总裁金文忠在东方证券H股发行上市仪式上接受媒体采访

潘鑫军同志在致辞中表示:"作为中国领先的资本市场服务提供商,公司打造了优秀的投资管理及交易和财富管理业务平台,充分把握了中国证券行业创新发展的机遇,并取得了快速发展。公司在香港联合交易所主板成功挂牌上市,正式登陆国际资本舞台,是公司发展历程的一个重要里程碑。国际资本市场将为公司的持续发展注入更加雄厚的资本实力,开辟更加广阔的增长空间。感谢香港联交所和监管部门的大力支持,感谢各中介机构的共同努力,特别感谢各界投资者对东方证券价值的认同!公司将以H股上市为契机,严守上市规则,抓住发展机遇,以持续增长的经营业绩回馈投资者!"

(五)国际投行盛赞

公司H股成功发行上市,上市项目组成员特别是公司高管团队居功至伟,公司高管团队的拼劲引得保荐人的赞叹与敬佩。

花旗中国金融机构投行部主管袁峥怡答谢致辞时说:"今天我们怀着无比兴奋的心情,在这里庆祝东方证券成功登陆香港H股市场。这是一个不一般的上市项目,自从2015年5月项目启动以来,我们一起经历了2015年年中A股市场的大幅调整,境内外各方对中国经济增长态势的诸多争议,全球资本市场的持续动荡，更有在我们全球路演期间发生令全球投资人大跌眼镜的英国脱欧'黑天鹅'事件，但我们成功了！这个成功得益于潘董事长和金总所率领的管理层以及3800多名员工共同打造的东方证券这一成功的投资故事，得益于所有项目团队成员不懈的努力和缜密的执行，也得益于公司管理层在关键时刻的临阵不乱、运筹帷幄、满满的正能量！这是英国公投脱欧后全球第一单IPO，是一次可以载入史册的发行，我在这里表示衷心的祝贺！"

高盛亚太区金融机构组负责人John Mahoney答谢致辞时说："今天的成功源于各方的努力，其中包括项目执行团队、公司股东及董事的大力支持、公司领导及员工的巨大努力和担当，以及更重要的是公司领导的战略决策。在合作过程中，整个东方证券团队的敬业和投入给我们留下了深刻的印象。高盛能担任此次IPO的牵头行深感荣幸，我们期待东方证券在未来不断创造新的辉煌。"

野村国际投资银行部董事总经理吴家聪答谢致辞时说："尤其在全球资本市场疲弱、中国股票市场大幅度波动的环境下，并在英国脱欧公投的不利条件下，顺利地把本次IPO完成，成功来之不易。往往在充满挑战的时刻才会展现管理层的水平及风采，我们深深体会到，也从投资者反馈中获得肯定的是，东方证券管理团队的三个特质：专业化、有梦想、充满激情。专业化，团队打造全国性的经纪及资管、自营优秀的品牌，专业化是无从置疑；有梦想，公司管理层明确地了解中国资本市场的发展及公司在其中的定位及优势，对中长期发展充满了理想；但最为重要的是团队的激情，这种激情来自团队成员本身对公司的热爱，也来自对事业的追求，激情带来经营的生命力，也使每一位员工对公司产生自豪感，也感染了投资者及中介团队，使我们在不明朗的大环境里获得鼓舞和勇气，发挥力量启动发行。"

回首过去，公司H股IPO走得并非一帆风顺，但却一直步履坚定、步步为营，终于获得无与伦比的精彩成功！

附件 东方证券 H 股 IPO 的主要进程

（1）2015 年 8 月 27 日，公司董事会审议通过发行 H 股有关议案；这些议案于 9 月 22 日获得股东大会审议通过。

（2）2015 年 10 月 26 日，公司获得上海市金融服务办《关于同意东方证券发行 H 股股票并在香港上市的批复》。

（3）2016 年 3 月 28 日，公司获得国务院国资委出具的《关于东方证券股份有限公司国有股转持有关问题的批复》。

（4）2016 年 3 月 31 日，公司获得中国证监会证券基金机构监管部《关于出具东方证券公开发行 H 股并上市监管意见书的函》，对公司公开发行 H 股并上市无异议。

（5）2016 年 4 月 8 日，公司获得《中国证监会行政许可受理通知书》，中国证监会受理公司《H 股首发》行政许可申请。

（6）2016 年 4 月 11 日，公司向香港联交所申报公司 H 股发行上市的招股说明书及 A1 申请文件。当日，公司 H 股招股说明书在香港联交所网站公开。

（7）2016 年 5 月 4 日，公司获得全国社保基金理事会出具的《关于东方证券股份有限公司香港上市国有股减转持有关问题的函》，决定委托东方证券出售划入社保基金会的股份。

（8）2016 年 5 月 20 日，公司获得中国证监会《关于核准东方证券股份有限公司发行境外上市外资股的批复》。

（9）2016 年 6 月 2 日，公司通过香港联交所的聆讯。

（10）2016 年 6 月 20 日，公司正式开始全球路演，6 月 29 日在香港定价和配售。

（11）2016 年 7 月 8 日，公司 H 股在香港联交所成功挂牌上市。

第四章　A 股非公开发行

一、非公开发行股票

非公开发行股票，是指上市公司采用非公开方式，向特定对象发行股票的行为，也称为定向增发，简称定增。上市公司 A 股定增，是上市公司再融资的主要方式之一。

在注册制改革之前，《上市公司证券发行管理办法》第三十九条规定，上市公司存在下列情形之一的，不得非公开发行股票：

（1）本次发行申请文件有虚假记载、误导性陈述或重大遗漏；

（2）上市公司的权益被控股股东或实际控制人严重损害且尚未消除；

（3）上市公司及其附属公司违规对外提供担保且尚未解除；

（4）现任董事、高级管理人员最近三十六个月内受到过中国证监会的行政处罚，或者最近十二个月内受到过证券交易所公开谴责；

（5）上市公司或其现任董事、高级管理人员因涉嫌犯罪正被司法机关立案侦查或涉嫌违法违规正被中国证监会立案调查；

（6）最近一年及一期财务报表被注册会计师出具保留意见、否定意见或无法表示意见的审计报告。保留意见、否定意见或无法表示意见所涉及事项的重大影响已经消除或者本次发行涉及重大重组的除外；

（7）严重损害投资者合法权益和社会公共利益的其他情形。

在 2023 年 2 月全面注册制改革之后，《上市公司证券发行注册管理办法》第十一条的相关规定如下。

第十一条 上市公司存在下列情形之一的，不得向特定对象发行股票：

（1）擅自改变前次募集资金用途未作纠正，或者未经股东大会认可；

（2）最近一年财务报表的编制和披露在重大方面不符合企业会计准则或者相关信息披露规则的规定；最近一年财务会计报告被出具否定意见或者无法表示意见的审计报告；最近一年财务会计报告被出具保留意见的审计报告，且保留意见所涉及事项对上市公司的重大不利影响尚未消除。本次发行涉及重大资产重组的除外；

（3）现任董事、监事和高级管理人员最近三年受到中国证监会行政处罚，或者最近一年受到证券交易所公开谴责；

（4）上市公司或者其现任董事、监事和高级管理人员因涉嫌犯罪正在被司法机关立案侦查或者涉嫌违法违规正在被中国证监会立案调查；

（5）控股股东、实际控制人最近三年存在严重损害上市公司利益或者投资者合法权益的重大违法行为；

（6）最近三年存在严重损害投资者合法权益或者社会公共利益的重大违法行为。

表4-1列示了2020年2月调整前后的非公开发行股票的政策差异，调整后的相关规定，在2023年年初的注册制改革中得到了延续适用。

表4-1　A股非公开发行股票政策2020年调整前后对比

调整内容	调整前	调整后	影响
发行对象	主板：不超过10名 创业板：不超过5名	均不超过35名	增加发行对象数量
发行定价	不低于定价基准日前20日公司股票均价的90%	不低于定价基准日前20日公司股票均价的80%	放宽定价折扣上限
锁定期	大股东、战略投资者：36个月；其他投资者：12个月	大股东、战略投资者：18个月；其他投资者6个月	缩短锁定期，降低锁定期风险

续表

调整内容	调整前	调整后	影响
减持限制	连续90天内集中竞价减持不超过总股本1%，大宗交易减持不超过总股本2%	不适用减持限制有关规定	放松减持限制
批文有效期	6个月	12个月	增加有效期
定价基准日	发行期首日	董事会决议提前确定全部发行对象（大股东、战略投资者）：董事会决议或股东大会公告日或发行期首日 其他情况：发行期首日	定价机制更为灵活
发行规模	不超过发行前总股本的20%	不超过发行前总股本的30%	放宽上限

从表4-1中我们可以看到，这种政策调整的影响是比较重大的。调整前的定增政策是非常严格的，改变了定增投资者的盈利模式，降低了投资者参与上市公司定增的积极性，抑制了上市公司的定增再融资。调整后的政策，相对是比较适合的，从定价机制、锁定期、减持等方面都作了放松，使上市公司定增市场实现了可持续。

二、再融资基本审核流程

本节提到的上市公司再融资审核流程，除了适用于本章的非公开发行股票，同样适用于上市公司再融资的其他品种，包括后述章节提到的配股、可转债等。

（一）核准制下再融资流程

从图4-1可以看到，上市公司再融资的审核流程，与IPO审核流程是类似的，每个环节的含义可参见第三章 IPO 流程中的介绍，主要差别在于没有 IPO 招股说明书的预先披露和预先披露更新环节。

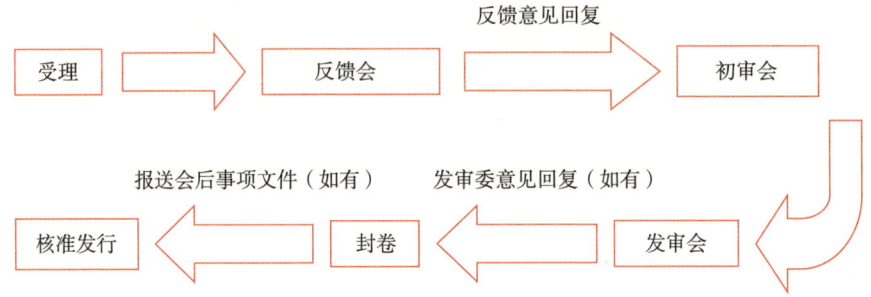

图 4-1　核准制下再融资基本审核流程

资料来源：中国证监会网站。

（二）注册制改革之后再融资审核注册流程

图 4-2 为注册制下再融资的基本审核流程。

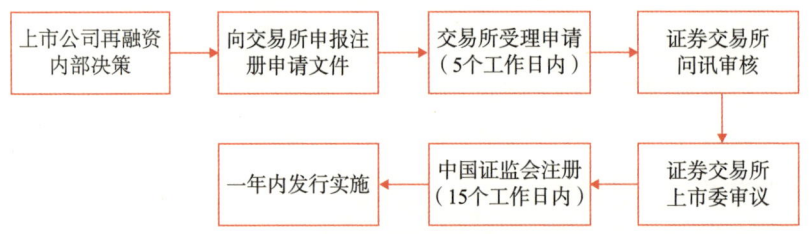

图 4-2　注册制下再融资基本审核流程

三、如何找到参与定增投资者

表 4-2 罗列了 2022 年募资额前 20 大项目的定增发行情况。

表 4－2 2022 年募资额前 20 大定增项目情况（截至 2022 年年底）

企业名称	发行资料						
	自发行价涨跌幅（%后复权）	实际募资总额（亿元）	实际配售家数	发行对象	发行折价率（%）	实施价格相对基准价格比例（%）	定价基准日类型
宁德时代	－3.77	450.00	21	境外机构投资者，机构投资者	23.22	96.56	发行期首日
徐工机械	－5.36	386.86	17	大股东关联方，机构投资者	－8.40	90.00	董事会决议公告日
上海机场	30.21	191.32	1	大股东	17.47	90.00	董事会决议公告日
宁波港	－8.79	141.14	1	公司股东	－3.75	96.54	董事会决议公告日
上海医药	13.03	139.75	2	大股东关联方，机构投资者	25.40	80.00	董事会决议公告日
润泽科技	126.20	136.66	14	机构投资者	60.11	80.00	董事会决议公告日
南网储能	114.59	135.86	25	大股东关联方	65.37	80.00	董事会决议公告日
创新新材	79.36	114.82	25	机构投资者，境外机构投资者，境内自然人	48.11	90.00	董事会决议公告日
大全能源	－8.15	110.00	19	机构投资者，境外机构投资者	22.59	80.00	发行期首日
海航控股	67.89	108.70	1	大股东关联方	40.44	80.00	董事会决议公告日
ST 华源	17.18	107.33	1	大股东关联方	13.69	80.00	董事会决议公告日
招商港口	－23.41	106.69	1	机构投资者	－25.34	80.00	董事会决议公告日
TCL 科技	8.19	95.97	19	机构投资者，境内自然人	11.17	80.00	发行期首日

续表

企业名称	发行资料						
	自发行价涨跌幅（%后复权）	实际募资总额（亿元）	实际配售家数	发行对象	发行折价率（%）	实施价格相对基准价格比例（%）	定价基准日类型
亿纬锂能	42.83	90.00	3	大股东，大股东关联方	22.28	80.00	董事会决议公告日
南网储能	10.09	80.02	25	境内自然人，机构投资者	17.44	80.03	发行期首日
华夏银行	-65.83	80.00	2	大股东	-198.43	80.00	发行期首日
三安光电	10.26	79.00	14	机构投资者，境外机构投资者	14.98	80.00	发行期首日
长城证券	0.00	76.16	17	大股东，机构投资者，境内自然人	12.04	80.00	发行期首日
柳工	-20.06	74.28	9	大股东关联方，机构投资者	-2.04	90.00	董事会决议公告日
赛力斯	-23.49	71.30	16	机构投资者，境内自然人	29.67	80.31	发行期首日

根据表4-2，我们可以作以下几点分析。

（1）单纯的大股东、实控人通过认购定增发行股份，向上市公司注入资金的情形，如宁波港、上海机场、亿纬锂能等。

（2）大股东参与认购部分定增，从市场上寻找投资者参与认购部分的情形，如上海医药、长城证券、风华高科等。

（3）完全从市场上寻找投资者参与认购的情形，如宁德时代、大全能源等。

此外，我们关注到华夏银行的定增发行价格，不低于定价基准日前20个交易日（不含定价基准日）公司A股股票交易均价的80%与本次发行前公司最近一期末经审计的归属于母公司普通股股东的每股净资产值的较高者，这是为了符合国资监管的有关规定。由于股价破净较大，导致定增价格远高于二级市场股价。

我们认为 A 股非公开发行，作为上市公司常用的再融资方式之一，能否找到合适的投资者，来参与上市公司的定增，是项目成功的关键。

定增的投资者对象，按类别可以分为三大类：支持或看好企业发展的原主要股东；与企业可以建立合作关系的上下游企业，或者是希望通过定增进入某一行业的产业投资者；基金、保险、企业等财务投资者。对于基金来说主要通过找到背后的投资者，通过组建专项资产管理计划的形式，来参与上市公司的定增，一般而言需要拿到上市公司一份定增以上的份额。

发行人需要充分调动自身的资源、承销机构的资源，通过各种路演向客户介绍公司定增情况及投资价值，积极寻找各类投资者的投资支持。这是对于上市公司完成定增最具挑战的部分，也是最需要上市公司内部动员各方力量来助力的部分。

企业是否具有良好的发展前景，定增股价是否具有较强的吸引力，通过定增与企业是否能建立战略合作关系，定增投资的投资周期及退出渠道等，都是定增投资者考量的主要因素。投资较大的定增参与者，或者是产业投资者参与定增，一般都需要进行全面的尽职调查，以此作为投资决策的基础。企业真实、准确、完整地展示企业的发展价值与发展前景，是接受尽职调查的基本原则。

根据 2020 年 2 月调整后的定增规定，在一般情况下定增价格不低于定价基准日前 20 日公司股票均价的 80%。由发行人和联席主承销商根据发行的申购情况，对有效申购进行簿记，按照价格优先、金额优先、时间优先的原则，最终确定本次定增发行的实际最终发行价格。这意味着，如果发行人的定增项目不受投资者的欢迎，则只能采取发行底价定价，在此定价下也可能存在定增份额不足的情况；如果发行人的定增项目受到投资者的欢迎，有效申购数量超过定增份额，则定增定价就会抬高，因此有效申购数量与定增份额相等时的价格是确定定增价格的有效依据。

案例 克服挑战，一年完成A股定增

2017年12月29日，东方证券A股定增工作顺利完成。本次定增公司A股7.78亿股，定价14.21元/股，募集资金总额110.58亿元，有效地壮大了公司的资本实力，将公司的净资产提升到530亿元，稳步进入证券行业的前十名。

本次A股定增自2017年2月正式启动，历经决策、申报、审核、销售、发行等环节。面对当年先后出台定增新规、减持新规、资管新规等带来的困难与挑战，能够在年内顺利完成，离不开监管部门及申能集团等股东单位的大力支持，离不开公司坚强有力的领导和各方齐心协力做好发行销售工作，离不开各部门、各子公司的充分配合和由董事会办公室、计划财务管理总部、东方花旗证券、国泰君安证券等组成的项目团队的奋勇拼搏。

本次定增完成后，东方证券将按照监管要求使用好募集资金，推动公司发展壮大，打造"具有一流核心竞争力，为客户提供综合金融服务的现代投资银行"，实现公司资本补充、业务发展和投资者回报的良性互动。

（一）股东单位大力支持

东方证券在2015年A股发行上市、2016年H股发行上市的背景下，为进一步提升公司资本实力，拟于2017年实施A股定增方案。2016年10月始，东方证券先后向申能集团、海烟投资、上海报业等股东单位汇报了筹划中的A股定增方案。这些股东单位都大力支持东方证券的发展，同意公司推进A股定增的工作。

东方证券与相关股东单位的沟通协调工作相当顺畅，确保了有关定增工作的推进。同时，这些股东单位积极承诺参与认购公司A股定增，这一举动，既表明股东单位支持公司发展的决心不会改变，也大大提振了其他市场投资者参与定增的信心。最终，申能集团认购2.3亿股，海烟投资认购近6000万股，两大老股东合计出资 41 亿元。

在公司申报的发行方案中，公司某一股东曾承诺参与 A 股定增的认购，但由于在 2016 年 7 月期间曾主动减持公司股份 1040 万股，受到个别媒体提出的"高价减持、又参与公司 A 股定增"的质疑。为此，根据监管部门相关指导精神，为进一步维护上市公司及中小股东的利益，经公司与该股东协商一致，不再参与认购公司本次非公开发行 A 股的股份，使这一问题得以解决。

（二）公司坚强有力的领导

东方证券的 A 股定增工作，在公司董事会和经营班子的领导下，顺利往前推进。申能集团和公司有关领导，十分关心公司 A 股定增工作，并给予大力支持。

2017 年 5 月，为了公司 A 股定增中中国证监会能及时出具上市监管意见书事宜，公司领导带队到证监会沟通，汇报公司落实全面风险管理进展等证监会关心的事项，沟通取得了良好的效果。

2007 年 9 月 19 日，证监会发审会对公司 A 股定增进行审核。公司领导为公司 A 股定增顺利通过发审会作现场全程护航（见图 4-3），在证监会办公楼大厅里、走廊上，从四点多开始候场，一直到七点多钟，公司 A 股定增审核获无条件通过的结果宣布（见图 4-4）。

图 4-3　东方证券管理团队参加 A 股定增发审会

图4-4　东方证券管理层现场听取A股定增发审无条件过会的好消息

12月6日，公司领导听取了项目进展情况的汇报。根据投资者决策程序和资金准备的进展情况，决定抓住有限的发行时间窗口，打响了于12月8日收盘后启动A股定增发行的发令枪，并做好了各种应急预案与充分的准备（见图4-5）。

图4-5　东方证券管理层听取订单情况汇报，决定启动A股定增发行

(三) 各方齐心协力做好发行销售工作

2017年市场化定价发行的定增新规以及延长减持时间的减持新规实施后，上市公司A股定增对投资者的吸引力大为下降。在当时的政策下，从原来的打八折定增调整为只能打九折定增，定价的安全垫作用大大减小；定增投资的锁定期，对大股东、战略投资者为36个月，其他投资者为12个月；在当

时连续 90 天内集中竞价减持不超过总股本 1%、大宗交易减持不超过总股本 2% 的减持新规下，定增投资者的退出时间都大大延长，面临的时间风险和市场风险都大大提升。而认购一份公司定增的资金，又多达 10 亿元额度。公司 A 股定增发行前，监管部门又出台了资管新规，以往的配资参与已难以获得审批通过。面对发行销售工作的挑战与压力，公司各方积极行动，既整体推进，又重点突破，寻找目标投资者。

公司与东方花旗、国泰君安等中介机构，共联系各类投资机构 200 多家，公司领导共拜访或接待投资者 60 多场。申能集团有关领导和公司财富管理业务总部、证券研究所、固定收益业务总部、证券投资业务总部等部门及子公司也对发行销售工作给予大力支持。

投资者对东方证券领导团队高度的事业心和责任感，对公司的快速发展之路和注重长期的发展理念，对公司投研、资管等具有核心竞争力的业务，以及公司注重团队、机制、党建、文化建设等长远可持续发展机制，都留下了深刻印象，增强了投资的决心和信心。

2017 年 12 月 8 日，A 股定增发行工作正式启动。联席主承销商以电子邮件方式向 157 名特定对象发出了《东方证券股份有限公司非公开发行股票认购邀请书》及《东方证券股份有限公司非公开发行股票申购报价单》等认购文件。

截至 2017 年 12 月 14 日 12：00，根据首轮投资者申购报价结果，并根据公布的定价原则，确定本次发行价格为 14.21 元/股，首轮认购后获配投资者有效认购股数合计为 713802007 股，尚未达到本次发行股数的上限 8 亿股（含 8 亿股），认购投资者获配资金合计为 10143126519.47 元，亦未达到本次募集资金上限 120 亿元。根据证监会的核准批文，发行人本次非公开发行不超过 8 亿股（含 8 亿股），与首轮认购股数差额 86197993 股。公司为了筹集更多的资金，经与联席主承销商协商，决定本次非公开发行启动追加认购程序。

2017 年 12 月 15 日，联席主承销商向首轮发送认购邀请书的 157 名特定对象，及3家在2017年12月8日后向联席主承销商表达了认购意向的新增对象发出了《东方证券股份有限公司非公开发行股票认购邀请书（追加认购）》。在《认购邀请书（追加认购）》规定的有效申报时间内，即2017年12月19日13：00—16：00，联席主承销商收到了申能集团、中原股权投资共计2家投资者的追加认购。通过追加认购，公司A股定增的募集资金增加了9亿多元。

根据《认购邀请书（追加认购）》中确定的配售原则，结合首轮认购的获配结果，本次发行最终配售对象共计7家，最终配售结果具体如表4-3所示。

表4-3 东方证券A股定增最终配售结果

序号	发行对象	发行对象类型	获配售股份数量（股）	配售金额（元）	锁定期（月）
1	申能集团	发行人股东	230000000	3268300000.00	48
2	上海海烟投资	发行人股东	59215263	841448887.23	36
3	浙能资本控股有限公司	其他法人	208700000	2965627000.00	12
4	山西太钢投资有限公司	其他法人	70372977	1000000003.17	12
5	国华人寿保险股份有限公司	保险	70372976	999999988.96	12
6	财通基金管理有限公司	基金	104356087	1482899996.27	12
7	中原股权投资管理有限公司	其他法人	35186489	500000008.69	12
	合计		778203792	11058275884.32	—

最终，在各方的共同努力下，公司通过市场化的方式，得到了申能集团、上海海烟等老股东的支持，同时引入了浙能资本、山西太钢等新进入的产业投资者和财通基金、国华人寿等财务投资者，合计募集资金110.58亿元。这是非常不容易的成功，需要感谢投资者的大力支持。

（四）各部门、子公司的充分配合和项目团队的奋勇拼搏

为了推进本次A股定增工作，东方证券组成了董事会办公室牵头、计划财务管理总部等相关部门参与，联席保荐机构东方花旗、国泰君安与国浩律师事务所、高纬绅律师事务所等中介机构组成的项目团队。在董事会秘书的牵头组织下，高效地推进各项工作。

项目团队瞄准年内完成 A 股定增的共同目标，努力地、专业地、忘我地工作。每一个环节都提前充分谋划，精心组织与安排，确保工作到位，就是为了加快发行审核的进程，把年内不可能完成的任务变成可能。

为了项目申报和审核，先后组织完成了公司 2016 年度、2017 年一季度、2017 年上半年度等三次全面完整的尽职调查工作。在发行路演阶段，公司主要业务部门和子公司，又接受了两家潜在大型机构投资者的详细尽调。

本次 A 股定增工作，也得到了公司各部门和子公司的大力支持，先后组织完成了近五次全面完整的尽职调查等工作。项目团队成员的不懈努力和公司各部门、子公司的给力支持，充分体现了东方证券"团结、进取、务实、高效"的企业精神和东方人"坚韧执着"的东方气质。项目成员说，我们一起推进东方证券的 A 股定增工作，就似共同参加一段美好的旅程，经历了很多事，见识了很多人，有美丽的风景，也经受了考验，终于取得了成功。一起努力做好一件事的感觉真好！

附件　东方证券 A 股定增的主要进程

（1）2016 年 9 月，开始筹划公司 A 股定增事宜。

（2）2017 年 2 月 13 日，董事会审议通过 A 股定增方案。

（3）2017 年 2 月底，董事会根据定增新规调整公司方案。

（4）2017 年 3 月初，向证监会申请上市监管意见书。

（5）2017 年 4 月 14 日，股东大会审议通过定增方案。

（6）2017 年 5 月 27 日，获得上市监管意见书并向证监会申报。

（7）2017 年 6 月 8 日，公司 A 股定增获证监会受理。

（8）2017 年 8 月 8 日，向证监会上报反馈意见的回复。

（9）2017 年 9 月 19 日，顺利通过证监会发审会审核。

（10）2017 年 11 月 6 日，获得中国证监会核准批文。

（11）2017 年 12 月 28 日，公司定增 A 股完成股份登记。

第五章　上市公司配股

一、配股的条件

配股，是指上市公司向原股东配售股份的股票发行行为，其特点是仅向股权登记日在册的原股东发行。

在注册制改革之前，《上市公司证券发行管理办法》第十二条规定，除符合公开发行证券（本办法第二章第一节）规定的条件外，还应当符合下列规定：

（1）拟配售股份数量不超过本次配售股份前股本总额的30%；

（2）控股股东应当在股东大会召开前公开承诺认配股份的数量；

（3）采用证券法规定的代销方式发行。控股股东不履行认配股份的承诺，或者代销期限届满，原股东认购股票的数量未达到拟配售数量70%的，发行人应当按照发行价并加算银行同期存款利息返还已经认购的股东。

在资本市场全面注册制改革之后，配股属于上市公司向不特定对象发行股票，配股额度进一步放宽，由原来的不超过配股前总股本的30%调整为50%。《上市公司证券发行注册管理办法》对配股的相关规定如下。

第九条　上市公司向不特定对象发行股票，应当符合下列规定：

（1）具备健全且运行良好的组织机构；

（2）现任董事、监事和高级管理人员符合法律、行政法规规定的任职要求；

（3）具有完整的业务体系和直接面向市场独立经营的能力，不存在对持续经营有重大不利影响的情形；

（4）会计基础工作规范，内部控制制度健全且有效执行，财务报表的编制和披露符合企业会计准则和相关信息披露规则的规定，在所有重大方面公允反映了上市公司的财务状况、经营成果和现金流量，最近三年财务会计报告被出具无保留意见审计报告；

（5）除金融类企业外，最近一期末不存在金额较大的财务性投资；

（6）交易所主板上市公司配股、增发的，应当最近三个会计年度盈利；增发还应当满足最近三个会计年度加权平均净资产收益率平均不低于6%；净利润以扣除非经常性损益前后孰低者为计算依据。

第十条　上市公司存在下列情形之一的，不得向不特定对象发行股票：

（1）擅自改变前次募集资金用途未作纠正，或者未经股东大会认可；

（2）上市公司或者其现任董事、监事和高级管理人员最近三年受到中国证监会行政处罚，或者最近一年受到证券交易所公开谴责，或者因涉嫌犯罪正在被司法机关立案侦查或者涉嫌违法违规正在被中国证监会立案调查；

（3）上市公司或者其控股股东、实际控制人最近一年存在未履行向投资者作出的公开承诺的情形；

（4）上市公司或者其控股股东、实际控制人最近三年存在贪污、贿赂、侵占财产、挪用财产或者破坏社会主义市场经济秩序的刑事犯罪，或者存在严重损害上市公司利益、投资者合法权益、社会公共利益的重大违法行为。

第五十三条　上市公司配股的，拟配售股份数量不超过本次配售前股本总额的50%，并应当采用代销方式发行。

控股股东应当在股东大会召开前公开承诺认配股份的数量。控股股东不履行认配股份的承诺，或者代销期限届满，原股东认购股票的数量未达到拟配售数量70%的，上市公司应当按照发行价并加算银行同期存款利息返还已经认购的股东。

配股作为上市公司再融资的一种方式，与主板上市公司再融资的审核流程一致，请参见本书第四章第二部分的有关介绍。

二、配股的特点

首先，配股对原股东较为友好，不摊薄原股东持股比例，也不会因为折价发行影响原股东利益，但原股东需要拿出额外的资金投资公司，如果原股东不参与配股，一般由于折价配股存在配股除权损失的风险。

其次，配股定价灵活度较大，一般而言可在净资产值与市价之间灵活选择定价，通常在市价基础上打八折甚至更高的折扣，如果获得国资委的批准，有的定价甚至低于净资产。

最后，一般配股折让在20%以上，所以股东参与度较高，要突破70%认配比率的成功线甚至更高的目标比例的难度不是很大，但在极端市场环境下也会面对如何确保配股成功的挑战。

对于配股，配股除权价的计算公式如下：

$$配股除权价 = \frac{除权登记日收盘价 + 配股价 \times 每股配股比例}{1 + 每股配股比例}$$

如果以每10股配3股为例，在配股价较股权登记日收盘价P不同折扣的情况下，其理论上的配股除权损失如表5-1所示。

表5-1　　　　　　　　　　理论配股除权损失

配股价较市价折扣	配股理论除权价	理论配股除权损失
0.95P	0.989P	1.15%
0.9P	0.977P	2.31%
0.8P	0.954P	4.62%
0.7P	0.931P	6.92%
0.6P	0.908P	9.23%

从表5-1中我们可以看到，如果打八折进行配股，投资者不参与配股的理论除权损失为4.62%，这个水平对投资者总体而言还是有参配的意义。这也是解释了市场上多数的配股，都较市价打八折甚至更高折扣的原因。

案例　克服新冠疫情和极端市场环境挑战，东方证券完成Ａ＋Ｈ股配股发行

东方证券Ａ＋Ｈ股配股发行工作于2022年5月顺利完成，为公司实现股权融资127.15亿元，有效提升了公司的资本实力。在整个配股项目的推进过程中，有坚持，有创新，更有新冠疫情封控和市场波动带来的严峻挑战，最终在监管部门、各方股东的大力支持下，在公司的坚强领导和团队的共同努力下，克服困难和挑战，终于收获了难能可贵的成功喜悦。

（一）历时近两年的配股进程

东方证券从2020年8月开始筹划Ａ＋Ｈ股配股工作，到2022年5月全部完成，前后历时近两年时间，主要经过了项目筹划、股东审批、项目审核和配股发行四个阶段（见图5－1）。

图5－1　东方证券配股进程

1．项目筹划

早在2020年8月，东方证券董办就联合东方投行、花旗、高伟绅律所等各方筹划公司的再融资方案。公司比较了Ａ股定增、可转债、Ａ＋Ｈ股配股、GDR等几个方向，从中选择并不是太困难。考虑到公司曾进行过Ａ股定增、发行可转债没有额度以及发行GDR的难度，公司的主攻方向就是论证Ａ＋Ｈ股配股的可行性。

尽管公司的配股项目属于市场无先例，但在和各方以及香港联交所进行充分沟通后，在具备基本可行性的前提下，选择了推进配股方案。

2. 股东审批

东方证券的配股方案，得到主要股东单位的理解和支持是配股事宜得以推进的前提。东方证券于2020年四季度多次向上级管理单位、大股东申能集团汇报，集团要求公司进一步总结以往风险事件的经验教训，做好募集资金投入使用的细化安排，提高公司ROE以提升公司股东回报水平，不断打磨配股可行性报告及实施方案。此后，申能集团先后召开金融投决会、总裁办公会，站在进一步支持东方证券资本补充的高度，同意了配股方案，并同意承诺出资近42亿元全额认购公司的配股。

由于配股方案需要召开类别股东大会表决，因此，与H股主要股东加强沟通、取得支持也成为项目推进的前提。东方证券与宁泉资产、交银理财等H股主要股东充分沟通，说明配股定价的相关情况，也取得了相应的理解和支持。在作好相关沟通的情况下，东方证券于2021年3月30日召开董事会，于2021年5月13日召开股东大会，审议通过了公司配股发行方案。

3. 项目审核

项目审核阶段主要包括申请监管意见书、报会、反馈、过会、领取批文等环节。东方证券原定计划于2021年5月取得中国证监会机构部出具的配股监管意见书，然后及时向中国证监会发行部、国际部申报，争取在2021年完成配股发行。尽管努力争取，但因有一项行政处罚未满36个月，监管部门最终未能及时出具监管意见书。受此影响，项目停滞了约半年时间，虽受挫折，但公司坚守使命，与监管部门保持沟通对接。

在上述事项期限届满后，东方证券配股项目就驶入了快车道。配股项目于2021年的12月获得监管意见书、12月21日获得证监会受理，并在2022年1月4日获得反馈意见、2月23日获得H股批文、3月7日通过证监会发审会审核（见图5-2）、3月17日获得A股批文。

图 5-2 2022 年 3 月 7 日，公司配股项目顺利通过中国证监会发审会审核

4. 配股发行

2022 年 4 月，东方证券决定抓住时间窗口，果断启动配股发行工作。在东方证券股东、公司相关部门和子公司等各方的大力支持下，于 4 月 27 日顺利完成 A 股配股发行工作。公司克服市场下跌和新冠肺炎疫情封控带来的重大困难，配股认购率达 90%，募集资金总额为 127.15 亿元。在如此艰难的市场环境下，完成了几乎不可能完成的任务。

H 股配股发行于 2022 年 5 月进行，给到 H 股股东同股同权同价配股的权利，但由于溢价配股，投资者参与 H 股配股的比例很小，实际最终配股 82428 股，募集资金总额为 85.56 万港币，这一过程是公司必须按要求完成的程序性工作。

（二）东方证券 A+H 股配股项目的创新性

上市公司配股，是比较常见的资本运作方式，一般而言难度不大。2020 年 8 月，招商证券成功实施 A+H 股配股，募集资金 149 亿元；2022 年 1 月，中信证券成功实施 A+H 股配股，募集资金 273.3 亿元。他们配股定价的主要特点,都是在A股股价、H股股价基础上的折价配股。

东方证券面对A股股价估值高于1倍市净率(PB),但H股股价在0.5倍左右的局面,需要配股定价等方面的突破,最终创新点主要体现在以下几个方面。

1. A+H股配股中,首单A股折价、H股溢价配股市场创新项目

东方证券作为A+H股两地上市公司,从同股同权原则考虑,必须给到两地股东同权同价配股的权利,因此A股配股、H股配股(在香港市场称为供股)是不可分割的两个方面,是互为条件的,配股定价必须是相同的,即两边必须做同样的配股,不能只考虑A股配股,而H股配股不作实施。

虽然上海、香港两地资本市场有互联互通的交易机制设计,但由于两地资本市场的市场环境、投资者差别,还是存在着比较明显的股价估值差异。东方证券当时的A股股价在1倍市净率(PB)以上,H股股价只有0.5倍左右的市净率。首先碰到的是配股定价问题。如果以H股股价折价配股(见图5-3,配股定价方案3),则公司的融资效率极其低下,我们希望采取的是H股溢价配股(见图5-3,配股定价方案1或方案2),但经查市场上过往的A+H股配股全为H股股价折价发行的案例,H股溢价配股是一个市场无先例的项目,需要论证其可行性。

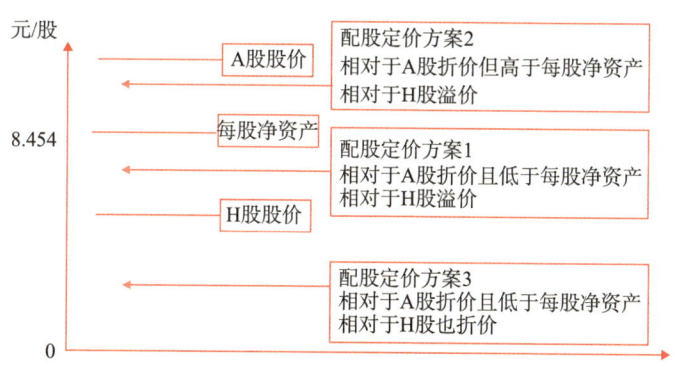

图5-3 配股定价方案示意图

为此,公司协同律师事务所,就此问题多次与香港联交所进行汇报沟通。我们充分阐述了为什么要进行这样定价的理由。香港联交所的监管团队,还

是相当市场化的，在收到相关材料后进行了内部的讨论，认为定价是上市公司的权利，联交所不会作出不同意上市公司配股定价的要求，但同时要求H股溢价配股要作好充分的信息披露工作。因此，公司在配股发行预案中列出的定价如下：本次配股价格将根据A股与H股市场交易的情况采用A股市价折扣法而确定，A股与H股配股价格经汇率调整后将保持一致，A股与H股配股价格存在高于或低于H股届时市场交易价格的可能性。

与此同时，A股配股成功需满足最低70%的认购比例要求；而香港联交所未对H股配股的最低认购比例作出明确要求，这为H股溢价配股提供了实际操作上的可能。由于H股溢价配股，从理性的角度分析，投资者不会参与配股，H股投资者认配的比率应该是很低的。此外，根据香港联交所上市规则，H股配股可选择不包销和包销的安排，考虑到H股溢价配股，没有机构会愿意进行包销，因此公司作出了不包销的相应安排。

虽经论证H股溢价配股具有可行性，但在项目推进的过程中，某投行还是考虑到H股配股融资规模小，反而可能面临着较大的监管压力和市场压力，不愿意在公司H股配股中担任中介机构的角色。公司论证可行性后，临时选择了公司下属子公司东证国际香港公司，提供独家财务顾问服务，在H股配股推进方面一切还算顺利。

我们在A+H股配股中，实现的H股溢价配股，迈出的一小步创新与突破，这对于境内很多同样存在着H股股价低估值问题的上市公司具有一定的示范作用和借鉴意义，拓宽了这类上市公司资本运作方式选择的可能性。

2. 能否低于净资产定价（1倍PB）的政策与选择

为了决策参考，公司收集了券商在配股时的定价情况。从表5－2中我们可以看到，国元证券、招商证券、东吴证券、国海证券、兴业证券等实施的配股发行价格，都低于其发行前最近一期的每股净资产，其价格对于股东而言更具吸引力，能进一步保障配股发行的顺利。

实际操作中，配股能否低于1倍净资产定价，取决于各地的国资监管政策。经公司与上海市国资委沟通，建议原则上不要低于1倍净资产定价，如

表 5 – 2　　　　　　　　　　　配股发行价格示例

券商名称	配股时间	配股价格	发行前最近一期每股净资产	是否低于 1 倍 PB
国元证券	2020 年 10 月	5.44	7.44	是
招商证券	2020 年 8 月	7.46	11.1	是
国海证券	2020 年 1 月	3.25	3.32	是
山西证券	2020 年 6 月	5	4.56	否
天风证券	2020 年 3 月	3.6	2.34	否
东吴证券	2021 年 12 月	7.19	7.18	否
中信证券	2022 年 1 月	14.43	15.35	是
财通证券	2022 年 4 月	6.8	6.89	否
兴业证券	2022 年 8 月	5.2	6.15	是

果需要低于 1 倍净资产定价，需要公司所有的国有股东出具参与配股的承诺函，也就是说低于 1 倍净资产定价，如果某国有股东没有参与配股，对于国有资产来说相对是一种损失。经与同业券商沟通，某央企券商在低于净资产配股定价时，仅控股股东及其一致行动人出具了全额认购的承诺；某地方国资券商，则由排名前十位股东中的国有股东出具了参与配股的承诺。根据上述国资监管意见，如公司配股定价低于 1 倍 PB，需要公司所有国有股东出具参与配股的承诺，但这样做起来难度很大，实际的可操作性较低。

因此，公司在配股项目推进的过程中，基本上已经放弃了低于 1 倍净资产定价的可能性，最终公司选择了 1 倍 PB 定价的结果。

3. 对公司 H 股社会公众流通比例的突破

根据香港监管规定，H 股需要维持较高的社会公众流通股比例，一般为 25% 以上，经过申请可以放宽到 15% 以上。公司 H 股发行后，此比例为 16% 左右，在 2017 年 A 股定增后，上述比例进一步下降至 14.6% 左右。公司本次 A + H 股配股后，由于 H 股大概率将不会参配，这一比率将被动下降到接近 11%。公司与香港联交所进行了多轮沟通解释，对于社会公众流通股占比的被动下降，还是给予了一定的操作空间，但预计这一比例的极限空间是不能低于 10%。

对于社会公众流通股比例的要求，香港联交所的设计初衷是保持香港市场股票的流动性。但由于 H 股市场的低估值，导致 H 股市场也难进行再融资。在这种情况下，随着 A+H 股上市公司，在境内资本市场通过 A 股定增等实现股本扩张后，H 股占比将接近 10%，如何解除香港联交所对 H 股占比不能低于 10% 的束缚，将是两地监管部门需要考虑的一个问题。希望两地加强监管沟通，如对于 H 股 10 亿股以上的公司，可以豁免上述社会公众流通股的最低比例要求。

4. 配股认配实时数据的获得

根据上市公司配股和证券公司投行资本市场部的经验，在配股发行期间，需要每天晚上从上证信息公司获得当天认配的数据，来研究分析配股推进工作，虽然时效性较差，但没有其他办法。在最后一天接近中午，东方投行发现可以从上交所系统上，导出配股席位认配的实时成交数据，来进行分析和观察。

这对我们及时了解股东认配情况、确认几个大单是否及时进来，发挥了重要的作用。对于还没有认配的主要股东，公司通过各种方式进一步加强沟通。这一发现和经验，也将成为今后上市公司配股的通行做法。

（三）新冠肺炎疫情封控和极端市场环境下艰难发行的成功案例

由于配股定价的折价性，一般在实施时难度不大，配股认购的比例都是比较高的。但东方证券的 A+H 配股，在新冠肺炎疫情和极端市场环境下，配股发行实施遇到了极大的挑战。

2022 年年初，公司根据配股发行审核进展，就在筹划着配股发行工作，需要第一时间启动配股发行实施，特别是要做好 A 股配股、H 股配股发行工作的衔接。3 月 17 日获得批文后，公司经过计算，要在 3 月底完成全部的发行，在时间上已经来不及了，接下来就是 4 月份唯一的一个发行时间窗口了，公司决定努力抓住这一时间窗口。

1. 全力抗击新冠肺炎疫情封控，对配股工作推进带来的重大影响

2022年4月，上海新冠肺炎疫情进一步加重，封控政策一再延长，给配股工作推进带来了重大挑战。

首先，配股发行文件需要公司董事、监事、高管的签字原件，并及时送达香港证监会和公司注册处完成注册，方能启动公司A股配股发行工作。在新冠肺炎疫情封控下，面对隔断疫情传播的风险，面对封控的命令和要求，小区处于完全的封闭状态，人员处于静止状态，要完成上述平常的任务，变得举步维艰，难度很大。为此，申能集团、上海诚泰租赁及时协调安排相关单位提供专门车辆在市内收集签署文件。尽管艰难，公司领导决定派专人将文件送往香港，又协调市国资委和相关居委会，确保公司专人能够顺利离开小区，最终于4月11日乘坐飞机，将一系列文件及时送达香港完成相关注册工作。

其次，新冠肺炎疫情封控大大增加了股东参加配股的决策推进、资金划拨和认配操作的难度。部分股东也担心相关决策无法推进，相关资金无法完成划拨，也建议公司考虑新冠肺炎疫情影响，配股发行工作往后延期再进行。公司综合考虑各方面的因素，最终还是决定不再变动，迎难而上抓住当前稍纵即逝的发行时间窗口，4月12日公司召开配股决策会议，启动推进配股发行工作。

在之后的配股发行工作中，公司主要股东也努力克服新冠肺炎疫情影响，对于公司配股工作给予大力的支持。申能集团金融部和财务部同事，全力给予支持，做好资金筹措，派专人赴银行完成资金划拨等事宜。海烟投资、上海报业、中国邮政、浦东金桥、上海九百、山西太钢等主要股东也克服疫情封控的挑战，努力完成参与配股的决策流程，克服种种困难完成资金划拨和认配交易操作。

2. 在市场环境不佳和配股发行低折扣的情况下，成功实现较高认配率

在2022年4月12日公司召开配股相关决策会议后，公司考虑到市场压力，决定将配股定价由原来的8.57元/股往下调整，由于公司的每股净资产

值为 8.4544 元，按照不低于净资产的原则，配股定价调整为 8.46 元/股。

4 月 13 日，公司召开临时股东大会，对公司配股决议的有效期作了延期一年的决议。这是公司考虑到 H 股配股将于 5 月份进行，而原配股决议将于 5 月 13 日到期，为从法理上有充分的权利，同时考虑到 A 股实施在 4 月份，避免 5 月上旬召开股东大会类别表决时已经明确配股价以及 A 股配股情况的扰动。这一安排，导致部分股东产生了以为公司配股要延期较长时间、不会马上实施的错觉，但公司从没有过这样的想法。这是一个小的插曲。

4 月 17 日（周日）公司发布了配股发行实施有关的公告，明确公司配股股权登记日为 4 月 20 日，配股发行日期为 4 月 20 日至 27 日的 5 个交易日。

公司在配股公告前 A 股的股价为 10.88 元，在公司配股发行公告到配股股权登记日的 3 个可交易日里（4 月 18—20 日），公司虽努力维护股价，但部分股东可能本身或因新冠肺炎疫情封控等原因不想参与配股抛售股票，部分股东由于没有资金需要抛售一部分股票再来参配，至 4 月 20 日收盘时公司股价下跌了 15%，股价下跌至 9.22 元，导致公司配股定价 8.46 元，只有折让 8.2%，配股后理论上的除权价为 9.05 元，股东如果不参与配股，理论上的除权损失仅为 1.84%，也就是不参与配股损失也不大；而市场上绝大多数的配股定价案例折让都在 20% 以上，理论上的配股除权损失都大于 5%。

面对这个情况，由于 A 股配股需要 70% 股东认配方能算作配股成功，挑战和压力很大，我们要努力避免成为配股失败的市场案例，我们绝不能配股失败，让公司的融资目标失败，让近两年的配股努力付之东流，但好在股价没有跌破配股价，还有些许希望。

案例．2011 年时，东方证券担任长江证券公开增发项目的保荐机构与主承销商。3 月 3 日，长江证券公开增发前的最后一个交易日，在尾盘突然遭到了一笔 885.54 万股的卖单打压，收于 12 元/股，跌破了其 12.67 元/股的增发价格。这一突发事件使得社会公众及机构投资者对长江证券增发认购遭遇尴尬。公司领导通过争取中国证监会政策的支持，同时对话长江证券及其大股东海尔集团，争取理解，经过艰苦的谈判，同意增发规模由原来的不超过 6

亿股缩减为 2 亿股，其中：网上网下认购 0.8993 亿股，公司包销 1.1007 亿股长江证券，包销所需资金为 13.94587 亿元，缓解了巨额包销的危机。

配股停牌发行期间，由于对新冠肺炎疫情封控下经济基本面的担忧，上证指数大幅下跌了 7.4%，进一步让股东参配意愿大幅下降，表示如果配股开盘后公司股价下跌 8.2% 以上，就要跌破配股价，所以参加配股没有意义。

这是一场硬战，我们必须打赢，只能加强组织、协调、动员，动用一切可能的力量。公司领导、公司董事会办公室、财富管理业务总部、证券金融业务总部、证券研究所，三家承销商东方投行、中金公司、广发证券和财经公关金证互通，在做好组织和分工的基础上，利用一切力量联系投资者，动员投资者参与公司的配股。

每天晚上 9 点左右配股数据出来后，配股团队就及时召开总结会，分析当天的数据情况和大单情况，盘算着手中还有明确参配但还没有下单的订单，以及明确第二天工作的重点方向。如表 5-3 所示，在公司配股发行第 4 天结束后，认配比率为 69%，离 70% 的成功线还差一个百分点，有几个主要的大单也没有进来，最后一天也几乎没有明确会下单弥补上 1% 缺口的订单，这更让大家提心吊胆起来。我们绝不能出现最后一天没有达到 70% 成功线的情况出现，公司仍在为最后一天确定性的股东认配而努力沟通各方。在 4 月 27 日的早晨，公司和中国证金、某基金经理等各方通过电话汇报，最后争取配股的支持。

4 月 27 日中午，好消息陆续传来，上述几个大单开始下单了，突破 70% 的认配成功线有保障了，一颗悬着的心终于放下了。当天上证指数上涨 2.49%，也提振了投资者参与公司配股的信心。认配的数据在节节攀升中，突破了 80%、85%、88%……，最终定格在 89.96% 上，这份成功太来之不易了。

表 5-3　　　　　　　东方证券配股每日认配率数据

日期	4月21日	4月22日	4月25日	4月26日	4月27日
累计认配比例	18.27%	22.04%	60.37%	68.98%	89.96%

对于配股这项资本运作而言，一般的配股定价，较现价有20%以上的折扣，所以股东认配的比例是比较高的，从表5-4可以看到多数券商配股的认配率都达到95%以上。东方证券最终的认配率是89.96%，是低于其他券商的，但我们在新冠肺炎疫情封控和极端市场环境下，通过坚苦的努力，避免了配股发行失败的风险，最终获得了接近90%的认配率，取得了难能可贵的发行成果，同行业上市公司和资本市场部人士纷纷给予公司祝贺，公司配股项目成为上市公司再融资的一个成功案例。

表5-4　　　　　　　　券商配股认配率的数据

券商名称	配股时间	认配率（%）	募集资金总额（亿元）
国元证券	2020年10月	98.88	54.3
招商证券	2020年8月	99.26	149
国海证券	2020年1月	97.18	40
山西证券	2020年6月	89.68	38
天风证券	2020年3月	95.62	53.5
东吴证券	2021年12月	97.86	81
中信证券	2022年1月	97.17	273.3
财通证券	2022年4月	97.96	71.7
兴业证券	2022年8月	96.53	100.8
东方证券	2022年4月	89.96	127.2

（四）经验与思考

此次配股的成功，不仅得益于东方证券股东的大力支持，还取决于公司的坚强领导和科学决策，以及团队的专业高效和紧密合作。及时的资本补充，也为东方证券下一阶段的战略发展打下了坚实的基础。

公司股东的大力支持。 东方证券每一次的资本运作，从A股IPO（2015年）、H股IPO（2016年）、A股定增（2017年）、员工持股（2020年）到本次A+H股配股，都离不开公司股东的大力支持，无论是在决策阶段，还是在实施阶段。在本次配股工作中，申能集团、海烟投资、报业集团、中国邮政、浙能资本、浦东金桥等11家股东，认配比例达到公司总股本的47.44%，是我们启动配股发行的底气所在，也是本次配股最可依靠的力量。如果没有这些股东的大力支持，在2022年4月的环境下，是很难有勇气启动发行的。此外，中国证金（9.2%）、国泰基金、华宝基金、南方基金、华夏基金、天弘基金等机构投资者的参配，也为本次配股提供了很大的助力。

公司的坚强领导与科学决策。本次配股在公司管理层的坚强领导下推进，也得到了公司所有领导的大力支持。本次配股发行遇到新冠肺炎疫情影响，资本市场持续下跌，疫情封控也使配股工作推进难度很大。面对艰难环境，公司领导科学果断决策，迎难而上，决定抓住4月份稍纵即逝的发行时间窗口。公司通过巨大努力和坚守，终于获得配股发行成功。在发行成功之后，中金公司资本市场部的专业人士，都对公司领导的果断决策给予高度称赞。

团队的专业高效和紧密合作。本次配股发行工作由东方证券董事会办公室组织推进，东方投行、中金公司担任联席保荐机构（联席主承销商），广发证券担任联席主承销商，东证国际担任H股配股独家财务顾问，此外还有境内外会计师2家、境内外律师5家、财经公关等组成的专业工作团队（见图5-4）。在公司的组织领导下，东方投行等联席保荐机构共同努力，推动项目在较短时间内通过了证监会审核。在发行阶段遇到市场大幅波动和上海新冠肺炎疫情严峻的背景下，东方证券和联席主承销商等各方不畏艰难，稳扎稳打，最终取得了项目的成功。

图5-4 东方证券配股团队开会讨论推进工作

东方证券本次配股也得到公司财富管理业务总部、证券金融业务总部、证券研究所、计财部、资金部、稽核部、办公室、监事会办公室、合规法务管理总部等部门、子公司的大力支持，体现了集团协同作战的重要力量。

形成资本补充与公司发展的良性循环。经过本次配股，东方证券净资产将达到近780亿元（含50亿永续债），资本实力再上新台阶，为公司下一阶段的战略发展打下了良好基础。在每一股配股的背后，都是股东对公司发展投出的赞成票，寄托着投资者对公司的信任与期待。因此，公司需要做好募集资金的投入使用，努力提升公司ROE水平。在投资者获得合理回报的基础上，公司再推进下一步再融资，将更能获得投资者的理解和支持，形成公司再融资与公司发展壮大的良性循环，实现可持续的发展。

第六章 上市公司可转债发行

可转换公司债券,是指发行公司依法发行、在一定期间内依据约定的条件可以转换成股份的公司债券。

一、可转换债券的发行条件

在本次注册制改革之前,可转债发行,作为公开发行证券的品种,上市公司需要满足公开发行证券的条件(《上市公司证券发行管理办法》第二章第一节有关规定),同时还应当符合下列规定:

(1)最近三个会计年度加权平均净资产收益率平均不低于6%。扣除非经常性损益后的净利润与扣除前的净利润相比,以低者作为加权平均净资产收益率的计算依据;

(2)本次发行后累计公司债券余额不超过最近一期末净资产额的40%;

(3)最近三个会计年度实现的年均可分配利润不少于公司债券一年的利息。

在本次注册制改革之后,对可转债发行作了两个方面的调整。一是在发行方式上从原来可转债发行属于公开发行证券,调整为向不特定对象发行可转债和向特定对象发行可转债两类;二是放宽了债券发行的额度限制,由原来的"本次发行后累计公司债券余额不超过最近一期末净资产额的40%"调整为发行完成后,累计债券余额不超过最近一期末净资产的50%"。《上市公司证券发行注册管理办法》对可转债的发行条件规定如下。

第十三条　上市公司发行可转债，应当符合下列规定：

（1）具备健全且运行良好的组织机构；

（2）最近三年平均可分配利润足以支付公司债券一年的利息；

（3）具有合理的资产负债结构和正常的现金流量；

（4）交易所主板上市公司向不特定对象发行可转债的，应当最近三个会计年度盈利，且最近三个会计年度加权平均净资产收益率平均不低于6%；净利润以扣除非经常性损益前后孰低者为计算依据。

除前款规定条件外，上市公司向不特定对象发行可转债，还应当遵守本办法第九条第（二）项至第（五）项、第十条的规定；向特定对象发行可转债，还应当遵守本办法第十一条的规定。但是，按照公司债券募集办法，上市公司通过收购本公司股份的方式进行公司债券转换的除外。

上市公司的可转债发行具有以下特性：

（1）债券和股票的双重特征，使用得当可成为公司财务结构的调整器，合理化股权与债务结构；

（2）债券利率低，转股前体现为公司债券；由于有转股期权，票面利率远低于公司债券（通常在0.2%—2.0%）；

（3）转股价格不低于募集说明书公告日前20个交易日股票交易均价和前1个交易日的均价。能否转股取决于在转股期的公司股价表现，如果上市公司希望通过转股实现融资，则需要公司股价在上行周期中才有更大的希望；

（4）设计空间较大，可设计并灵活使用回售权、赎回权、转股价格向下修正条款等能增加可转债本身的适应能力，既满足上市公司更多诉求，也能更好地满足不同的投资者的需求，发行风险小。

二、可转债的发行与转股情况

可转债的本质是上市公司以很低的利率（一般为每年0.2%—2%）向投资者借款，补偿一张可以用约定价格（转股价格）在约定期间内（转股期内）买入公司股票的认购期权。

对于上市公司来说，如果最终没有转股，可转换债券就完全转变为债券，而且可转换债券的利率成本较低；如果最张转换，则公司实现了股权融资。一般来说，上市公司发行可转债的目的，是较希望最终实现股权融资，这取决于公司是否达到转股的条件。

根据 Wind 统计数据，2017 年至今发行的可转债总额为 9193 亿元，截止 2022 年 12 月 30 日存续余额为 8296 亿元。由此可以看到，可转债的转股率是比较低的，可转债更多的是体现债券的属性，要通过发行可转债实现转股融资的目的并不容易。图 6－1 为境内市场可转债发行的存量情况。

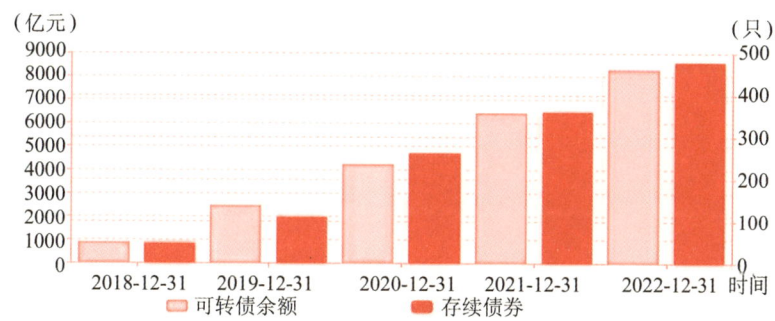

图 6－1 境内市场可转债发行的存量情况

资料来源：Wind。

一般而言，股票二级市场价格的走高能够给投资者带来收益，促使其积极转股，有利于发行人和投资者双方达到最初目的；但是，如果股票二级市场价格的低迷，甚至长期低于转股价格，投资者行使转股权就要出现亏损，不利于发行人达到转股的目的，也不利于投资者获取收益。

三、可转债发行的案例

东方财富证券（300059.SZ）于 2017 年、2020 年、2021 年先后三次发行可转债，由于期间该公司的股价处于上涨通道之中，上述可转债均在较短时间内转换成股票,实现了股权融资,取得了非常好的效果,具体情况如表6-1所示。

表6-1　　　　　　　　东方财富证券可转债发行情况

可转债品种	发行日期	发行规模(亿元)	转股最后日期	转股比例(%)
东财转	2017-12-20	46.5	2019-05-10	99.34
东财转2	2020-01-13	73	2020-08-27	99.32
东财转3	2021-04-07	158	2022-02-28	99.91

附件　东方财富证券 2021 年可转债发行主要要素

表 6－2　东方财富证券 2021 年可转债发行主要要素

发行规模（万元人民币）	1580000.00
发行数量（张）	158000000
期限	6.00
利率类型	累进利率
利率说明	第一年 0.2%，第二年 0.3%，第三年 0.4%，第四年 0.8%，第五年 1.8%，第六年 2.0%
付息频率	1 年
付息说明	①本次可转债采用每年付息一次的付息方式，计息起始日为本次可转债发行首日。②付息日：每年的付息日为自本次可转债发行首日起每满一年的当日。如该日为法定节假日或休息日，则顺延至下一个交易日，顺延期间不另付息。每相邻的两个付息日之间为一个计息年度。③付息债权登记日：每年的付息债权登记日为每年付息日的前一交易日，公司将在每年付息日之后的五个交易日内支付当年利息。在付息债权登记日前（包括付息债权登记日）申请转换成公司股票的本次可转债，公司不再向其持有人支付本计息年度及以后计息年度的利息。④本次可转债持有人所获得利息收入的应付税项由持有人承担
起息日	2021－04－07
到期日	2027－04－07
上市日期	2021－04－23
终止上市日期	2022－03－09
证监会核准公告日	2021－03－25
初始转股价格	28.08
最新转股价格	23.35
公开发行日期	2021－04－07
上网发行数量（张）	44624350
向原公众股东配售比例	1.83

续表

向原公众股东配售安排	原股东可优先配售的东财转3数量为其在股权登记日（2021年4月6日，T-1日）收市后登记在册的持有东方财富的股份数量按每股配售1.8344元面值可转债的比例计算可配售可转债金额，再按100元/张的比例转换为张数，每1张（100元）为一个申购单位，即每股配售0.018344张可转债
向原公众股东配售日期	2021年4月7日
向原公众股东配售数量（张）	112716327
向原公众股东配售股权登记日	2021-04-06
向原公众股东配售缴款日	2021-04-07
初始转股价说明	本次可转债的初始转股价格为28.08元/股
转股价格调整说明	在本次可转债发行之后，当公司因派送股票股利、转增股本、增发新股（不包括因本次可转债转股而增加的股本）、配股、派送现金股利等情况使公司股份发生变化时，将按下述公式进行转股价格的调整（保留小数点后两位，最后一位四舍五入）：派送股票股利或转增股本：$P_1 = P_0 / (1+n)$；增发新股或配股：$P_1 = (P_0 + A \times k) / (1+k)$；上述两项同时进行：$P_1 = (P_0 + A \times k) / (1+n+k)$；派送现金股利：$P_1 = P_0 - D$；上述三项同时进行：$P_1 = (P_0 - D + A \times k) / (1+n+k)$ 其中：P_0为调整前转股价，n为送股或转增股本率，k为增发新股或配股率，A为增发新股价或配股价，D为每股派送现金股利，P_1为调整后转股价。当公司出现上述股份和/或股东权益变化情况时，将依次进行转股价格调整，并在深圳证券交易所网站和符合中国证监会规定条件的信息披露媒体（以下简称"符合条件的信息披露媒体"）上刊登董事会决议公告，并于公告中载明转股价格调整日、调整办法及暂停转股期间（如需）。当转股价格调整日为本次可转债持有人转股申请日或之后，转换股票登记日之前，则该持有人的转股申请按公司调整后的转股价格执行
转换期说明	本次可转债转股期自本次可转债发行结束之日（2021年4月13日，T+4日）满六个月后的第一个交易日起至本次可转债到期日止，即2021年10月13日至2027年4月6日

续表

期间有条件回售说明	在本次可转债最后两个计息年度内,如果公司股票收盘价在任何连续三十个交易日低于当期转股价格的70%时,本次可转债持有人有权将其持有的本次可转债全部或部分以面值加上当期应计利息回售给公司。若在上述交易日内发生过转股价格因发生派送股票股利,转增股本,增发新股(不包括因本次发行的可转换公司债券转股而增加的股本)、配股以及派发现金股利等情况而调整的情形,则在调整日前的交易日按调整前的转股价格和收盘价格计算,在调整日及之后的交易日按调整后的转股价格和收盘价格计算。如果出现转股价格向下修正的情况,则上述"连续三十个交易日"须从转股价格调整之后的第一个交易日起按修正后的转股价格重新计算。当期应计利息的计算方式参见第11条赎回条款的相关内容。最后两个计息年度可转债持有人在每年回售条件首次满足后可按上述约定条件行使回售权一次,若在首次满足回售条件而可转债持有人未在公司届时公告的回售申报期内申报并实施回售的,该计息年度不能再行使回售权。可转债持有人不能多次行使部分回售权
特别向下修正条款说明	在本次可转债存续期间,当公司股票在任意连续三十个交易日中有十五个交易日的收盘价低于当期转股价格的85%时,公司董事会有权提出转股价格向下修正方案并提交公司股东大会审议表决。若在前述三十个交易日内发生过转股价格调整的情形,则在转股价格调整日前的交易日按调整前的转股价格和收盘价计算,在转股价格调整日及之后的交易日按调整后的转股价格和收盘价计算。上述方案须经出席会议的股东所持表决权的三分之二以上通过方可实施。股东进行表决时,持有本次可转债的股东应当回避。修正后的转股价格应不低于前项规定的股东大会召开日前二十个交易日公司股票交易均价和前一交易日公司股票交易均价
发行方式	优先配售和上网定价
发行费用(万元人民币)	2007.45
可转债面值(元人民币)	100.00
发行结果公告日	2021-04-13
有效申购数量(张)	77052688820
中签率	0.06

续表

预案公告日	2020 – 10 – 22
股东大会公告日	2020 – 11 – 07
发行公告日	2021 – 04 – 02
获准日期	2021 – 01 – 29
上市公告日	2021 – 04 – 20
债券代码	123111. SZ

资料来源：Wind。

第七章　全球存托凭证（GDR）发行

全球存托凭证（Global Depository Receipts，GDR），是由存托人签发、以上海证券交易所、深圳证券交易所A股上市公司的股票为基础证券，在英国、瑞士、德国等国家的资本市场发行并上市的，代表该基础证券权益的证券。

近年来，我国进一步加强国际资本市场互联互通机制的建立。2019年"沪伦通"推出，华泰证券、国投电力、长江电力、国投电力共4家企业在伦敦证券交易所发行了GDR。2022年，中国证监会又将"沪伦通"拓展到瑞士、德国等市场。2022年下半年以来，上市公司发行GDR迎来了一个高峰。

一、GDR简介

（一）沪伦通概要

2018年四季度，中国证监会、上交所、伦交所颁布多项法规及规则，规定了推出上海与伦敦市场互联互通机制（"沪伦通"）的监管框架，其中包括2018年10月18日《关于上海证券交易所与伦敦证券交易所互联互通存托凭证业务的监管规定（试行）》正式公布施行。

沪伦通，是上交所与伦交所的互联互通机制，是指符合条件的两地上市公司，依照对方市场的法律法规，发行存托凭证（Depositary Receipt，DR）并在对方市场上市交易。同时，通过存托凭证与基础证券之间的跨境转换机制安排，实现两地市场的互联互通。

具体而言，沪伦通包括东、西两个业务方向：

➢ 东向业务是指伦交所上市公司在上交所挂牌中国存托凭证（China Depositary Receipt，CDR）

➢ 西向业务是指上交所A股上市公司在伦交所挂牌全球存托凭证（Global Depositary Receipt，GDR）

沪伦通机制首次使上交所上市公司能有机会使用其A股股份转换证券产品，面向境外投资者募集资金。在两地任一市场交易的投资者能够继续按照其现有交易规则、交易时间、交收结算机制交易。通过发行GDR实现融资可无具体的募投项目支撑，且外管局同意向国际投资者募集资金后（通常以美元募集），募集资金可以汇回国内使用或者直接在境外使用。

在发行完成后，GDR与基础股票（A股）之间存在跨境转换的机制，即投资者购入GDR之后可以申请兑回，转换成A股股票；合格投资者购入A股后也可以申请生成GDR。上述机制的时间是，境内上市公司在境外公开发行的存托凭证自上市之日起120日内不得转换为境内基础股票。由于转换机制的存在，使得GDR及A股基础证券价格趋于一致，避免类似A/H存在的大幅溢价或折价问题。

(二) 从沪伦通拓展到全球存托凭证

2022年2月，中国证监会公布了修订后的《境内外证券交易所互联互通存托凭证业务监管规定》，拓展了适用范围。境内方面，将深交所符合条件的上市公司纳入。境外方面，在综合考虑境外市场发展程度、投资者保护和监管水平等因素的基础上，拓展到瑞士、德国等欧洲主要市场。

2022年7月22日，瑞交所在获得了瑞士金融市场监管局批准后，正式公布了修订后的瑞交所上市规则，该规则自7月25日正式生效。

2022年7月28日，中国证监会副主席方星海与瑞士财政部国务秘书斯托菲尔共同宣布中瑞证券市场互联互通存托凭证业务正式开通，开启了两国资本市场合作的新篇章，也对拓宽双向跨境投融资渠道，深化中瑞金融合作有着重要的意义。当天，科达制造、杉杉股份、格林美、国轩高科 4 家 A 股上市公司发行的 GDR 正式登陆瑞士交易所。

（三）GDR 产品的发行机制

GDR 发行需要得到中国证监会、境外国家金融监管部门和境外交易所的批准，发行机制设计中存在境内托管银行与境外存托行，其中境内托管银行负责托管 GDR 的对标 A 股股票，境外存托行在收到境内托管银行的股份确认信息后、负责生成 GDR 并上市。GDR 的发行结构如图 7 - 1 所示。

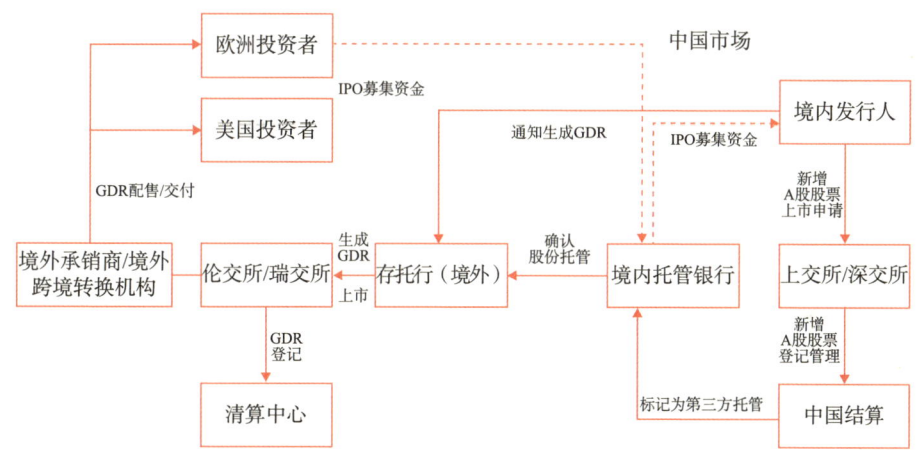

图 7 - 1 GDR 的发行结构

（四）GDR 发行条件

中国公司寻求在互通机制下在境外交易所发行上市 GDR，需要同时符合中国证监会、当地国家和交易所规定的相关资格标准。

中国企业发行 GDR 的条件（见表 7 - 1），具体包括：在上交所或深交所股票上市的企业，且市值不低于人民币 200 亿元；持续经营 3 年以上等。此外规定，境外投资者持有单一境内上市公司 A 股权益的比例合计不得超过该公司股份总数的 30%，需要同时考虑现有 A 股公司中境外投资者的持股比例情况（包括境外投资者通过陆股通、QFII/RQFII、H股等持有的股份），来确定具体的GDR发行规模。

表7-1　　　　　　　　GDR发行条件

标的证券	境内上市公司以其新增股票为基础证券在境外发行存托凭证
融资功能	应当符合《证券法》、境内企业境外发行上市有关法律法规及中国证监会的规定。境内上市公司以其新增股票为基础证券在境外发行存托凭证的，还应当同时符合有关上市公司证券发行的规定
7类禁止性情形	• 发行申请文件有虚假记载、误导性陈述或者重大遗漏 • 上市公司的权益被控股股东或者实际控制人严重损害且尚未消除 • 上市公司及其附属公司违规对外提供担保且尚未解除 • 现任董事、高级管理人员最近36个月内受到过中国证监会的行政处罚，或者最近12个月内受到过证券交易所公开谴责 • 上市公司或者其现任董事、高级管理人员因涉嫌犯罪正被司法机关立案侦查或者涉嫌违法违规正被中国证监会立案调查 • 最近一年及一期财务报告被注册会计师出具保留意见、否定意见或者无法表示意见的审计报告。保留意见、否定意见或者无法表示意见所涉及事项的重大影响已经消除或者本次发行涉及重大重组的除外 • 严重损害投资者合法权益和社会公共利益的其他情形
发行规模	境外投资者持有单一境内上市公司A股权益的比例合计不得超过该公司股份总数的30%
发行价格	境内上市公司以其新增股票为基础证券在境外发行存托凭证的，发行价格按比例换算后原则上不得低于定价基准日前20个交易日基础股票收盘价均价的90%

二、GDR发行总体情况

当前，GDR已经成为我国企业海外融资的重要渠道，也将成为连接中欧资本市场的桥梁，国际投资者通过GDR投资中国境内上市公司。2022年下半年，上市公司发行 GDR 迎来了一个高峰。对企业来说，通过 GDR 融资效率较高，GDR 项目审核周期较短，发行对象范围较广，募集资金用途也更加灵活。因此，发行 GDR 成为境内上市公司考虑再融资时的一个重要选择。

截至 2022 年年末，已经有 45 家 A 股上市公司已经完成或正在筹划境外 GDR 发行上市。从发行上市进度看，14 家已成功上市（见表 7-2），另外 31 家仍在推进中。

表 7-2　　　　已完成 GDR 发行的 A 股上市公司

公司	A 股代码	GDR 上市日期	转换比例	交易所	融资规模（亿美元）
华泰证券	601688	2019-06-20	1:10	伦敦	16.916
中国太保	601601	2020-06-22	1:5	伦敦	19.654
长江电力	600900	2020-09-30	1:10	伦敦	19.63
国投电力	600886	2020-10-22	1:10	伦敦	2.207
明阳智能	601615	2022-07-13	1:5	伦敦	7.0687
科达制造	600499	2022-07-28	1:5	瑞士	1.73
杉杉股份	600884	2022-07-28	1:5	瑞士	3.19
国轩高科	002074	2022-07-28	1:5	瑞士	6.85
格林美	002340	2022-07-28	1:10	瑞士	3.8
乐普医疗	300003	2022-09-21	1:5	瑞士	2.24
健康元	600380	2022-09-26	1:10	瑞士	0.92
欣旺达	300207	2022-11-14	1:5	瑞士	4.4
巨星科技	002444	2022-11-15	1:5	瑞士	1.55
东方盛虹	000301	2022-12-28	1:10	瑞士	7.18

三、GDR 发行流程

图 7-2 给出了核准制下境内企业发行 GDR 的流程示意图。从图 7-2 中我们可以看到，其流程与境内企业到香港发行 H 股的流程是类似的，都需要境内、境外的分别审批。稍有不同的是，GDR 的境外审批没有聆讯环节，更加便捷高效。

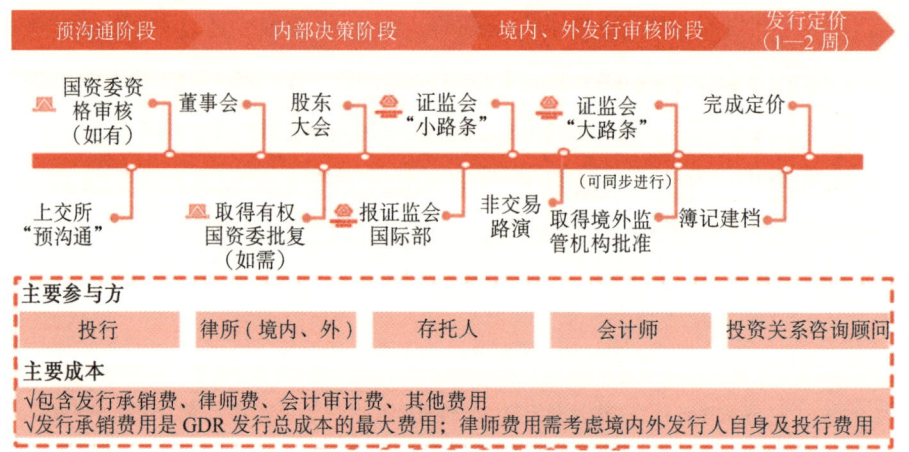

图 7-2　境内企业发行 GDR 流程

资料来源：上海证券交易所国际部有关材料。

在 2023 年 3 月 31 日《境内企业境外发行证券和上市管理试行办法》实施后，GDR 发行也由境内审批改为备案制，可参考图 3-2。

中金公司董事总经理、投资银行部执行负责人许佳指出，要实现 GDR 的成功发行需要具备以下三个方面条件。

第一，要选择一家优秀的、适合发行人的中介机构，这是成功的基石。去海外发行 GDR 与境内上市有所不同，涉及众多中介机构，包括投资银行、存托机构、境内外律师团队、审计师、评估师等。A 股上市公司由于对国际市场不太熟悉，所以选择一支优秀的中介机构团队对于成功发行至关重要。

第二，需要非常高效的执行效率。GDR 发行涉及尽职调查、上市招股书的撰写和准备，境内外监管机构的审批等一系列流程。需要准备很多英文的文件、路演的 PPT，去向国际投资者阐述这家公司的投资价值以及为什么这家公司可以有这样的估值。

第三，选择合适的窗口发行 GDR，并实现合理定价。GDR 的发行价格原则上应该参照 A 股来发行。根据相关的监管规定，GDR 的发行价格应该不低于前 20 日 A 股收盘价均价的九折，但实际上每个项目最后的价格折扣有所差异。因此，发行人在中介机构的支持下选择合适的发行窗口，同时通过不懈的市场推介，引入高质量的国际投资人，使他们以更高价格参与认购，对融资效率非常有帮助。

四、GDR 发行案例

（一）华泰证券

华泰证券 GDR 于 2019 年 6 月在伦敦交易所成功上市，发行共计 82515000 份 GDR（对应 825150000 股 A 股基础股票），募集资金 17 亿美元（含"绿鞋期权"，Green Shoe Option），成为首家通过沪伦通机制登陆伦交所的 A 股上市公司。本次 GDR 的发行是华泰证券加快国际化布局的重要战略举措，亦为其他 A 股企业的海外融资打通一条重要渠道。表 7-3 为华泰证券发行 GDR 的相关要素。

表 7-3　　华泰证券发行 GDR 相关要素

发行人	• 华泰证券（601688.SH，06886.HK）
定价日期	• 2019 年 6 月 14 日
上市日期	• 2019 年 6 月 17 日开始附生效条件交易 • 2019 年 6 月 20 日正式交易
上市地点	• 伦敦交易所（主板）
发行股份	• 每份国际存托凭证（GDR）代表公司 10 股 A 股普通股 • 基础发行规模：75013636 份 GDR
超额配售权	• 7501364 份 GDR（不超过基础发行规模的 10%）
新股/旧股比例	• 100% 新股
发行价区间	• 20.00—24.50 美元/GDR
最终发行价	• 20.50 美元/GDR

续表

估值	• 1.095 倍 2019 年第一季度每股净资产 • 较 A 股 6 月 14 日收盘价折让约为 24% • 较 H 股 6 月 14 日收盘价溢价约为 39%
募集资金用途	• 60% 用于支持国际业务内生与外延性增长、扩展海外布局 • 30% 用于持续投资并继续强化公司现有主营业务 • 10% 用于持续补充公司运营资本及其他一般企业用途
销售限制	• 仅 Reg S，不得向美国境内投资者（除 Reg S 基金）销售

虽然 GDR 发行价格原则上不得低于定价基准日前 20 个交易日基础股票收盘价均价的 90%，但华泰证券获得中国证监会豁免，其最终定价相对 A 股折让 24%，GDR 最终发行价格为 20.50 美元，该定价相对 H 股溢价比率为 39%。

（二）中国太保

2019 年 9 月 23 日，中国太保发布公告称，董事会同意公司发行 GDR 并在伦交所挂牌上市的方案。中国太保拟发行的 GDR 所代表的新增 A 股基础股票不超过 6.2867 亿股，不超过本次发行前其 A 股股份的 10%。中国太保是"沪伦通"下首家计划发行 GDR 登陆伦交所的上市险企，其在公告中表示，本次拟发行 GDR 的目的是为响应上海国资国企综合改革政策、支持上海国际金融中心建设，进一步优化公司股权结构、提升公司治理水平、推进公司国际化布局、补充资本金。

2020 年 6 月 17 日，中国太保确定本次发行的最终价格为每份 GDR17.60 美元。在下述超额配售权行使之前，本公司本次发行的 GDR 数量为 102873300 份，所代表的基础证券 A 股股票为 514366500 股，募集资金总额为 18.106 亿美元。其中，Swiss Re Principal Investments Company Asia Pte. Ltd.（以下简称"Swiss Re"）作为基石投资者拟以本次发行的最终价格（即每份 GDR17.60 美元）认购 28883409 份 GDR，占本次发行 GDR 总数（超额配售权行使前）的 28.08%，该等 GDR 所代表的基础证券 A 股股票占本次发行完成后、超额配售权行使前本公司总股本的 1.51%，且原则上受限于三年的禁售期。Swiss Re 是 Swiss Re Ltd 的全资子公司，是瑞士再保险集团成员之一。

  2020 年 6 月 22 日，中国太保发行的沪伦通 GDR 在伦交所正式上市。中国太保正式成为第一家在上海、香港、伦敦三地上市的中国保险企业。此次 GDR 发行也创下沪伦通机制下多项"第一次"：第一次使用中国会计准则的 GDR，第一次采用基石投资者机制的 GDR，第一次非欧洲企业得到大众持股比例豁免的 GDR，第一次在沪伦两地之间实施"云上市"的 GDR。

第八章　上市公司并购重组与分拆上市

一、上市公司并购重组

并购重组，泛指对公司股权结构、资产和负债结构、业务产生重大影响的一系列资本运作行为。随着全球经济结构的不断调整，我国现有经济模式和产业结构也在发生重大变革。因此对于我国企业如何抓住机遇、克服困难，通过并购重组来优化资源配置、增强企业竞争力，成为企业界共同关注的问题。

（一）并购重组的流程

企业并购重组的动因有很多，主要的有经营协同、财务协同、规模经济、市场份额、转型升级、破除行业壁垒进入新的区域或领域、追求垄断、利益最大化、多样化经营等，其中最重要的是追求各种协同效应，实现"1+1>2"的效果。企业并购重组战略主要是强调企业应该如何充分利用自身和外部环境及竞争机遇，充分研究发掘企业内部的竞争优势资源和人力优势，以求能够使自身企业在现有的战略基础上朝着更高更深层次不断快速发展。

如图8-1所示，并购重组包括发现并购交易机会、并购方案设计与谈判、并购交易审批、并购交易实施以及并购后整合等阶段。并购重组是企业外延式发展的重要手段，也是经济结构调整、实现资源优化配置的手段。并购重组业务因为复杂度较高，被称为"投行业务的皇冠"。

图 8-1　企业并购重组流程

企业并购重组整合，也是决定企业并购成败、能否达到并购目标的关键因素。企业并购后的整合，包括战略整合、业务整合、财务整合、组织与人力资源整合、文化整合等多个方面。

（二）并购重组的主要形式

上市公司的并购重组是指上市公司及其控股或者控制的公司在日常经营活动之外购买、出售资产或者通过其他方式进行的资产交易行为，并对上市公司经营产生影响的活动。

根据上述定义，上市公司主要的并购重组活动，主要有以下六种形式（见图 8-2 至图 8-7）。这些形式又可以相互组合，实现各种变化，所以并购重组的形式是最丰富的。

1. 现金购买资产

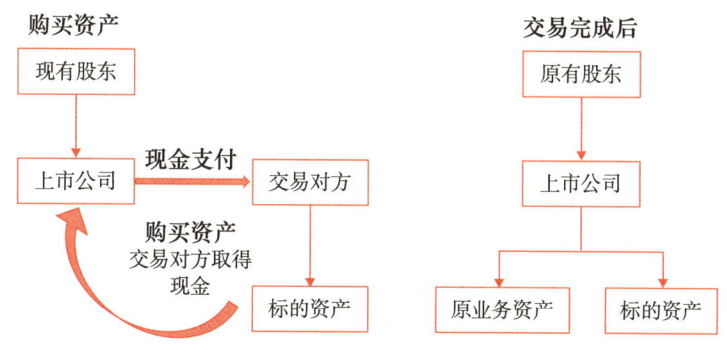

图 8-2　现金购买资产

2. 现金出售资产

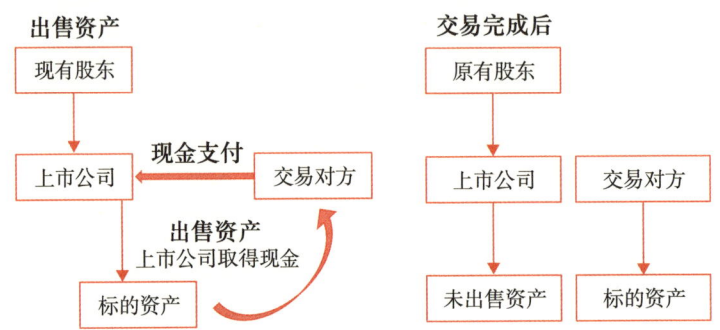

图 8-3　现金出售资产

3. 发行股份购买资产

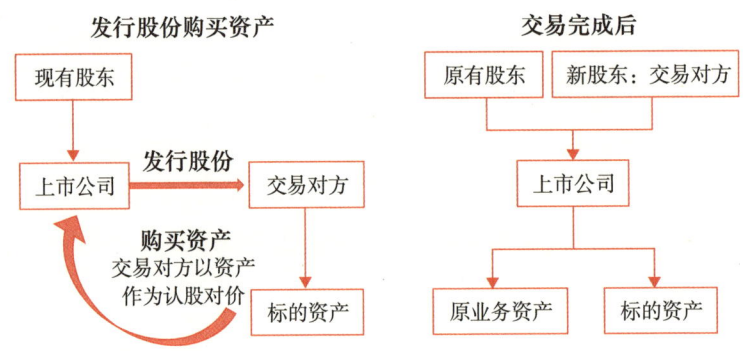

图 8-4　发行股份购买资产

以上为发行股份购买资产的交易架构以及交易完成后的架构。在图 8-4 中，如果交易对方为原股东，则置入的为原股东的有关资产。如果置入的为原股东在上市公司体外的其他所有资产，可以变形为原股东的整体上市。

4. 重大资产置换

在图 8-5 中，如果置出资产大于置入资产，则交易对方需要向上市公司支付差额，一般为现金支付形式；如果置出资产小于置入资产，则上市公司需要向交易对方支付差额，可以为现金支付形式或发行股份形式。在上市公司发行股份支付差额的情况下，交易对方也将成为上市公司的新股东方。

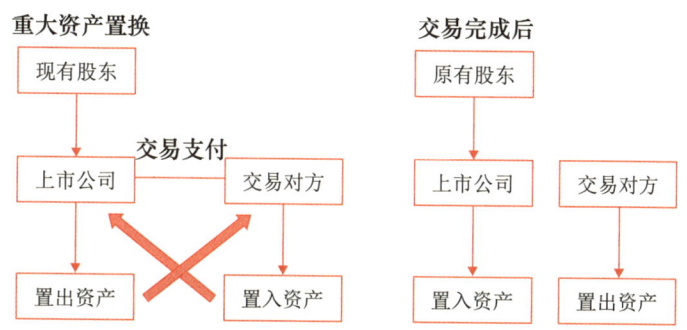

图 8-5　重大资产置换

5. 换股吸收合并

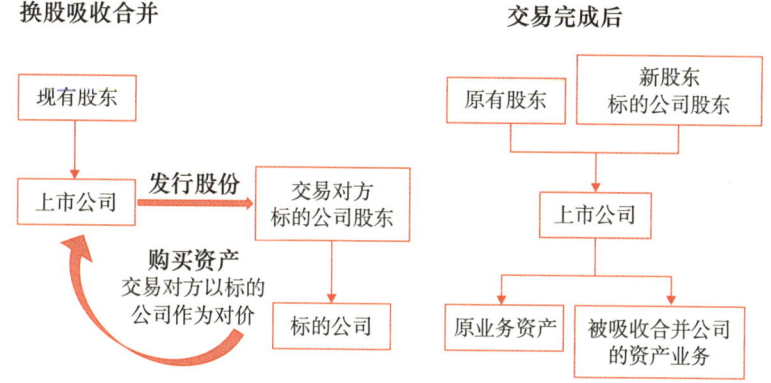

图 8-6　换股吸收合并

6. 借壳上市

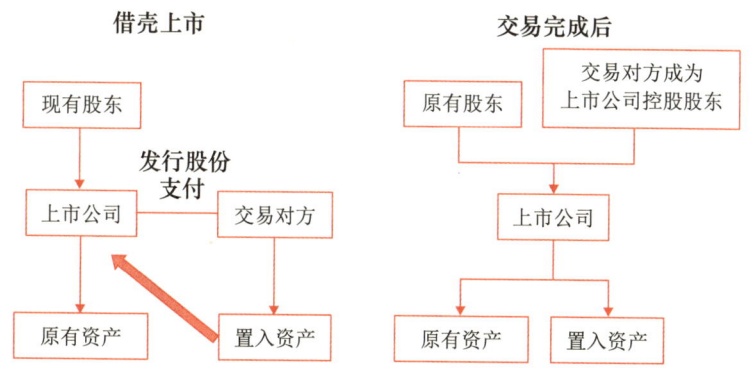

图 8-7　借壳上市

在图 8-7 中，交易对方通过置入资产，成为上市公司的控股股东，通过借壳实现上市。原有股东也可以通过置出部分资产，作为股份的支付对价，实现降低持股比例或者是完全退出上市公司。

（三）上市公司并购重组的管理方式

对于我国上市公司的重大资产重组，主要按《上市公司重大资产重组管理办法》进行规范管理。

上市公司的重大资产重组是指上市公司及其控股或者控制的公司在日常经营活动之外购买、出售资产或者通过其他方式进行资产交易达到规定的比例，导致上市公司的主营业务、资产、收入发生重大变化的资产交易行为。上述规定的比例，主要有以下三种情况：

（1）购买、出售的资产总额占上市公司最近一个会计年度经审计的合并财务会计报告期末资产总额的比例达到 50% 以上；

（2）购买、出售的资产在最近一个会计年度所产生的营业收入占上市公司同期经审计的合并财务会计报告营业收入的比例达到 50% 以上，且超过 5000 万元人民币；

（3）购买、出售的资产净额占上市公司最近一个会计年度经审计的合并财务会计报告期末净资产额的比例达到 50% 以上，且超过 5000 万元人民币。

上市公司重大资产重组如达到一定标准则构成重组上市，具体是指上市公司自控制权发生变更之日起 36 个月内，向收购人及其关联人购买资产，导致上市公司发生以下根本变化情形之一的：

（1）购买的资产总额占上市公司控制权发生变更的前一个会计年度经审计的合并财务会计报告期末资产总额的比例达到 100% 以上；

（2）购买的资产在最近一个会计年度所产生的营业收入占上市公司控制权发生变更的前一个会计年度经审计的合并财务会计报告营业收入的比例达到 100% 以上；

（3）购买的资产净额占上市公司控制权发生变更的前一个会计年度经审

计的合并财务会计报告期末净资产额的比例达到100%以上；

（4）为购买资产发行的股份占上市公司首次向收购人及其关联人购买资产的董事会决议前一个交易日的股份的比例达到100%以上；

（5）上市公司向收购人及其关联人购买资产虽未达到本款第（1）至第（4）项标准，但可能导致上市公司主营业务发生根本变化；

（6）中国证监会认定的可能导致上市公司发生根本变化的其他情形。

对于上市公司重大资产重组，按以下方式进行分类管理：

（1）对于上市公司发行股份购买资产的行为，由证券交易所进行审核和中国证监会进行注册；

（2）对于不涉及发行股份的上市公司重大资产重组行为，全部取消审核和注册，一般由上市公司聘请符合规定的独立财务顾问、律师事务所以及会计师事务所等证券服务机构出具意见，履行上市公司董事会、股东大会等决策流程。证券交易所通过问询、现场检查、现场督导、要求独立财务顾问和其他证券服务机构补充核查并披露专业意见等方式进行自律管理，发现重组活动明显违反本办法规定的重组条件和信息披露要求，可能因定价显失公允、不正当利益输送等问题严重损害上市公司、投资者合法权益的，可以报请中国证监会根据本办法的规定采取相关措施。

如上市公司重大资产重组构成重组上市，上市公司购买的资产对应的经营实体应当是股份有限公司或者有限责任公司，且符合《首次公开发行股票注册管理办法》规定的其他发行条件、相关板块定位，以及证券交易所规定的具体条件。

二、上市公司分拆上市

2019年12月，中国证监会出台了《上市公司分拆所属子公司境内上市试点若干规定》。

上市公司分拆，是指上市公司将部分业务或资产，以其直接或间接控制的子公司的形式,在境内证券市场首次公开发行股票上市或实现重组上市的行为。上市公司分拆是资本市场优化资源配置和深化并购重组功能的重要手段,有利于公司进一步实现业务聚焦、提升专业化经营水平,更好地服务科技创新和经济高质量发展。

根据《上市公司分拆所属子公司境内上市试点若干规定》,上市公司分拆原则上应当同时满足7项条件,具体如表8-1所示。

表8-1　　　　　　　　　　上市公司分拆上市应满足的条件

序号	类别	规定
1	时间性要求	上市公司股票境内上市已满3年
2	上市公司经营的可持续性	上市公司最近三个会计年度连续盈利,且最近三个会计年度扣除按权益享有的拟分拆所属子公司的净利润后,归属于上市公司股东的净利润累计不低于6亿元人民币(本规定所称净利润以扣除非经常性损益前后孰低值计算)
3	分拆部分的资产和盈利占比控制	上市公司最近一个会计年度合并报表中按权益享有的拟分拆所属子公司的净利润不得超过归属于上市公司股东的净利润的50%;上市公司最近一个会计年度合并报表中按权益享有的拟分拆所属子公司净资产不得超过归属于上市公司股东的净资产的30%
4	上市公司合规性	上市公司不存在资金、资产被控股股东、实际控制人及其关联方占用的情形,或其他损害公司利益的重大关联交易。上市公司及其控股股东、实际控制人最近36个月内未受到过中国证监会的行政处罚;上市公司及其控股股东、实际控制人最近12个月内未受到过证券交易所的公开谴责。上市公司最近一年及一期财务会计报告被注册会计师出具无保留意见审计报告
5	不得分拆业务和资产规定	上市公司最近三个会计年度内发行股份及募集资金投向的业务和资产,不得作为拟分拆所属子公司的主要业务和资产,但拟分拆所属子公司最近三个会计年度使用募集资金合计不超过其净资产10%的除外;上市公司最近三个会计年度内通过重大资产重组购买的业务和资产,不得作为拟分拆所属子公司的主要业务和资产。所属子公司主要从事金融业务的,上市公司不得分拆该子公司上市

续表

序号	类别	规定
6	特定人员持股比例控制	上市公司董事、高级管理人员及其关联方持有拟分拆所属子公司的股份，合计不得超过所属子公司分拆上市前总股本的10%；上市公司拟分拆所属子公司董事、高级管理人员及其关联方持有拟分拆所属子公司的股份，合计不得超过所属子公司分拆上市前总股本的30%
7	独立性	上市公司应当充分披露并说明：本次分拆有利于上市公司突出主业、增强独立性。本次分拆后，上市公司与拟分拆所属子公司均符合中国证监会、证券交易所关于同业竞争、关联交易的监管要求，且资产、财务、机构方面相互独立，高级管理人员、财务人员不存在交叉任职，独立性方面不存在其他严重缺陷

从上市公司分拆上市的审核是否符合上述分拆上市的条件和程序规定的实践来看，需要重点关注上市公司与拟分拆子公司在独立性方面不存在严重缺陷，拟上市公司与控股股东的关联交易应该规范且价格公允，上市公司与拟分拆子公司不存在重大不利影响的同业竞争等。

当前A股上市公司分拆上市持续活跃，已有逾百家A股公司发布分拆上市相关计划。分拆上市的子公司多聚焦于计算机、电子、生物医药、新能源、机械设备等热门赛道，科创板、创业板以及北交所成为A股公司分拆上市的主要目的地。

三、上市公司并购重组案例

（一）中信证券发行股票收购广州证券

在本书概论中提到，中信证券在做好主业的同时，充分利用资本运作实现公司的跨越式发展。其中，并购重组就是其重要的手段。

中信证券在20多年的发展历程中，曾收购了金通证券、万通证券、里昂证券、广州证券等。下面，我们以中信证券收购广州证券为例（结合中信证券、越秀金控相关公告等资料），作简要分析。

1. 交易的方案

本次交易方案为中信证券拟向越秀金控及其全资子公司金控有限发行股份购买剥离广州期货99.03%股份和金鹰基金24.01%股权后的广州证券100%股权。本次交易标的资产的交易作价以广州证券（不包括广州期货99.03%股份及金鹰基金24.01%股权）100%股权评估价值和拟剥离的广州期货99.03%股份和金鹰基金24.01%股权的剥离对价两部分之和为作价基础，经交易各方协商后确定为134.60亿元。我们理解，由于中信证券已经控股期货公司和旗下拥有控股和参股的基金公司，为避免"一参一控"有关问题，所以作了上述剥离期货和基金公司股权的安排。

本次交易中，上市公司发行股份购买资产的定价基准日为公司审议本次发行股份购买资产事项的首次董事会决议公告日。本次发行股份的价格为定价基准日前60个交易日股票交易均价，即16.97元/股。由于期间实施分红因素，根据交易双方约定的发行价格调整公式，本次发行价格调整为16.62元/股。

2. 越秀金控为什么愿意卖？

基于看好证券行业的发展前景及广州证券盈利贡献大，越秀金控于2016年8月公告停牌筹划收购广州证券给32.77%的少数股权，并于2016年12月公告重组草案披露前次重组方案，交易目的主要为：提升越秀金控的持续盈利能力，推动广州证券的资本规模迅速做大，尽快实现成为国内一流券商的战略目标；进一步强化越秀金控以证券为核心的金融控股上市平台形象。

因此，越秀金控为什么愿意出售广州证券，是市场广泛关注的问题，交易所也对此有关的问题进行了问询。越秀金控在相关的回复中，解释了其选择出售的原因。

受证券市场大幅波动影响，广州证券盈利下降。最近两年一期，广州证券实现营业收入分别为 29.45 亿元、17.43 亿元和 23.02 亿元，归母净利润分别为 9.64 亿元、2.39 亿元和 -1.84 亿元。受广州证券业绩亏损影响，越秀金控 2018 年 1—9 月的归母净利润为 2.93 亿元，同比下降 38.81%。

基于证券市场的大幅波动及广州证券盈利下降，越秀金控未能实现通过收购广州证券少数股权提升上市公司持续盈利能力、推动广州证券资本规模迅速做大、打造以证券为核心的上市金控平台的目的，无法全部达成前次重组的交易目的。

本次交易完成后，越秀金控预计将直接、间接合计持有中信证券约 6.14% 的股份并成为其第二大股东，且有权提名一名董事。越秀金控可以充分利用中信证券作为国内排名靠前的头部券商优势地位，获得更为稳定的投资收益，有助于提升证券资产的盈利能力，从而有利于提升整体盈利能力。

由此可见，行业和企业处于发展的低谷期或困难期时比较容易出现并购机会的时机。并购机会的出现，需要由经验丰富的中介方或并购方提出，并做好各方引导，主要是介绍并购交易将带来的好处、并购方案及可行性等。

3. 中信证券为什么买？

上市公司通过本次交易可一次性取得广州证券的营业网点（32 家营业部和 6 家分公司），与逐个新设营业网点方式相比，可大幅减少时间成本和运营成本，快速提升中信证券在华南地区的营业网点数量、客户数量（80 万名客户），有助于提升中信证券在华南地区的市场份额，填补中信证券区域营业部网点空白，补强区域竞争力。

4. 交易的审批

本次交易中，发行股份购买资产，需要履行出售方、购买方的决策程序，国资有关备案和批准程序，以及按《上市公司重大资产重组管理办法》需要中国证监会进行审核和批复。

（1）已经中信证券第六届董事会第三十四次会议、第三十七次会议、中信证券 2019 年第一次临时股东大会审议通过；

（2）已经越秀金控第八届董事会第二十三次会议、第二十六次会议、越秀金控2019年第三次临时股东大会审议通过，已获得金控有限股东会审议通过；

（3）本次标的资产的《资产评估报告》已经广州市国资委核准；

（4）本次交易方案已经广州市国资委批准；

（5）拟剥离资产的评估结果已经越秀集团备案；

（6）资产剥离事项已经越秀集团批准；

（7）证券、期货、基金股东资格及股东变更事宜已经中国证监会有关部门核准；

（8）本次交易方案已经中国证监会有关部门核准。

5. 交易之后的并购整合情况

本次交易完成后，中信证券根据《证券公司设立子公司试行规定》等规定，在中国证监会允许的过渡期内尽快调整标的公司的业务定位和各自的业务范围，解决可能存在的潜在利益冲突或同业竞争情况。根据初步业务整合计划，标的公司未来定位为中信证券在特定区域经营特定业务的子公司，拟在广东省（不含深圳）、广西壮族自治区、海南省、云南省和贵州省内开展业务，同时中信证券将相应变更业务范围，并根据监管要求作出切实避免同业竞争的有效措施。

本次交易完成后，广州证券未来将定位为中信证券在华南地区从事特定业务的子公司，将充分利用中信证券在证券研究、产品开发、信息技术、合规管理以及风险控制等方面的经验和优势，弥补广州证券在应对宏观经济和二级市场研究以及风险控制方面的不足，提升客户服务能力，进一步巩固其在华南地区的业务竞争力。中信证券将凭借在管理能力、市场声誉度、综合化业务方面的优势，对广州证券进行优化整合，结合广州证券已形成的客户网络、区域品牌声誉、市场资源带来的协同效应，中信证券在广东省的整体业绩将有望进一步提升。

（二）上海医药重大资产重组案例

我们根据上海医药的公告材料，介绍上海医药于2010年实施的重大资产重组，其由换股吸收合并另两家上市公司、向大股东发行股份认购资产、发行股份认购资产三项交易构成，基本情况如图8-8所示。

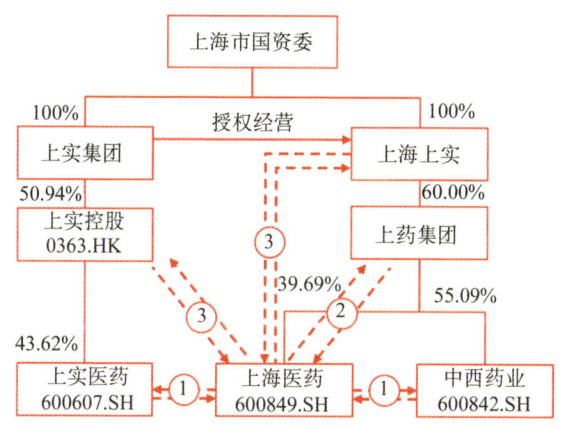

图 8-8 上海医药重大资产重组示意图

资料来源：上海医药有关公告。

1. 上海医药换股吸收合并上实医药和中西药业

上海医药采用换股吸收合并的方式合并上实医药和中西药业，换股价格以上海医药、上实医药和中西药业三家上市公司审议本次重大资产重组事项的董事会决议公告日前20个交易日的A股股票交易均价确定，分别为每股11.83元、每股19.07元和每股11.36元，由此确定换股比例，即上实医药与上海医药的换股比例为1:1.61，即每1股上实医药股份换取1.61股上海医药股份；中西药业与上海医药的换股比例为1:0.96，即每1股中西药业股份换取0.96股上海医药股份。

为充分保护吸并方上海医药异议股东的利益以及被吸并方上实医药及中西药业全体股东的利益，本次换股吸收合并交易将由上海国盛和申能集团向上海医药异议股东提供收购请求权、向上实医药及中西药业全体股东提供现金选择权。

2. 上海医药向上药集团发行股份购买上药集团医药资产

上海医药向上药集团发行股份作为对价支付方式购买其医药资产。上药集团用以认购股份的标的资产为信谊药厂100%股权、第一生化100%股权、三维有限100%股权、三维制药48%股权、药材公司100%股权、中华药业100%股权、青岛国风63.93%股权、上海施贵宝30%股权、上海味之素38%股权、信谊黄河36%股权、信谊天一41.43%股权、物资供销公司100%股权、进出口公司100%股权及部分实物资产,上述资产以资产评估值为作价依据,根据上海东洲出具的资产评估报告,并经上海市国资委备案,本次购买上药集团资产的评估值合计为538607.53万元。本公司以发行45528.95万股A股作为支付对价,发行价格为公司本次重大资产重组事项的董事会决议公告日前20个交易日的A股股票交易均价,即每股11.83元。

3. 上海医药向上海上实发行股份募集资金、并以该等资金向上实控股购买医药资产

上海医药向上海上实发行股份募集资金、并以该等资金向上实控股购买其医药资产。本次购买上实控股资产包括上海实业医药科技(集团)有限公司100%股权、MERGEN BIOTECH LTD 70.41%股权和上海复旦张江生物医药股份有限公司9.28%股权。本次购买上实控股资产的评估值合计为199960.37万元。据此,本公司向上海上实发行16902.82万股A股,所得199960.37万元作为购买上实控股资产的交易对价。上述发行的发行价格为公司本次重大资产重组事项的董事会决议公告日前20个交易日的A股股票交易均价,即每股11.83元。

通过上述交易,其实现的主要目的是:

(1)打造单一上市平台,基本实现上实集团和上药集团医药产业整体上市;

(2)建立完整的医药产业链,提升上海医药的核心竞争力;

(3)实现产业资源整合的协同效应,上实集团及上药集团的核心医药资产和业务将集中于上海医药这一单一上市平台架构内;

(4)基本解决同业竞争问题,规范上市公司运作,基本解决上海医药与控股股东及其关联人存在的潜在同业竞争问题,进一步促进上海医药规范运作水平。

第九章　上市公司股票回购

21世纪以来，美国资本市场上股票回购的动机呈现出多样化的特点，美股公司充沛的现金类资产与管理层自利行为成为股票回购规模不断增大的主要原因。根据高盛统计的数据显示，2022年美股公司宣布的回购总额为1万亿美元，有望创下年度记录。

我国监管部门自从2018年开始，不断建立和完善上市公司股份回购有关制度，上市公司股票回购也逐渐开始展开。

一、上市公司股票回购规则

2018年10月，全国人大常委会审议通过《全国人民代表大会常务委员会关于修改〈中华人民共和国公司法〉的决定》，对公司法第一百四十二条有关公司股份回购制度的规定进行了专项修改，新增了可实施股份回购的情形，简化了回购程序安排，建立了库存股制度。

同年11月，证监会、财政部、国资委发布《关于支持上市公司回购股份的意见》。支持各类上市公司回购股份用于实施股权激励及员工持股计划，并拓宽回购资金来源、适当简化实施程序、引导完善治理安排。

为落实《修改决定》，完善股票回购制度，沪深交易所于2019年1月发布实施回购细则，通过增加股票回购情形、拓宽回购资金来源、适当简化实施程序，为上市公司更灵活、便捷实施股票回购"铺路搭桥"。

2022年10月，证监会对《上市公司股份回购规则》《上市公司董事、监事和高级管理人员所持本公司股份及其变动管理规则》部分条款进行修订，并向社会公开征求意见。证监会指出，股份回购是国际通行的维护公司投资价值、完善公司治理结构、丰富投资者回报机制的重要手段，是资本市场的一项基础性制度安排。近年来，上市公司能够从实际出发审慎制定回购方案，依法依规实施回购，股份回购活跃度持续提升，家数、规模呈现增长态势，市场反映良好。随着市场环境变化、市场主体需求多元化，部分股份回购的条件设置较为严格，实施的便利度不够，股份回购尚未成为维护上市公司价值的长效机制。为进一步提升回购的制度包容性和实施便利性，结合实践情况，此次修订对《回购规则》关于回购条件等部分条款做了优化和完善。本次修订主要涉及以下内容。

一是优化上市公司回购条件。修订《回购规则》第二条，将上市公司为维护公司价值及股东权益所必需的回购触发条件之一，由"连续20个交易日内公司股票收盘价格跌幅累计达到30%"调整为"连续20个交易日内公司股票收盘价格跌幅累计达到25%"。

二是放宽新上市公司回购实施条件。修订《回购规则》第七条，将新上市公司的回购实施条件，由"上市满一年"调整为"上市满6个月"。

三是进一步明确回购与再融资交叉时的限制区间。为明确监管政策，修订《回购规则》第十二条，明确仅在再融资取得核准或者注册并启动发行至新增股份完成登记前，不得实施股份回购。

四是优化禁止回购窗口期的规定。为降低窗口期过长的影响，修订《回购规则》第三十条，将季度报告、业绩预告或业绩快报的窗口期由"公告前十个交易日内"调整为"公告前五个交易日内"。

根据我国股票回购的有关法规，上市公司股票回购的目的如表9-1所示。

表 9–1　　　　　　　　上市公司股票回购的主要目的

序号	种类	回购期限	条件或要求	决策程序
1	减少公司注册资本	不超过 12 个月	自回购之日起 10 日内注销	由董事会依法作出决议，并提交股东大会审议，经出席会议的股东所持表决权的 2/3 以上通过
2	用于员工持股计划或者股权激励	不超过 12 个月	在 3 年内按照依法披露的用途进行转让，未按照披露用途转让的，应当在 3 年期限届满前注销	依照公司章程的规定或者股东大会的授权，经 2/3 以上董事出席的董事会会议决议
3	用于转换上市公司发行的可转换为股票的公司债券	不超过 12 个月		
4	为维护公司价值及股东权益所必需	不超过 3 个月	（1）公司股票收盘价格低于最近一期每股净资产；（2）连续 20 个交易日内公司股票收盘价格跌幅累计达到 25%；（3）中国证监会规定的其他条件 回购 12 个月后，可以按照证券交易所规定的条件和程序，在履行预披露义务后，通过集中竞价交易方式出售	

二、上市公司股票回购概况

上市公司股份回购的动机有很多，如通过信号传递维护公司股价、用作员工持股和股权激励股票来源、调整公司资本结构、防止被恶意收购等。

2019—2022 年，共有 2032 家上市公司采取过回购股票行动，每年上市公司回购金额如表 9-2 所示，上市公司平均年度回购金额近 1000 亿元的规模水平。相信未来上市公司股份回购的规模将进一步上升。

表 9-2　　　　　　2019—2022 年上市公司股票回购金额

年度	回购金额（亿元）
2019	1024
2020	684
2021	1215
2022	1028

资料来源：Wind 数据。

从证券行业近 40 家上市证券公司，实施回购情况如下。

通过回购，实施员工持股 5 家：国元证券、兴业证券、招商证券、天风证券、华创阳安。

通过回购，实施或拟实施股权激励 5 家：国泰君安、华泰证券、东吴证券、广发证券、浙商证券。

通过回购，维护价值 3 家：东吴证券（出售）、方正证券（出售）、中原证券（H 股，注销）。

第十章　上市公司实施员工持股与股权激励

员工持股和股权激励，都是从产权制度方面进行的激励制度创新，通过建立持股机制，密切公司管理层和员工与公司发展的利益关系，进一步增强主人翁责任和意识，推动企业发展。

中国证监会于 2014 年 6 月发布《关于上市公司实施员工持股计划试点的指导意见》，于 2016 年 7 月发布《上市公司股权激励管理办法》。上市公司如果是国有企业性质，还需要经国资监管部门的同意，符合《国有控股上市公司（境内）实施股权激励试行办法》等有关国资监管规定。

我国实施员工持股、股权激励机制的上市公司越来越多，成为推动上市公司发展的重要力量。根据有关数据统计，2021 年 A 股有 237 家上市公司发布实施员工持股计划，同比增长 40%；A 股上市公司共公告了 826 个股权激励计划，同比增长 82.74%。

一、员工持股

2014 年 6 月 20 日，中国证监会发布了《关于上市公司实施员工持股计划试点的指导意见》（以下简称《指导意见》），在上市公司中推进员工持股计划实施试点，有利于建立和完善劳动者与所有者的利益共享机制，改善公司治理水平，提高职工的凝聚力和公司竞争力。自此之后，各上市公司开始采取通过员工持股计划对员工进行激励的方式。

员工持股计划是指上市公司根据员工意愿，通过合法方式使员工获得本公司股票并长期持有，股份权益按约定分配给员工的制度安排。员工持股计划的参加对象为公司员工，包括管理层人员。实施员工持股计划，相关资金可以来自员工薪酬或以其他合法方式筹集，所需股票可以来自上市公司回购、二级市场购买、认购非公开发行股票、公司股东自愿赠与等合法方式。《指导意见》还就员工持股计划的实施程序、管理模式、信息披露及内幕交易防控等问题作出规定。

根据上市公司企业性质和股票来源的不同，员工持股的定价也各有不同。在定价折扣不大的情况下，员工持股机制的激励性不显著，所以一般不设置员工持股机制解锁的考核目标。

表10-1为部分证券公司实施员工持股的股票来源及定价情况。

表10-1　　部分证券公司实施员工持股的股票来源及定价情况

股票来源	员工持股价格	案例
回购股票	等于回购价格	招商证券
	参考定增定价机制	兴业证券
	定价基准日参考价格的50%	
二级市场购买	二级市场购买价格	东方证券 国联证券
非公开发行股票	定增价格	

二、股权激励

中国证监会于2016年7月发布《上市公司股权激励管理办法》。股权激励是指上市公司以本公司股票为标的，对其董事、高级管理人员及其他员工进行的长期性激励。上市公司一般以限制性股票、股票期权实行股权激励。限制性股票是指激励对象按照股权激励计划规定的条件，获得的转让等部分权利受到限制的公司股票。股票期权是指上市公司授予激励对象在未来一定期限内以预先确定的条件购买公司一定数量股份的权利。

（1）激励对象可以包括上市公司的董事、高级管理人员、核心技术人员或者核心业务人员，以及公司认为应当激励的对公司经营业绩和未来发展有直接影响的其他员工，但不应当包括独立董事和监事。

（2）上市公司在授予激励对象限制性股票时，应当确定授予价格或授予价格的确定方法。授予价格不得低于股票票面金额，且原则上不得低于下列价格较高者：①股权激励计划草案公布前1个交易日的公司股票交易均价的50%；②股权激励计划草案公布前20个交易日、60个交易日或者120个交易日的公司股票交易均价之一的50%。

上市公司在授予激励对象股票期权时，应当确定行权价格或者行权价格的确定方法。行权价格不得低于股票票面金额，且原则上不得低于下列价格较高者：①股权激励计划草案公布前1个交易日的公司股票交易均价；②股权激励计划草案公布前20个交易日、60个交易日或者120个交易日的公司股票交易均价之一。

（3）上市公司应当设立激励对象获授权益、行使权益的条件。拟分次授出权益的，应当就每次激励对象获授权益分别设立条件；分期行权的，应当就每次激励对象行使权益分别设立条件。

激励对象为董事、高级管理人员的，上市公司应当设立绩效考核指标作为激励对象行使权益的条件。绩效考核指标应当包括公司业绩指标和激励对象个人绩效指标。相关指标应当客观公开、清晰透明，符合公司的实际情况，有利于促进公司竞争力的提升。

由此我们可以看出，股权激励的激励属性大于员工持股，因此定价较市场的折扣较大，一般可以达到50%。同时，为了达到股权激励行权的条件，就需要达到股权激励设立之时设定的绩效考核指标。

三、员工持股案例

2020年年初,为进一步推进机制改革创新,建立公司管理层及骨干员工与公司发展的长效激励约束机制,推动公司的发展,东方证券也在思考如何推进公司的员工持股计划或股权激励方案。基于当时的市场案例和监管政策导向,公司考虑选择H股员工持股计划,作为员工持股的初步探索。

(一)公司实施员工持股计划的必要性

1. 建立公司管理层及骨干员工与公司发展的长效激励约束机制

公司实施员工持股计划的目的在于建立和完善劳动者与所有者的利益共享机制,改善公司治理水平,提高员工的凝聚力和公司竞争力,吸引和保留优秀人才,促进公司长期、持续、健康发展,促进公司、股东和员工三方的利益最大化。

2. 有利于提升公司H股股价

当时,公司H股股价的估值很低,如果公司实施H股员工持股计划,预计将对公司H股股价产生一定的提升。这有利于公司市值的提升,也有利于公司今后的资本运作。

(二)公司实施员工持股计划的可行性

(1) 2020年新修订《证券法》第40条规定,实施股权激励计划或者员工持股计划的证券公司的从业人员,可以按照国务院证券监督管理机构的规定持有、卖出本公司股票或者其他具有股权性质的证券。

(2) 2014年6月,证监会发布了《关于上市公司实施员工持股计划试点的指导意见》。

(3) 2018年11月,证监会会同财政部、国资委联合发布《关于支持上市公司回购股份的意见》,明确上市金融企业可以依法回购股份用于实施股权激励或者员工持股计划。2019年5月，证监会机构部下发了《关于支持证券公司依法实施员工持股、股权激励计划的函》。该函指出，上市证券公司实施员工持股计划的，应当按照要求依法通过资产管理计划、信托计划、有限合伙企业等形式进行。

当时，国元证券于2016年、兴业证券于2017年等公司已经通过回购A股，实施了员工持股计划。招商证券于2020年已经完成A股回购，正在推进实施员工持股计划。

（三）公司H股员工持股计划的主要考虑因素

公司选择H股员工持股计划，主要是考虑H股价格更加便宜，当时只有0.5倍市净率（PB）。通过H股实施员工持股计划，其实施路径和关键影响因素如下。

1. 路径

对于A股来说，可以先回购A股，然后作为员工持股计划的股票来源。但在H股方面，根据有关法规规定，H股回购之后要求必须立即注销，不能用来做为员工持股计划的股票来源。因此只能是先由员工出资设立资管计划，开设A股账户，通过港股通渠道（不涉及外汇）购买公司H股。

公司曾提出员工持股计划可以考虑一部分投资公司的A股，当时主要是考虑到公司A股占总股本的比例较高、具有较强的流动性以及主要股东持有的是A股等因素，这样既有利于和投资者沟通，又能激发员工的参与热情。最终，为了避免过于复杂，暂没有考虑将A股作为员工持股计划投资配置的部分。

2. 价格

当时上市券商做A股员工持股计划，定价主要有两种方式：一种是兴业证券的定价，为定价基准日前20个交易日均价打9折；另一种是招商证券的定价，为公司回购A股股票的均价（含交易费用）。由于通过H股实施员工持股计划，只能通过资管计划设立后在二级市场购买H股，所以价格只能取决于二级市场的交易价格，要给购股一定的折扣或者相应的价格补偿不太能实现。

3. 设立两个资管计划

为了便于监管部门了解和计算，公司实施 H 股员工持股计划，对于公司社会公众流通股比例的影响，公司设立了两个资管计划。一个资管计划，实施东方证券的核心关连人士（即东方证券或任何子公司的董事、监事、最高行政人员，以及上述人士的紧密联系人）持有公司 H 股。该资管计划持股，在计算社会公众流通股时要被扣除，会导致公司 H 股流通比例的下降。另一个资管计划，实施东方证券的核心关联人士以外的员工持有 H 股，不会导致公司 H 股流通比例下降。

公司当时 H 股的社会公众流通股比率 = 10.27/70 = 14.6%，已经低于香港联交所豁免的不低于15%标准（H 股发行时高于15%，因 2017 年 A 股定增后下降）。根据公司与香港联交所的沟通争取，联交所可以接受核心关连人士通过员工持股计划持有东方证券的 H 股，导致公众持股量下降的比例在 0.5%—1% 内。如果大于前述下降幅度，联交所需要根据具体情况另行考虑。

（四）公司 H 股员工持股计划的方案要点

公司根据相关法律法规，在与证券监督管理部门、上海市国资委和公司第一大股东申能（集团）有限公司等汇报沟通的基础上，经充分论证，公司实施员工持股计划具有可行性和可操作性。

为此，公司制定了员工持股计划方案，经 2020 年 6 月 17 日召开的董事会和 2020 年 7 月 13 日召开的股东大会审议，通过了《东方证券员工持股计划》。本次 H 股员工持股计划（以下简称"本计划"）的核心内容主要如下。

1. 目的

本计划目的在于建立和完善员工与公司的利益共享机制，提高员工的凝聚力和公司竞争力，吸引和保留优秀人才，促进公司长期、持续、健康发展，促进公司、股东和员工三方的利益最大化。

2. 原则

（1）依法合规。严格按照法规规定，合规开展员工持股计划。

(2) 自愿参与。本着自愿原则,出资认购参与员工持股计划。

(3) 风险自担。参与者盈亏自负、风险自担。

3. 基本架构

公司实施 H 股员工持股计划基本架构和法律关系,具体如图 10-1 所示。

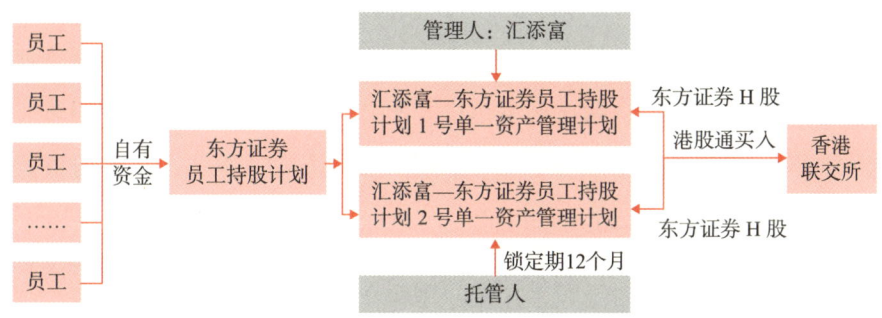

图 10-1 东方证券 H 股员工持股计划基本架构和法律关系

这里没有考虑员工直接对应汇添富投资专户的管理方式,主要是考虑到专户有 200 人的限制,且需要合格投资者。由于很多员工达不到合格投资者的条件,通过直接对应专户的安排,就不太合理。

4. 人员范围

认购本计划的参与对象范围为截至 2020 年 4 月 30 日与公司或下属控股子公司签订正式劳动合同的董事、监事、高级管理人员及其他员工。任一持有人持有的本计划份额所对应的标的股票数量累计不超过公司股本总额的 0.1%。

5. 资金来源

本计划的资金来源为员工合法薪酬、自筹资金以及法律、法规允许的其他方式。公司不向员工提供垫资、担保、借贷等财务资助。单个员工起始认购份数为 3 万份(即最低认购金额为人民币 3 万元),超过最低认购份数后以 1000 的整数倍份额增加。

6. 股票来源

本计划的股票来源为委托资产管理机构(汇添富基金)根据本计划管理委员会的指示直接在二级市场购买公司的 H 股股票。如因市场等因素未能在股东大会审议通过本计划后 6 个月内完成股票的购买，董事会授权管理委员会决定适当延长购买股票的期限。

7. 持股人数及规模

参与本计划的员工总人数预计不超过 4000 人（具体参加人数根据员工实际缴款情况确定），认购员工持股计划份额的金额不超过人民币 4 亿元（含）。其中，公司董事、监事和高级管理人员认购比例不低于本次员工持股计划总份额的 7%，其他员工认购比例不超过本次员工持股计划总份额的 93%。此外，公司和子公司董事、监事、最高行政人员等核心关联人士，参与持股不超过本次员工持股计划总份额的 20%。

8. 锁定期与存续期

本计划所获标的股票的锁定期为 12 个月，自公司公告最后一笔标的股票完成登记过户之日起算；本计划存续期为 5 年，自股东大会审议通过之日起算，到期后视情况可延期。

9. 员工持股计划的退出安排

本计划锁定期满后每个窗口期，持有人可向员工持股计划申请赎回。资产管理机构按资管合同约定减持标的股票并扣除费用后，将所得资金及相关收益（如有）划至本计划专用账户。管理委员会按持有人所持份额进行相应权益分配。

10. 持股管理与受托管理

本计划通过持有人会议和设立管理委员会，对员工持股计划进行管理。

本计划通过公司自建柜台 OTC 系统（参见本章附件）等完成本计划的合同签署、资金募集、份额登记、退出转让等操作事项，以实现线上化集中管理及电子化留痕。

（五）公司员工持股计划的决策审批及信息披露情况

在实施员工持股计划过程中，公司严格遵守前述规定及《上海证券交易所上市公司员工持股计划信息披露工作指引》等要求，及时向中国证监会机构部及上海证监局、公司第一大股东申能集团及国资监管部门汇报和沟通，经公司董事会、职工代表大会以及股东大会审议通过，各阶段对相关事项及时进行信息披露，具体情况如表10-2所示。

表10-2　　　东方证券员工持股计划的决策审批及信息披露情况

时间	决策程序	信息披露
5月22日	公司召开总裁办公会，审议通过《公司H股员工持股计划》初步方案	—
5月25日	—	披露《公司关于筹划H股员工持股计划的提示性公告》
6月17日	1. 公司召开第四届董事会第二十次会议，审议通过《关于〈东方证券员工持股计划（草案）〉及摘要的议案》《关于提请公司股东大会授权董事会全权办理公司员工持股计划相关事宜的议案》《关于召开公司2020年第一次临时股东大会的议案》三项议案。本次董事会前，公司还召开了薪酬与提名委员会会议，对议案作了事先审议 2. 公司召开第四届监事会第十五次会议，审议通过《关于〈东方证券员工持股计划（草案）〉及摘要的议案》	1. 披露《公司第四届董事会第二十次会议（临时会议）决议公告》《公司独立董事关于公司员工持股计划事项的独立意见》《公司员工持股计划（草案）》及其摘要《汇添富—东方证券员工持股计划1号/2号单一资产管理计划资产管理合同》和《公司关于召开2020年第一次临时股东大会的通知》 2. 披露《公司第四届监事会第十五次会议（临时会议）决议公告》《公司监事会关于公司员工持股计划事项的审核意见》
6月23日	—	披露《公司2020年第一次临时股东大会会议文件》。
7月7日	公司召开第三届职工代表大会第四次全体会议，审议通过《东方证券员工持股计划（草案）》及其摘要	披露《公司第三届职工代表大会第四次全体会议决议公告》
7月10日	国浩律师（上海）事务所对公司员工持股计划出具核查意见	披露《国浩律师（上海）事务所关于东方证券股份有限公司员工持股计划之法律意见书》

续表

时间	决策程序	信息披露
7月13日	公司召开2020年第一次临时股东大会，审议通过《关于〈东方证券员工持股计划（草案）〉及摘要的议案》《关于授权董事会全权办理公司员工持股计划相关事宜的议案》	披露《公司2020年第一次临时股东大会决议公告》及其《法律意见书》、《东方证券员工持股计划》
7月20日	—	披露《关于H股员工持股计划的进展公告》
7月23日	公司召开员工持股计划第一次持有人会议，审议通过《关于选举东方证券员工持股计划管理委员会委员的议案》《关于授权东方证券员工持股计划管理委员会办理本次员工持股计划相关事宜的议案》	披露《员工持股计划第一次持有人会议决议公告》

（六）公司 H 股员工持股计划的实施情况

经过公司的组织动员和实施，2020年7月17日公司员工持股计划正式成立。本计划实际参与员工总人数为3588人（全体员工参与率63%），认购本计划份额的总金额为316657000元。其中，公司董事、监事和高级管理人员认购比例占本计划总份额的8.27%，其他员工认购比例占本计划总份额的91.73%，符合最初设定董监高认购比例不低于本计划总份额7%的要求。

截至2020年12月24日，公司员工持股计划已通过两个资管计划在二级市场累计买入公司 H 股股票65906800股，约占公司总股本的0.942%，成交金额合计为人民币3亿元，自此进入一年的锁定期。在方案设计之时，公司也曾担心 H 股流动性比较低，为避免市场冲击，担心6个月内买不到应有 H

股的情况，公司也参照其他上市公司实践作出延期购买的准备，好在那个阶段公司 H 股交易的市场还是比较活跃的。

（七）公司员工持股计划的赎回操作

2021 年年底，员工持股计划所持股票一年的锁定期将于当年 12 月 24 日届满，员工可根据个人意愿赎回员工持股计划。为了确保员工持股计划保持平稳和顺畅，我们设计实施的赎回机制如下。

1. 赎回的日期安排

公司员工持股计划解锁后，按原定每月开放两次赎回的安排，同时考虑以下因素：（1）锁定期届满后恰逢香港圣诞节及元旦假期导致的港股通暂停交易的情况，拟于 2022 年 1 月初开启首次员工持股计划赎回；（2）根据交易限制规定（详见附件），避开有关不得交易公司股票的交易限制期。

2. 预约赎回及赎回操作

员工持股计划退出流程如图 10 - 2 所示。

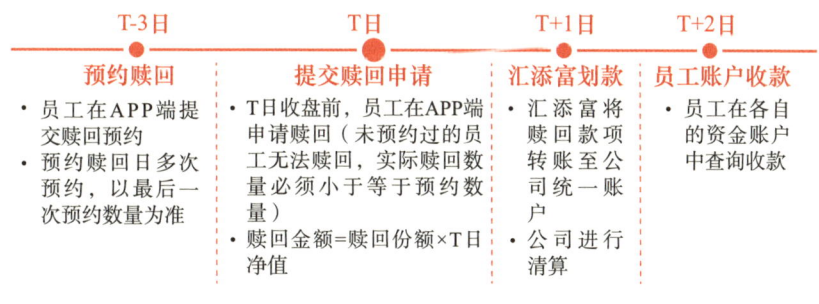

图 10 - 2　员工持股计划退出流程图

3. 超比例赎回情形的处理

根据《东方证券员工持股计划认购协议》，同时考虑港股交易量以及全体持有人的权益，公司员工持股计划按约定设置了 5% 的超比例赎回条款。当员工赎回总份额超过初始份额 5% 的比例时，员工持股计划将按照初始份额的 5% 作总额赎回，并按赎回人的本次赎回额度占总赎回额度的比例分配给各赎回人。本次赎回中超过比例的赎回申请，将予以作废。

(八）公司实施员工持股计划的效果

员工持股计划的实施，密切了公司管理层与公司发展的利益联系，有助于调动干部员工为公司发展贡献力量的积极性。

1. 打通了证券公司员工依法合规持有公司股票的通道

由于证券法的限制，证券公司员工不得持有股票。通过本员工持股计划，依法合规地为公司干部员工持有公司股票创造了条件。

2. 公司业绩有效提升

2020年，公司秉承"稳增长，控风险，促改革"的经营策略，积极把握市场机遇，经营业绩实现有效增长，资产规模与综合实力平稳提升，行业地位保持稳定。公司实现合并营业收入231.3亿元，同比增长21.4%；归母净利润27.2亿元，同比增长11.8%。年末公司总资产2911.0亿元，较上年年末增长10.7%；归母净资产601.2亿元，较上年年末增长11.4%。如果扣除公司2020年计提减值准备的影响，公司当年的ROE水平达到10%左右。

3. 有助于H股股价的表现

公司自推出H股员工持股计划以来，向市场传导出了公司干部员工对于公司发展的信心，有助于公司H股股价总体相对稳定。

4. 作为股东，积极参与公司治理

公司员工持股计划，作为一个整体持有的公司H股，占比达到H股的6.4%，在公司的股东大会、特别是H股类别股东大会等方面，积极参与投票，为公司发展有关议案的顺利过会奠定了坚实基础。

5. 有助于以人为本家文化的体现

公司员工，通过员工持股计划以后，持有了公司的H股，也就是股东，也就是在原来作为公司干部员工身份的基础上，又多了股东这一身份，更有利于员工当家作主精神的体现，增强了干部员工的凝聚力和进取心。

四、股权激励案例

作为证券行业首家,国泰君安证券于 2020 年下半年推出实施了股权激励。根据该公司有关公告,其方案主要内容如下。

1. 激励对象

本计划首次授予的激励对象为公司执行董事、高级管理人员以及其他核心骨干人员,共计 451 人,占公司截至 2019 年 12 月 31 日在册员工总人数 15233 人的 2.96%。所有激励对象均在公司或境内全资子公司、分公司任职,已与公司或境内全资子公司签署劳动合同、领取薪酬。

2. 限制性股票的来源

本计划采用限制性股票作为激励工具,标的股票来源为公司从二级市场回购的本公司 A 股普通股股票。

3. 价格

本计划首次授予的 A 股限制性股票授予价格为每股 8.03 元,该价格不低于《上市公司股权激励管理办法》相应价格 50% 的较高者。

4. 考核指标

本计划在 2021—2023 年的三个会计年度中,分年度对公司业绩指标、单位(部门)业绩指标和个人绩效指标进行考核,以达到考核目标作为激励对象当年度的可解除限售条件。个人当年解除限售额度 = 个人授予总量 × 当年解除限售比例 × 公司绩效系数 × 个人绩效系数。其中公司层面业绩条件,公司选取归母净利润、加权平均净资产收益率、金融科技创新投入、综合风控指标作为公司业绩考核指标。

5. 分期解锁比例

根据《激励计划》的规定,本激励计划授予的 A 股限制性股票的限售期分别为自相应授予部分股票登记完成之日起 24 个月、36 个月、48 个月。限制性股票自相应授予登记完成之日起满 24 个月后,并满足约定解除限售条件后方可开始分批解除限售。本激励计划授予的 A 股限制性股票解除限售时间安排如表 10-3 所示。

表 10-3　　　　　　　　国泰君安股权激励分期解锁比例

解除限售批次	解除限售时间	解除限售比例
第一批解除限售	自相应部分限制性股票授予登记完成之日起 24 个月后的首个交易日起至限制性股票授予登记完成之日起 36 个月内的最后一个交易日当日止	33%
第二批解除限售	自相应部分限制性股票授予登记完成之日起 36 个月后的首个交易日起至限制性股票授予登记完成之日起 48 个月内的最后一个交易日当日止	33%
第三批解除限售	自相应部分限制性股票授予登记完成之日起 48 个月后的首个交易日起至限制性股票授予登记完成之日起 60 个月内的最后一个交易日当日止	34%

2022 年 11 月 29 日,国泰君安发布了《关于 A 股限制性股票激励计划首次授予部分第一个限售期解除限售条件成就的公告》,对第一期达成条件解除限售的相关情况进行了说明。

附件　东方证券通过 OTC 系统办理员工持股计划的工作创新

如何便捷地实施公司 H 股员工持股计划，一直是萦绕在项目负责人头脑中的一个问题。先后与公司的托管业务总部、汇添富基金、东方证券资管等沟通，也没有得到很好的解决方案。然而，公司场外市场业务总部联系到我们并介绍了他们的 OTC 系统具有办理员工参与员工持股计划的开户、认购、查询、预约赎回、赎回等功能。经过双方沟通该系统是完全可行的，而且高效便捷，真是"山重水复疑无路，柳暗花明又一村"。

（一）为什么通过 OTC 系统办理员工持股计划

公司自 2015 年起具有证券公司柜台业务试点资格，即具备登记结算的法定资质。员工持股计划，其"产品展示、合同签署、金额认购、划款、份额预约赎回、份额赎回、转让"等客户端基本需求，以及"客户份额登记、净值交互、数据分析"等管理端需求，公司的场外系统均可以给予支持。

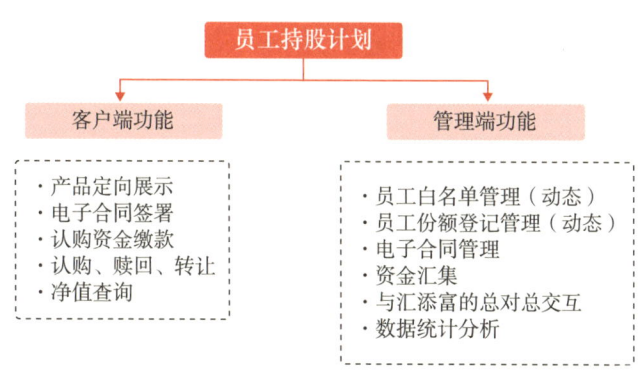

图 10-3　通过 OTC 系统办理员工持股计划示意图

通过 OTC 系统办理员工持股计划，具有以下优势。

1. 提升员工认购体验

（1）合同签署电子化。免去纸质合同签署的烦琐。

（2）资金划付线上化。认购时一步式缴款，免去银行转账操作。

（3）持仓查询便捷化。认购前可查看产品信息；认购后可关注持仓及产品净值。

2. 提升持股计划管理效能

（1）项目管理系统化。持股项目涉及的员工认定、合同签署、资金划付、份额登记均实现系统化，减少手工管理的烦琐，同时也有利于降低手工操作风险。

（2）数据交互自动化。建立与汇添富的交互机制，搭建汇添富与持股员工之间的桥梁，实现"汇添富—东方—员工"的传导机制。

（二）员工操作流程

员工通过东方赢家 APP 操作员工持股计划的购买、预约赎回、赎回、转让、查询等。具体流程如图 10-4 所示。

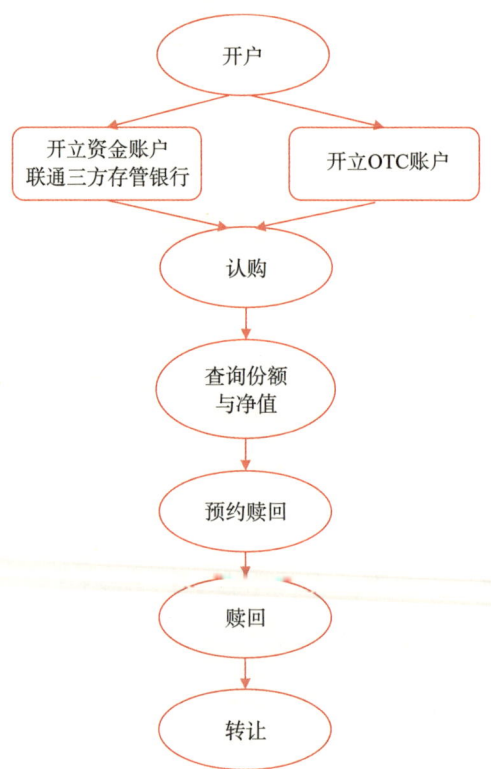

图 10-4 员工操作流程示意图

1. 开户

开立资金账户，联通三方存管银行，将购买资金转入资金账户。

开立 OTC 账户，购买成功后用于存放员工持股计划份额。

2. 认购

线上签署员工持股计划相关协议，输入认购金额，完成购买操作。

3. 查询

可查询购买的员工持股计划的份额、净值。

4. 预约赎回

在员工持股计划的预约赎回期，输入预赎回份额，完成预约赎回操作。管理人会根据您的预约赎回份额，准备赎回资金。

5. 赎回

在员工持股计划的开放赎回日，输入赎回份额（实际赎回份额不可超过预约赎回份额），完成赎回操作。赎回款将在 N 个工作日内，自动返回员工资金账户。

6. 转让

如有需要，今后 OTC 系统还可提供员工持股计划份额的内部转让功能。

从实施效果来看，通过公司场外市场业务总部提供的 OTC 系统，来实施员工持股计划，是相当便捷和高效的，完全达到了预期的目标。通过这一创新型运用，场外市场业务总部将通过 OTC 系统实施员工持股计划的服务，也拓展到其他上市公司实施员工持股计划的服务中。

第十一章　建立中外合资企业

一、中外合资企业概述

中外合资是我国经济对外开放初期最主要的经济合作方式之一。根据中国商务部公布的统计数据，截至 2019 年 12 月，中国累计设立外商投资企业 1001635 家。其中，外资企业数量 586795 家，占全部外商直接投资企业的 58.6%；中外合资企业 352076 家，占比 35.2%；中外合作企业 61089 家，占比 6.1%。

中外合资企业，指依照中国有关法律在中国境内设立的外国公司、企业和其他经济组织或个人与中国公司、企业或其他经济组织共同举办的合营企业，即两个以上不同国籍的投资者，根据《公司法》和《企业法人登记管理条例》的规定共同投资设立，共同经营，共负盈亏，担当风险的有限责任公司。中外合资企业可以吸引外资，学习外国先进管理理念和技术，带动我国经济的全方面发展，同时为走向国际化奠定基础；外资企业通过合资，可以进入中国市场，或利用中国优势生产产品，减少风险、互惠互补。

二、我国证券业对外开放进程

根据 WTO 规则要求和我国金融行业对外开放进程，为了保护我国民族证券业的发展，中国证券业是一个逐渐放宽外资进入、渐进式对外开放的过程。表 11-1 罗列了各个阶段我国允许外资参股证券公司的持股比例，持股限制从不超过 33.33% 到 49%，再到 51%，最后是完全取消持股比例限制。

表11-1　　　　　　　我国证券业对外开放进程

时间	证券业对外开放政策演进
2002年6月1日	发布《外资参股证券公司设立规则》规定，境外股东持股比例或者在外资参股证券公司中拥有的权益比例，累计（包括直接持有和间接持有）不得超过1/3。境内股东中的内资证券公司，应当至少有一名的持股比例或在外资参股证券公司中拥有的权益比例不低于1/3
2012年8月	《关于修改〈外资参股证券公司设立规则〉的决定》，境外股东持股比例或者在外资参股证券公司中拥有的权益比例，累计（包括直接持有和间接控制）不得超过49%。境内股东中的内资证券公司，应当至少有1名的持股比例或者在外资参股证券公司中拥有的权益比例不低于49%
2018年4月	证监会发布实施《外商投资证券公司管理办法》，对外资持股比例限制做出重大调整，首次允许合资证券公司的外资持股比例最高可达51%
2020年4月1日	正式取消证券公司外资股比例限制

在我国证券业上述对外开放政策的指引下，如何利用外资促进中国证券业发展、外资如何采取合理的方式，进入中国证券服务业，也是一个渐进发展的过程。在这个过程中，中外合资作为最主要的方式，不断实践和演化。表11-2罗列了我国中外合资投行的发展演进历程。

表11-2　　　　　　　我国中外合资投行发展演进

设立			变动		
名称	时间	股权结构	时间	股权变动	现名
中金公司	1995年7月	建行42.5%，摩根士丹利35%	2011年11月	摩根士丹利向其他方转让股权退出	中金公司
华欧国际	2003年	湘财证券66.7%，里昂证券33.3%	2007年	华菱钢铁（湘财证券大股东）收购湘财证券持股，以其持股入股财富证券	财富里昂证券
			2014年	上海华信国际集团全资收购	上海华信证券
			2020年	因华信证券违规被甬兴证券收购	

续表

名称	设立		变动		现名
	时间	股权结构	时间	股权变动	
长江巴黎百富勤	2003年	长江证券66.7%，法国巴黎银行33.3%	2007年	长江证券收购法国巴黎银行持股33.33%	长江证券承销保荐
海际大和	2004年9月	上海证券67%、日本大和证券33%	2014年9月	上海证券收购外方33%股权	海际证券
			2016年	中天金融集团收购	中天国富证券
高盛高华	2004年12月	北京高华证券67%、高盛33%	2020年	高盛通过收购成为全资股东	高盛高华证券
瑞银证券	2006年	瑞士银行持股20%	2018年11月	瑞士银行控股51%	瑞银证券
			2022年3月	瑞士银行控股67% 北京国资33%	
瑞信方正	2008年10月	方正证券66.7%，瑞士信贷33.3%	2020年6月	瑞信单方增资。增资后持股51%，方正证券持股49%	瑞信证券（中国）
中德证券	2009年7月	山西证券66.7%，德意志银行33.3%	暂无变动		
华英证券	2011年4月	国联证券66.7%，苏格兰皇家银行持股33.3%	2017年9月	国联证券收购外方33.3%股权	华英证券
第一创业摩根大通	2011年5月	第一创业证券66.7%、摩根大通33.3%	2017年7月	第一创业收购外方33.3%股权	第一创业证券承销保荐
摩根士丹利华鑫	2011年6月	华鑫证券66.7%，摩根士丹利33.3%	2016年9月	华鑫向外方转让15.67%股权	摩根士丹利证券（中国）
			2019年11月	华鑫向外方转让2%股权	
			2021年7月	华鑫向外方转让39%股权	
			2022年上半年	摩根士丹利单方增资。增资后持股94.06%，华鑫持股5.94%	
东方花旗	2012年7月	东方证券66.7%，花旗33.3%	2020年	东方证券收购花旗33.3%持股	东方证券承销保荐

综合来看，中外合资投行是过去 20 年我国证券业对外开放政策的产物。在特殊的历史阶段，对中外股东来说，通过合资投行这种形式基本实现了投行合资的初衷，中方股东通过合资在一定程度上学习借鉴了外方的投行经验，外方股东通过合资提前介入中国市场业务。在外资进入限制政策取消的情况下，有的合资投行又回归中资全资，有的合资投行被外资全资或控股收购。

案例　东方投行合资

为了推进上海国际金融中心的建设，促进东方证券投资银行业务的发展，在上海市金融服务办公室的指导下，2010年年初，东方证券与花旗签署了保密协议，并于当年上半年进行了三次投行合资的会谈。图11-1为2011年会谈场景。

图11-1　2011年3月10日，中外双方在东方证券老楼28楼会议室进行合资谈判

在当时外资只能通过合资而且出资不超过33%的政策下，外方希望通过设立合资投行，进入中国市场。当时已经成立并实现业绩的合资券商有7家，其他一些券商的投行合资相继获批或处于会谈中，设立中外合资券商的进程进一步加快。

当时花旗的意图，是参照过往几家合资投行的架构进行合资。但我方总结分析认为，过往的合资投行发展的都不是太好，主要原因是中外双方的管理冲突、管理决策效率较低、合作文化冲突等。为此我方坚持要避免这些问题的产生，通过合资的制度性安排，打造一家不一样的合资投行。因为上述分歧，期间谈判也曾停止了近半年时间，之后在各方的协调下，终于达成了战略合作以及投行合资协议。这为东方合资投行后来较好的发展，奠定了制度性基础。

（一）战略合作、投行合资的基本情况

经过近一年半的谈判，东方证券与花旗集团就战略合作与投行合资达成了共识。2011年6月1日，时任董事长潘鑫军带队与花旗集团、花旗亚洲在美国纽约花旗集团总部签署了东方证券与花旗集团的战略合作及投行合资协议（见图11-2）。

图11-2 2011年6月2日在美国纽约举行三方战略合作及投行合资协议的签约仪式

1. 投行合资

东方证券将投入投资银行的整个团队和现有业务，和花旗集团共同在上海设立一家合资投行。合资投行的名称暂定为"东方花旗证券有限公司"，注册资本8亿元，东方证券出资2/3，花旗亚洲出资1/3。计划在2011年6月底将设立合资投行的申请材料上报中国证监会，争取尽早获得批文。

2. 公司层面的战略合作

在公司层面，东方证券和花旗将在证券研究、QFII&QDII、人才培养等领域进行深入的战略合作。

(二) 为什么与国际投行进行合资合作

人们不仅要问，花旗集团和东方证券为什么在那个时候共同设立一家合资投行呢？从花旗集团来讲，进入全球最具吸引力的中国证券市场，对其延伸核心客户服务链条、培育新的业务增长来源乃至维持其全球市场地位都具有重要意义。从东方证券的角度来说，具有以下几个原因。

1. 与国际投行合资，符合市场的发展趋势

当时已经成立并实现业绩的合资券商有7家，分别是中金公司、中德证券、瑞银证券、财富里昂、瑞信方正、海际大和以及高盛高华。2010年年底，华英证券、摩根士丹利华鑫证券、第一创业摩根大通等3家合资券商相继获批，其他一些券商的投行合资尚处于会谈中，表明设立中外合资券商的进程进一步加快。所以，东方证券和花旗集团的投行合资时机是非常恰当的。这是东方证券2010年在香港设立分支机构之后，公司国际化发展的又一重要步伐。

2. 与国际投行合作，是快速提升投行竞争力的举措

公司通过市场化机制改革，进一步加强团队建设和业务拓展，投行业务取得了长足的发展，行业排名和市场影响力显著提升。2009年，投行业务收入（协会口径）达到3.2亿元，IPO融资额排名第4，股票融资额排名第8。2010年，投行业务收入达到3.09亿元，股票及债券承销金额排名第24。但我们应该看到，投行业务与第一梯队还有一定差距，品牌影响力仅限于区域市场，有待进一步提升。

东方证券投行通过与花旗集团的合资，有利于促进投行运作机制的国际接轨，学习国际投行在产品设计与定价、市场销售、客户服务、风险管理等方面的先进技术与经验。特别是全球领先投行所具备的成熟市场经验、全面的专业解决方案能力、全球性的客户资源及品牌影响力，能够对东方证券投行业务实现跨越式增长提供有力的支持：如在大型项目方面的优势；债券业务方面优势（花旗连续多年全球债权融资排名第一）。

3. 有利于客户开发，特别是抓住国际板推出的业务机会

一方面，花旗中国银行在中国具有3000多家大型企业客户、1500多家中小企业客户，随着这些客户的成长，很多会在本地股票及债券市场寻求资本市场融资或并购服务。花旗承诺将客户的要求提供给合资投行，共同开发投行业务。

另一方面，随着经济全球化和资本市场国际化，当时上交所也在作设立国际板方面的探索，但我们在这方面缺乏国际客户资源或足够的国际业务经验。通过合资，可以发挥花旗集团在国际板业务、跨境并购业务方面的资源与经验优势，获得新业务的发展空间。如许多对国际板有兴趣的外国公司已经是花旗现在的客户，花旗还向80%以上的财富500强企业的中国子公司提供服务，花旗承诺将这些国际性客户推荐给合资投行。

（三）东方证券的合资投行有什么特点和不同

有的同志可能会问，除中金是个特例外，现有的合资投行发展得并不尽如人意，我们的合资投行能成功吗？为此，我们在谈判中，充分吸取了现有合资投行的经验教训，我们的合资投行，与其他合资投行在以下诸多方面是有很大不同的，这是确保东方证券合资投行成功的关键。

1. 我们的合资是强强联合

从东方证券来看，投行业务基础超过先前任何一家进行合资的券商。山西证券、方正证券、国联证券、华鑫证券、第一创业证券在合资时的投行业务基础，相对不如东方证券的的投行业务基础那么好。

花旗集团作为全球卓越的金融服务公司，在资本市场承销和并购领域是领先的投资银行，有在亚洲以至全球主导大型复杂项目的丰富经验。在过去5年中，花旗集团已帮助中国企业从国际资本市场募集到400多亿美元，包括2010年参与主导的9家中国企业的海外IPO项目。花旗还设有花旗银行（中国）有限公司，参股上海浦东发展银行、广东发展银行，具有中国业务的良好经验。

所以说，东方证券与花旗集团的合资是全新的强强联合。

2. 合资双方经历谈判的磨合，体现出了诚意

双方的合资谈判历时一年半。虽然谈判有些艰苦，但有利于双方的相互理解与磨合。通过反复沟通，双方相互了解了合资的愿景与目标，沟通了对合资投行经营管理的思想与文化；通过尽职调查，对各自投行业务的经营运作有了更多的相互了解。虽然一年半的谈判时间有点长，但我们认为花这一年半时间很值得，在事前把功课做足，这无疑是有利于合资投行设立后的经营发展。

通过长期的交流接触，我们感受到了合作的诚意。2011年6月1日，双方签约时，时任花旗集团CEO潘迪特、COO海文斯、花旗机构客户部证券和银行业务的首席执行官James A. Forese、花旗环球银行业务部主管Raymond McGuire、花旗亚太区主席章晟曼、花旗亚太区CEO卓曦文、花旗亚太区环球银行业务部主管范尔翰等10余人出席，表明虽然花旗对投行合资的投资额不大，但很重视。

在当时的会谈中，双方均表示，要将东方花旗建设成为一家成功的合资投行，挤身行业的前列。花旗集团CEO潘迪特还表示，将集花旗集团的资源全力支持合资投行的发展。

3. 保持管理、机制的稳定，坚持员工利益最大化

我们的合资投行，在吸取合资投行发展经验教训的基础上，保持管理和机制的稳定，保持现有投行的经营决策效率，并以此为基础进行优化；坚持员工利益的最大化。

根据协议安排：董事会由5名董事组成，公司提名其中的3名董事。东方证券将提名、推荐或委派董事长、财务总监、董事会秘书。花旗将提名合规总监以及一位负责国际板或并购或债券业务的副总裁。根据公司的决定，将由时任东方证券董事长潘鑫军出任合资投行的董事长，时任东方证券投行负责人马骥出任合资投行的CEO。这种机制的安排，保证了公司的经营管理延续原有的体制和机制，花旗也承诺在架构、业务运作、机制等各方面，除

非我方提出调整意见,都可维持现有形态不变,业务、管理的延续性将有充分的保障。

我们的合资投行充分注意员工利益的保护。合资投行将全部接受公司的投行团队。为了保护员工利益,我们在协议中特意加了一条:各股东同意,自成立日起最初 2 年内,公司的薪酬制度(包括奖金或利润分享计划、激励计划、退休福利计划和任何其他员工福利计划)将由首席执行官根据东方证券目前采用的制度制订,且将不时根据公司的业务计划和策略以及市场定位予以调整和优化,以确保具有竞争力。因此,合资公司的机制将向更加市场化、更有竞争力的方向进行调整。

(四)以积极姿态迎接合资,用实际行动投入合资投行发展

员工个人职业的发展,最重要的是一个平台,东方花旗证券是为投行员工着力打造的一个更高、更好的平台。国际化是中国证券业发展必然经历的阶段。这要求从业人员调整心态,用积极的姿态来迎接合资。合资公司必须吸收国际投行的先进经验,这个需要大家从心态上、行动上做好充分的准备。总之,希望我们共同努力,对公司来说,迈好东方证券投行合资的步伐,实现一流投行的发展目标;对员工来说,实现向国际化投行人才的转型。

(五)合资投行的发展情况

2012 年 8 月,东方证券与花旗方合资设立的合资投行东方花旗证券正式开业。

在人员方面,花旗向合资投行委派了一名副总裁,负责投行的国际业务和创新业务。此外,还委派了一名合规总监和一名财务专员。

合资投行的工作理念、工作机制方面,更加吸收借鉴国际投行的优秀工作经验。

在人才培养方面,东方花旗证券的员工有机会进入花旗进行相关的专业培训。

在业务的相互推荐方面，花旗有关客户在中国境内的投行业务，推荐给东方花旗来开展，有关客户在中国境外的业务，推荐给花旗来开展。

综合来看，东方花旗证券在从2012年下半年到2019年年末合资的发展过程中，取得了较快的发展，各项主要业务指标进入了合资投行的前列。合作中外双方的融合，还是比较好的。

（六）花旗退出合资投行

随着中国证券业的进一步对外开放，2018年4月中国证监会正式发布《外商投资证券公司管理办法》。办法修订内容主要涉及五个方面。一是允许外资控股合资证券公司。二是逐步放开合资证券公司业务范围。允许新设合资证券公司根据自身情况，依法有序申请证券业务，初始业务范围需与控股股东或者第一大股东的证券业务经验相匹配。三是统一外资持有上市和非上市两类证券公司股权的比例。将全部境外投资者持有上市内资证券公司股份的比例调整为"应当符合国家关于证券业对外开放的安排"。四是完善境外股东条件。境外股东须为金融机构，且具有良好的国际声誉和经营业绩，近三年业务规模、收入、利润居于国际前列，近三年长期信用均保持在高水平。五是明确境内股东的实际控制人身份变更导致内资证券公司性质变更相关政策。

在此政策背景下，有的机构将合资投行的控股权转让给了外方，转变成为一家外资控股的投行；对于东方证券来说，投资银行业务是券商向客户提供综合金融服务的重要组成部分，我们不可能放弃合资投行的控股权，对于花旗集团来说，其又需要自己控股的境内证券公司，更好地主导和布局其在中国的业务发展。基于这些情况，花旗选择退出合资投行，其在东方花旗证券中持有的33%股权，由东方证券按净资产价格予以全部收购。

至此，东方证券与花旗投行合资的历史任务完成了，从合资谈判开始到退出前后共10年的时间，总体上双方都实现了各自的合资目标，共同走过了一段美好的投行合资发展旅程，值得我们去回首和记忆。

下篇 上市公司治理

第十二章 上市公司的公司治理

本章论述上市公司治理的基本问题，即上市公司应建立的治理架构和治理机制安排，来推动上市公司实现长期的可持续发展。

一、上市公司治理架构与机制

作为上市公司，需要持续健全各司其职、各负其责、协调运作、有效制衡的上市公司治理架构与机制，确保股东大会、董事会、监事会及经营管理层归位尽责。上市公司的治理架构与机制，至少包括如图12-1所示的六个方面。

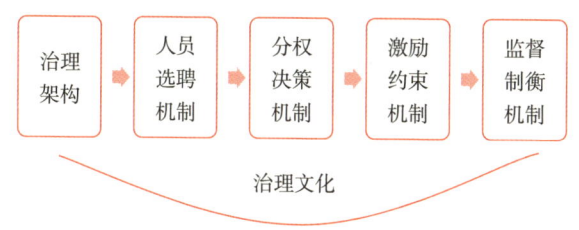

图12-1 上市公司的治理架构与机制

（一）治理架构

上市公司建立治理组织、治理层次的具体安排，受到一国经济法律环境的影响。在一个国家内的企业，建立的治理架构基本类似，只是在企业可选的部分，根据企业发展的实际需求作出细微的差别安排。建立现代企业制度是基本的方向，图12-2为我国上市公司治理架构的基本关系示意图，主要包括股东大会、董事会、监事会和经营层。对于国有企业，还需要把党的领导引入国有企业公司治理中，建设中国特色国有现代企业制度。

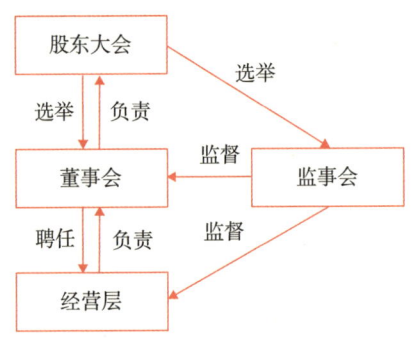

图12-2 上市公司的治理架构

（二）人员选聘机制

投资者由于出资自然而然成为企业股东，并拥有股东的相应权利；而对于董事会、监事会、经营层等治理组织，需要确定有关席位的安排，选聘具体的人员来组成。人员是否合适、组成是否合理，将极大影响相应治理组织作用的发挥。

（三）分权决策机制

股东大会是公司的最高权力机构，需要依法清晰明确股东大会职责，规范股东大会召开程序；董事会需要清晰明确董事会职责，依法提高董事会质量，规范议事程序，提高董事会的科学决策水平；经营层主要负责企业经营活动的组织开展；监事会主要履行企业的监督权。对于国有控股上市公司，公司党委（党组）主要发挥"把方向、管大局、促落实"的作用，通过双向进入交叉任职、"三重一大"事项前置审议等形式融入公司治理的相关环节。

(四) 激励约束机制

对于担任上市公司董事、监事、高管的人员，需要建立一套合理有效的激励约束机制，明确倡导什么、反对什么，使董事、监事、高管的个人利益与企业发展的长期利益相结合，能够充分调动上述各方人员的积极性，在企业经营发展中发挥各自应有的作用。

(五) 监督制衡机制

企业还需要建立董事会对经营层、监事会对公司发展的监督制衡机制，促进形成企业管理的闭环。

(六) 公司治理文化

治理文化是决定公司治理架构和机制效能的环境因素。企业需要建立和引导长期发展观；需要股东、董事、监事、经营层等之间，建立相互信任、支持、积极、向上的文化；在尊重人性的基础上，建立有效激励约束的文化以及监督和制衡的文化。

长期以来，监管部门注重上市公司治理的建设，作为提高上市公司质量的重要抓手之一。目前，涉及上市公司治理的主要法规体系如表12-1所示。

表12-1　　　　　　　　上市公司治理的主要法规

序号	生效日期	发文单位	法规名称
1	2018-09-30	证监会	《上市公司治理准则（2018年修订）》
2	2020-03-01	证监会	《中华人民共和国证券法（2019年修订）》
3	2022-01-05	证监会	《上市公司章程指引（2022年修订）》
4	2022-01-05	证监会	《上市公司股东大会规则（2022年修订）》
5	2022-01-05	证监会	《上市公司独立董事规则》
6	2022-01-05	证监会	《上市公司董事、监事和高级管理人员所持本公司股份及其变动管理规则（2022年修订）》

续表

序号	生效日期	发文单位	法规名称
7	2022-01-05	证监会	《上市公司监管指引第 3 号——上市公司现金分红（2022 年修订）》
8	2022-01-07	上海证券交易所	《上海证券交易所上市公司自律监管指引第 1 号——规范运作》
9	2022-01-07	上海证券交易所	《上海证券交易所上市公司自律监管指引第 8 号——股份变动管理》
10	2022-01-07	上海证券交易所	《上海证券交易所上市公司自律监管指南第五号——权益分派》
11	2022-01-28	证监会、公安部、国资委、银保监会	《上市公司监管指引第 8 号——上市公司资金往来、对外担保的监管要求》
12	2023-02-17	上海证券交易所	《上海证券交易所股票上市规则（2023 年 2 月修订）》

为了建立和完善公司治理机制，上市公司首先需要加强上市公司治理有关的制度建设，主要包括：《公司章程》《公司股东大会议事规则》《公司股东大会网络投票实施细则》《公司董事会议事规则》《公司监事会议事规则》《董事会专门委员会工作规则》《公司独立董事制度》《公司董事会秘书工作规则》《公司关联交易管理办法》《公司对外担保管理办法》《公司董事、监事和高级管理人员持有本公司股份及其变动管理办法》《经营班子工作办法》《经营班子考核与薪酬制度》等。这些制度为上市公司治理有效运行提供了基础保障，并需要不断修订和完善，防止公司治理制度与监管要求、上位法脱节，防止公司治理制度严重滞后于公司实际运作的情况。

二、股权结构和股东支持

（一）股权结构管理

股权管理的目标是让企业的股权结构相对合理，保持主要股东的相对稳定。企业应使真正有相应管理经验、资金实力、良好诚信、长期打算及具有自我约束能力的机构，成为公司的主要股东，做好"源头治理"。一是要避免股权的过分集中，给上市公司带来"一股独大"的弊病；二是要避免过度分散，导致内部人控制；三是要注意资本市场"野蛮人"，避免公司的控股权之争。

（二）股东名册管理

对于上市公司来说，需要充分利用好中国证券结算登记结算有限责任公司（以下简称"中登公司"）PROP系统提供的各类服务，包括获得各类股东名册、5%以上大股东持股变化短信提醒服务、董监高持股查询、证券质押/司法冻结情况查询、股本结构实时查询、限售股份数据表查询等。

（三）持股变动管理

上市公司应向公司的主要股东、董监高等人员，传导上市公司股权管理的相关规定。上述主体应在符合法律规定的情况下，围绕持股变动的事前、事中、事后这三个时间点需要注意的细节展开，同时应及时通知上市公司，做好持股变动相关的信息披露工作，避免持股变动中违法违规情形的发生。

（四）股东大会管理

上市公司应按照《公司章程》《股东大会议事规则》等规定召集、召开股东大会，确保所有股东享有平等地位，充分行使自己的权利，并及时作出上市公司股东大会决议和法律意见书公告。上市公司股东大会具体操作流程如表12-2所示。

公司的重大事项，需要股东大会的表决通过，有的需要1/2以上通过，有的需要2/3以上通过。上市公司在运作某些事项时，要充分考虑能够顺利获得股东大会的表决通过，这是上市公司推进该事项的基础，也是股东权利的体现。对于一般的议题或者一般的情形，通过的难度不是很大。在特殊情形下，上市公司也要充分关注，做好各方面的汇报沟通（拜票）工作，方能顺利获得股东大会的通过。

表 12-2　　　　　　　　上市公司股东大会操作流程

时间	事项	工作内容
T-20 日前	上市公司发布年度股东大会通知	确定公司股东大会议案、议程等内容，并披露股东大会通知公告
T-15 日前	上市公司发布临时股东大会通知	
股东大会通知公告后第二个交易日	申请网络投票服务	上市公司通过证券持有人会议投票业务系统申请网络投票服务
股权登记日前五个交易日	申请股东名册	上市公司通过中登 Prop 系统填写申请
T-7 日内	上市公司股东大会股权登记日	—
T-2 日前	上传股东名册	上市公司通过中登 Prop 系统获取股东名册，并在交易所投票业务系统上传股权登记日全体股东名册数据（T1）
T 日	股东大会现场+网络投票	15：30 前，上市公司通过投票业务系统上传会议现场投票数据；16：00 以后，从投票业务系统下载合并统计结果，并作结果公告

1. 在有主要股东回避表决的情况下，股东会表决的机制

如某上市公司在审议与大股东的日常关联交易事项时，因为大股东需要回避表决，未能获得股东大会的表决通过，给上市公司的实际运作带来了困难。该上市公司修改相应方案，在第三次提交股东大会审议方获得通过。但在股东大会通过前，该公司已经与大股东发生了日常关联交易，形成了事实性的违规，该公司以及董秘被上海证券交易所予以监管关注。

2. 在有类别股东表决的情况下，需要关注类别股东的表决

东方证券在 2021 年 5 月将 A+H 股配股方案提交股东大会表决时，需要 A 股、H 股类别股东分别表决通过。由于配股定价对 A 股是折价、对 H 股是溢价，方案对于 A 股股东、H 股股东的影响是不同的，他们在股东大会投票时可能出现不同的立场。因此我们需要特别做好 H 股股东的工作，由于 H 股

股权较为分散,公司逐一与 10 家基石股东进行汇报沟通,争取他们对公司发展的支持,最终顺利获得了类别股东大会的表决通过,为公司 A+H 股配股工作的推进奠定了基础。

(五)形成股东与公司相互尊重、相互支持的良好关系

股东是公司存在的基础,是公司最主要的利害关系人,股东需要得到企业的充分尊重。股东对企业的发展有很大的影响,企业的发展需要得到股东的大力支持。股东和企业之间,要形成相互尊重、相互支持又相互独立的良好关系。某种程度而言,这也是投资者关系工作的一部分,后续也会有专章介绍。

以东方证券为例(见图 12-3),公司具有多元化的股东类型和适度分散的股权结构,为公司良好的治理机制打下了股权基础。

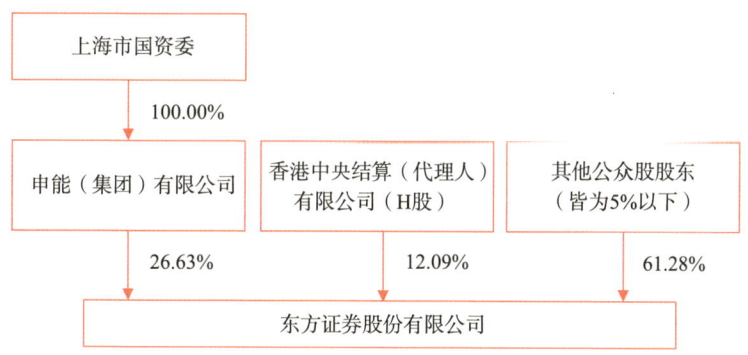

图 12-3 东方证券股权结构

公司第一大股东为申能集团,持股 26.63%,也是东方证券的上级管理单位(2016 年转入申能集团管理)。申能集团作为上海市国资委下属的全资企业,全力推动东方证券市场化发展和做优做强做大,在公司资本补充、管理团队建设和机制改革等方面给予大力支持。公司的其他股东,包括上海海烟、上海报业、中国邮政、中国证金、浙能资本、浦东金桥、上海建工等单位,也对东方证券的发展给予全力支持。

三、董事选聘与董事会的科学决策

董事会在公司治理架构中处于核心地位。董事会的主要任务是在满足公司股东和利益相关方合法利益的前提下,通过对公司的集体领导来确保公司的发展和繁荣,包括建立企业的愿景、目标和价值观,确保战略和组织架构,向管理层进行授权,履行对相关利益方的义务等四项关键任务。具体来说,上市公司董事会是公司运营的决策机构,负责定战略、建团队、做决策、防风险。定战略,就是根据企业的发展使命和愿景,研究确定上市公司中长期发展战略,并对战略实施进行有效管控。建团队就是对经营层进行选聘和考核,既充分信任和支持经营层的工作,又对经营层建立科学合理的激励约束机制。做决策,就是依法依规讨论决定上市公司重大事项,督导经营层高效执行。防风险,就是有效识别和揭示上市公司经营中的重大风险隐患,推动完善风险管理体系,防范和化解重大投资决策风险。

运行良好的董事会的特征是:使精选的有能力的董事会成员保持平衡;在董事会主席的领导下定期召开会议;具有挑战性的会议议程和保存良好的会议纪要;能形成公司的目标;集中抓好董事会的上述四项关键任务;选任新的董事,把董事能力培养和评价体系放在适当的位置。我们认为,以下因素是提升董事会治理的重要因素。

(一) 科学合理的董事结构

董事会成员构成及配置是夯实董事会组织建设的关键点,需要强调董事的专业化、多元化。一是董事人选应有能力、有时间履职行权,董事应能真"懂事"。董事勤勉履职应具有重要特征包括:战略性洞察力;决策能力;信息的分析和应用;倾听和沟通的能力;影响力;达到目的的能力。二是需要确保董事会成员专业经验的多元化和能力结构的互补性。外部董事占多数和不同利益相关者代表占董事会席位的要求,更多强调不同利益主体的多元制衡，以提升决策平衡性。

一般而言，上市公司的董事会由股东董事、内部董事（执行董事、职工董事）、独立董事等构成。股东董事是指受股东委派而兼任上市公司董事的人员；内部董事一般为上市公司内部的人员，包括专职的董事长、总经理等，有的还包括职工董事；独立董事，是指上市公司聘任的与上市公司具有独立性关系的专业人士。上市公司在选任独立董事时的主要考量因素如下。

1. 客观层面

独立董事候选人需符合监管规则中有关独立性要求以及各项任职条件，包括"不得与公司存在关联关系、利益冲突或者存在其他可能妨碍独立客观判断的情形""具有五年以上法律、经济或者其他履行独立董事职责所必需的工作经验""至少包括一名会计专业人士""连任时间不得超过六年"等要求，具体见于《上市公司独立董事规则》《上海/深圳证券交易所股票上市规则》等多项法规制度。独立董事候选人只有在上述客观履职条件全部必备的情况下，公司才会对其进一步考察。

2. 主观层面

独立董事候选人本身需有诚信、勤勉担任独立董事的意愿，并能够有充足的精力履职，切实维护公司和中小股东利益。这点需要结合候选人的从业经历，尤其是要参考其兼任其他上市公司独立董事的情况，包括但不限于按时参会情况、发表意见情况、上市公司及本人是否受到监管处罚、年度述职报告等内容，来考察其本身是否具备足够精力与工作热情参与公司事务中来。另外，作为独立董事，需要经常参与董事会决策讨论，与经营层进行有效沟通，这就要求其具备良好的沟通协调能力，尤其是担任公司审计委员会或薪酬与提名委员会主任委员的独立董事。

3. 其他层面

公司还会综合考虑独立董事候选人对于行业发展或公司经营管理是否熟悉，考虑其在本职行业的专业地位和在会计、法律、经济、金融业内的智库资源,以及尽可能常驻公司所在地等方面,统筹确定独立董事人选,确保独立董事多元化、专业化,进而助力公司发展。

(二) 具有领导力的董事会主席

董事会主席需要具有领导力,带领董事会在公司发展发挥核心引领作用,而不只是让董事会成为一个形式上的审批"橡皮图章";鼓励董事们发表专业观点和不同意见的表达;善于抓住关键问题,在不同意见中抓住有效对策;确保董事会科学和高效运转。

(三) 董事的沟通合作精神

董事要善于沟通和表达自己的专业意见;一切以有利于公司发展为目标,该坚持的时候需要坚持,该妥协的时候需要妥协。董事需要时刻关注企业发展的重大问题,展开讨论和沟通,要体现出专业性,而不是表扬式地唱赞歌,或者杠精式地反对。

(四) 提供充分详细的决策信息

董事会的决策,必须建立在对企业信息全面把握的基础上。如果公司不愿意或者不能够提供充分的信息,那么董事会的决策也很难建立在科学的基础之上。

上市公司业务范围较多,要注重增加各项传导工作和专项培训,提升董事履职能力。公司可以适时编写《董事会简报》及《行业简报》,加强董事对于公司各项业务发展及行业工作的了解;组织董事参与证券交易所上市公司董事后续培训、证监局上市公司董监事培训等,提升其履职能力。上市公司还可以组织专题调研,例如每年组织董事专项调研公司业务发展情况,包括去有关部门、子公司、生产车间实地考察业务的开展模式、发展现状、未来趋势等,帮助董事全方位地了解公司业务发展情况及企业文化建设、员工发展情况等,助力其有效履职;此外,通过安排董事(包括股东董事)担任主要子公司的董事来增强董事对公司主要业务了解和掌握，也是一种有效的制度安排。

（五）合理的董事会会议安排

董事会的会议环境应该安静舒适；给予较为充分的沟通讨论时间等。如果因为时间过紧，就会影响董事意见的发表和充分地交流沟通。

以东方证券为例，公司依法持续提高董事会质量，确保董事会科学决策。公司董事会结构合理，现由13名董事组成，其中：执行董事3名，股东董事4名，独立非执行董事5名，职工董事1名。上述董事中，外部董事（非公司内部董事）9名，形成外部董事占多数的格局。同时，充分发挥独立董事在涉及公司重大事项及中小股东利益相关事宜上的作用，加强内部制衡约束，维护公司和全体股东的利益。如图12-4所示，公司董事会下设战略发展、合规与风险管理、审计和薪酬与提名四个专门委员会，分工明确、权责分明、有效运作，其中审计委员会及薪酬与提名委员会的主任委员由独立非执行董事担任，且全部委员均为非执行董事，半数以上委员为独立非执行董事。

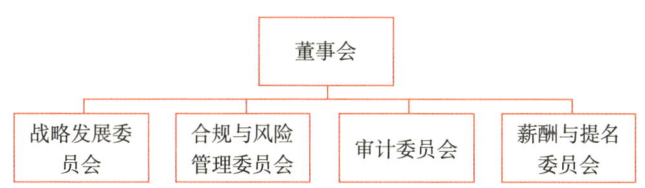

图12-4　东方证券董事会专门委员会的设置

公司董事会及下属专门委员会会议的召集、提案、召开、主持、投票和决议，符合相关法律法规及《公司章程》等制度的规定。根据上市规则要求，公司对董事会决议、独立董事意见等及时作出公告。

现代企业公司治理的核心是董事会，其承担着重大事项的决策以及对管理层的监督职能，在公司治理中起着承上启下的重要作用。如何提升董事会的科学高效运作以及推动董事更好地尽职履责，可以进一步参阅本章案例中国平安董事会秘书盛瑞生的介绍文章《提升董事履职能力优化公司治理水平》。

四、经营层选聘与激励约束

上市公司如果是创业者或者主要股权持有者,担任公司的经营层负责人,就会实现所有者与经营者的统一,在此情况下选聘和激励就不会是太大的问题。如果所有者与经营者相分离,这是一般意义上的现代企业,就会产生所有者与经营者的委托—代理问题,如何选择经营者和激励经营层,引导经营层按照董事会确定的方向,通过努力经营的行动,取得良好的企业经营成果,就会成为公司治理中的重要问题。

就一般实践来看,上市公司董事会对公司高级管理人员的管理,实施职业经理人管理模式,按照"市场化选聘、契约化管理、差异化薪酬、市场化退出"的原则进行选聘和管理。职业经理人在董事会授权范围内,以其专业的管理知识、技能和经验,帮助企业实现经营目标,从而获得个人报酬。

其中,设计科学合理的经营层激励约束机制,将对企业的发展产生重要的影响。《公司治理原则》指出,董事会成员和高管的薪酬也是股东所关心的,特别让股东感兴趣的是薪酬和公司长期绩效之间的关联性。公司往往被要求披露董事会成员和关键高管的薪酬相关信息,以使投资者能够评估薪酬计划执行的成本和收益,以及激励方案对公司绩效的贡献。管理学研究认为,管理人员的激励与公司绩效之间存在显著的正相关关系,但并不是简单的线性关系。

董事会薪酬与提名委员会负责对高级管理人员实施年度和任期考核,考核以经营业绩考核指标为主,根据岗位职责和工作分工,确定每位高级管理人员的考核内容。考核目标将对经营管理层发挥着重要的导向作用,如何使考核目标科学合理,需要董事会权衡,并在实践中不断优化。

上市公司需要加强考核结果的运用,坚持激励与约束相统一,建立与经营业绩紧密挂钩、与承担责任和风险相匹配的薪酬机制,充分发挥薪酬管理对调动高级管理人员积极性的重要作用。上市公司需要将固定薪酬、年度绩效考核奖励、任期绩效考核奖励以及中长期激励相结合，合理设定高级管理人员薪酬结构及占比，将高级管理人员收入水平与短期绩效及长期发展贡献挂钩。

对于企业的经营层，如果信任其品德、能力和带领企业发展的意愿，对于企业发展的考核可以更加长期一些、更加柔性一些，要坚定其对企业发展的信心，因为企业的发展进步，有时需要时间的积累。企业要避免对企业经营层"走马灯"式换人的境地，这对于一家企业的发展也是不利的。

以东方证券为例，团结、进取、务实、高效的高管团队和业务团队，是公司高质量发展的不竭动力。公司的高管团队对资本市场和证券行业规律，有着较为深刻的洞察，对企业发展有正确的价值观、风险观和发展观，始终坚持求真务实，按照行业规律与市场规律办事，注重高质量发展。金文忠董事长指出："将公司的经营发展作为自己的长期事业，长期扎根企业，不急功近利，坚信长期的力量，打造核心竞争优势，坚守合规风控底线，注重高质量发展，这是我们领导班子始终秉持的经营理念和政绩观，也是我们牢固树立的干事初心和创业使命。"

五、监事会的作用发挥

2020年年初，东方证券监事会工作实践案例《以有效监督促进高质量发展》入选上海市委组织部、国资委"中国特色现代国有企业制度"创新实践案例。下面结合东方证券的实践，谈谈上市公司监事会作用的发挥。

上市公司监事会最重要的功能便是监督职能，以提高上市公司质量为目标，始终秉持"到位不越位"的工作原则，明确与其他治理主体的权责边界，全力保障监事会的"知情权""监督权"和"建议权"，切实履行法定监督职责，有效形成"在监督中促进发展，在发展中加强监督"的良性工作循环，在完善公司法人治理、防范金融风险等方面发挥重要作用。

(一)深化合规风控实质性监督,确保国资国企稳健发展

防止发生系统性风险、确保资产保值增值是上市公司的重要职责。上市公司监事会应以实质性监督为原则,聚焦市场风险重点,严守合规风控底线,密切关注存量风险资产处置等重点事项,发送监督建议书并加强事后跟踪落实整改,为公司及时排查风险隐患,确保风控指标符合监管要求,助力公司经营平稳有序发展。

(二)聚焦重大财务事项及定期报告,探索财务监督有效模式

财务运行安全、高效是上市公司稳健经营的核心。监事会应当以资产负债配置、财务报告编制、资产减值计提等重要财务事项为监督抓手,重点关注定期报告中的财务指标、经营数据、风控指标、合规事项等内容,并进行跟踪分析,形成监事会重点关注事项。同时建立监事会与会计师事务所的长效沟通机制,增强监督的客观性与专业性,不断提升监事会财务监督效能。

(三)督促董事、高管履职尽责,夯实公司规范治理基础

董事、监事和高级管理人员职责明确、勤勉履职是提高上市公司质量的关键。上市公司监事会应当建立对董监高的履职评价体系,通过填写会议评价表对董监高出席会议次数、发表意见情况进行量化评价,通过建立董监高履职档案将履职监督工作进一步常态化、持续化,做到责、权、利、效相统一,并及时沟通反馈意见,实时监测实施效果,定期优化评价指标,动态调整操作流程,进而科学、独立、审慎、有效地督促董事、高管勤勉履职。

(四)强化问题导向巡视调研,力促中介机构归位尽责

上市公司监事会可以协同公司相关部门,推进公司合规管理有效性评估,促进公司提高风险意识,构筑风险管理牢固防线。同时,加强对子公司合规、风控垂直管理监督,发送监督意见并及时跟踪整改效果;侧重对相关子公司

进行专项巡视调研，督促提升执业质量，严控执业风险，全面助力上市公司整体持续健康发展。

（五）构建综合监督平台，有效形成内外监督合力。

为全面、客观开展监督工作以应对日趋复杂的行业环境和业务风险，上市公司监事会可以有效整合内外资源，强化与公司合规、风控、稽核等部门的沟通协作，并充分借助会计师事务所等中介机构力量，搭建综合监督平台，开展投资后评估等专项调研工作，并及时向董事会、经理层提出客观、严谨的监督建议，协助公司把握业务发展和风险控制之间的平衡关系，确保公司健康、规范、高质量发展。

六、公司治理的规范运行

为了确保上市公司治理的规范运行，监管部门对上市公司的"三会"运作等作出了许多规范。上市公司需要时刻注意公司治理的规范运行，以避免程序不到位、细节不规范等问题的产生。

（一）确保公司"三会一层"治理机制的落实

上市公司需要按照上述决策机制，确保各层级在各自的决策权限内，履行相应的决策程序。例如，某上市公司发生与关联人共同投资的关联交易，按理应该提交董事会审议，但实际未经审议便实施了，导致上市公司治理和信息披露违规，最终被交易所下发了监管函。

（二）注意不断修订完善公司治理的制度

实践过程中，不乏上市公司因长期不修订内部治理制度而被采取监管措施。例如，某地证监局对某上市公司现场检查时，发现"公司《股东大会议事规则》等19个制度已近10年未进行修订，公司制度已严重滞后于现有法律法规"等违规情形，最终对其采取责令改正的监督管理措施，并记入证券期货市场诚信档案。

（三）董事会召开的常见问题

董事会召开过程的问题主要见于通知时限、签字文件、表决程序、会议记录等几个方面。

1. 董事会召集程序问题

由于上市公司各类突发情况较多，有时在匆忙召开临时董事会会议时会出现召集程序瑕疵，包括召集时间、召集对象等各方面的问题，进而被监管部门所关注。董事会召集的时间，原则上要求符合《公司章程》《董事会议事规则》的时间要求。同时，一般相应规则中规定，情况紧急的，可以豁免有关通知时限的要求，这需要取得董事的同意，并做好相应的留痕。因此，即使工作再多再突然，上市公司也切忌违背董事会召集规则，切实保障所有董事的权利。

2. 签字文件问题

这类问题主要在于董事遗漏勾选或忘记签字等类型，其实属于小的工作瑕疵，相关工作人员归档时稍加注意即可避免。例如，某上市公司存在个别董事仅在表决票上签字而未勾选表决意向，但表决结果统计显示全部董事同意通过议案的情况，上述事项违反了《上市公司章程指引》和《公司董事会议事规则》的规定，被当地证监局采取责令改正的监管措施。此案例从侧面折射出不少上市公司注重签字、默认董事都是赞成的惯性思维，实践中需要注意避免。

3. 表决程序问题

此类问题最常见的情形就是董事该回避时没回避，尤其是审议与自己薪酬相关议案时。以某上市公司为例，其自2014年上市以来，在审议董事、高级管理人员薪酬事项的董事会会议、薪酬与考核委员会会议中，董事长兼总经理陈某，董事、董事会秘书周某未回避表决涉及自身薪酬的议案，不符合

《上市公司治理准则》等相关规定，最终被当地证监局采取责令改正的监管措施。因此上市公司在组织董事会议案时，建议对照监管法规和公司章程，看看是否涉及关联董事的回避问题，减少技术性错误。

4. 董事会记录不规范问题

董事会会后问题主要集中于会议记录的整理。例如，某上市公司第六届董事会审计委员会2019年第二次会议、第六届董事会第三十七次会议的会议记录中，只记录了会议内容，而未记录与会董事对前述资产减值事项提出意见相关的发言要点。上述事项不符合《上市公司章程指引》相关规定，当地证监局对其采取责令改正的监管措施。简而言之，董事会会议记录和股东大会会议记录一定需要注意按照法规要求，内容全面，切忌遗漏个别要点，减少不必要的处罚。

（四）股东大会召开的问题

1. 股东大会的提案问题

《上市公司股东大会规则》规定：单独或者合计持有公司10%以上股份的普通股股东（含表决权恢复的优先股股东）有权向董事会请求召开临时股东大会，并应当以书面形式向董事会提出。董事会应当根据法律、行政法规和公司章程的规定，在收到请求后10日内提出同意或不同意召开临时股东大会的书面反馈意见。实践中，股东大会召开主要由董事会提议，较少出现独董、监事会或者10%以上股东请求召开的情形。一旦出现特殊情形，部分上市公司往往容易触及违规红线。例如，某上市公司于2021年11月19日收到合计持股10.6%以上的3位股东发来的关于提议召开临时股东大会的函。公司在收到函件后未及时公告披露，董事会在收到相关函件后10日内未予配合，监事会于2021年12月6日收到相关函件后5日内也未予配合。最终，上市公司及时任董事长、董秘、部分董监事都被上交所予以公开谴责。

2. 董监高出席股东大会的问题

由于股东大会审议事项一般都会经过公司董事会或监事会审议，因此不少上市公司董监高在有其他工作安排时，认为自己已经知道会议内容，有时会选择不参加股东大会。然而，根据《上市公司股东大会规则》相关规定，公司召开股东大会，全体董事、监事和董事会秘书应当出席会议，经理和其他高级管理人员应当列席会议。因此，我们不难发现很多监管案例中，上市公司都因此事项而挨罚。例如，某上市公司超半数董事、监事、高级管理人员未出席、列席 2019 年 7 月至检查日之间的历次股东大会，违反了《上市公司股东大会规则》，证监局对其采取责令改正的行政监管措施。如果部分董事、监事、高级管理人员未按规定出席或列席股东大会，最好出具书面请假说明并归档备查为好。

3. 股东大会会议记录不规范的问题

股东大会记录不规范是上市公司出现较多的问题。上市公司应严格按照公司内外部法规形成会议记录，尤其需注意记载人员的完整性、记录每一提案的审议经过、发言要点。具体而言，不规范体现在签字的不及时和内容的不完善这两个方面：如一家上市公司，其 2019—2021 年的股东大会会议记录无出席监事、董秘、召集人或其代表、会议主持人等人签字，最终被监管部门采取责令改正的措施；再如另一家上市公司，其股东大会会议记录中均未记录出席会议的股东和代理人人数、所持有表决权的股份总数及占公司股份总数的比例，最终也被监管部门下发警示函。

七、上市公司 ESG 管理

ESG 是英文 Environmental（环境）、Social（社会）和 Governance（治理）的缩写，是企业关于与环境、社会和治理如何协调发展的价值观，也是一种基于这三个因素对企业非财务绩效的评估和对公司长期发展的评价标准。宏观环境、政策推动、投资推动等因素，使上市公司越来越重视做好 ESG 管理工作。本节我们结合东方证券的实践，谈谈对上市公司 ESG 管理的认识。

（一）上市公司 ESG 管理的重要意义

1. ESG 契合我国新发展理念

党的十八届五中全会明确了创新、协调、绿色、开放、共享的新发展理念。2020 年 9 月，我国在第 75 届联合国大会上正式提出 2030 年实现碳达峰、2060 年实现碳中和的目标。从本质上来说，ESG 在强调企业治理的同时，更加强调和重视企业对环境、社会的作用和影响，是一种利益相关者的企业治理观。这种治理观与我国的新发展理念、实现双碳目标等宏观环境和政策的变化与推动，是十分契合的，因此企业的 ESG 发展与管理理念越来越被重视。

2. ESG 管理有助于提升上市公司的价值

ESG 投资起源于社会责任投资，在欧美有近 100 年的历史，ESG 也与联合国可持续发展目标理念高度相符。目前，ESG 投资在世界范围内不断走向成熟并成为可持续金融的核心，ESG 已经成为投资的主流标准之一。ESG 理念不断深入，越来越多的投资者，尤其是境外机构投资者，更加关注企业 ESG 表现、信息披露以及相关风险管理情况。UN－PRI（联合国责任投资原则组织）签署机构数量从 2006 年的 80 家增加至 2022 年 9 月底的 5179 家。全球 ESG 基金的资管规模从 2019 年年末的 1.28 万亿美元增长至 2021 年年末的 2.74 万亿美元。ESG 投资的兴起，有助于推动上市公司做好 ESG 管理，成为 ESG 投资的标的，有利于提升上市公司的投资价值。

3. 上市公司实现高质量发展的重要抓手

ESG 整合了环境、社会、治理多维因素，将关注要素从传统的财务绩效为主扩展到可持续发展、公共利益和良好公司治理等领域，有助于兼顾发展的长短期目标，实现高质量发展。因此，从 ESG 角度来做好工作，成为推动上市公司实现高质量发展的抓手之一。根据中国上市公司协会的调研报告，从上市公司开展 ESG 工作驱动因素看，创造企业长期价值、提升品牌与声誉、监管机构合规要求是最主要的驱动因素。

（二）上市公司推动 ESG 管理的主要实践

1. 建立和完善 ESG 管理体系

领先的上市公司建立了公司高层深度参与、横向协调、纵向联动的 ESG 管理组织体系，在决策层面设立可持续发展委员会或 ESG 专门委员会，由董事长或总经理担任主任委员，在组织层面设立专门组织或工作小组组织协调各部门、子公司的可持续发展工作。部分公司制定完善 ESG 相关规章制度、管理机制和流程，强化 ESG 制度基础，还有公司建立 ESG 评价内部培训机制和考核机制，推动 ESG 工作落地。

以东方证券为例，2020 年对标国内外领先金融机构开展可持续发展调研，2021 年成立可持续发展专业委员会及工作小组，发布《董事会 ESG 管理声明》，同年发布《可持续发展理念》和《可持续发展规划》。这些年，东方证券全面对标国内外金融机构的先进实践，积极探索并不断提升自身的 ESG 管理工作，将推行可持续发展理念、回报社会的责任理念融入文化建设、战略规划及日常运营中。

2. 上市公司 ESG 管理的实践行动

有的上市公司立足绿色发展理念，积极响应"双碳"目标，设定本企业的"双碳"目标或作出减碳承诺、制定相应的战略规划、发布减碳行动计划，并扎实推动具体措施落地，促进高质量可持续发展。大量上市公司响应国家号召，积极支持脱贫攻坚成果巩固，为乡村振兴建设助力。

东方证券很早就建立了碳排放绩效的收集、汇总及分析体系，为计算自身碳排放打下基础；积极推动"零废弃"大楼和"零废弃"会议，通过废弃物料的回收和再生，身体力行地实践低碳行为。东方证券连续两年（2021—2022 年）获得 MSCI ESG 评级 A 级，在国内券商中保持行业领先地位，并连续 2 年入选"恒生 A 股可持续发展企业指数"。同时，东方证券一直在努力发挥"桥梁"作用，扩大金融服务对社会、环境的积极影响。2021 年，公司发布《可持续发展规划》，量化目标是"十四五"期间，通过投资、融资业务的方式引导 4500 亿元资金进入可持续发展的领域，可持续投融资年均增速不低于 9%。

3. 加强上市公司 ESG 相关信息披露工作

从制度层面来看，香港证券交易所早在 2012 年就发布了《环境、社会、管治报告指引》，并于 2019 年发布了最新修订版，对港交所上市公司披露建议全面调整为"不披露就解释"。总体而言，对于我国境内上市公司 ESG 的信息披露，尚需要出台统一的政策予以规范。

从披露实践来看，根据中国上市公司协会的调研报告，近年来 A 股上市公司 ESG 信息披露情况持续改善，上市公司更加注重以单独发布 ESG 相关报告的形式及时向公众传递企业的 ESG 管理绩效与 ESG 发展理念，强化 ESG 信息披露。截至 2022 年上半年，上市超过半年的沪深 A 股上市公司共有 4566 家，有 1431 家公司发布了 2021 年 ESG 相关报告，占比为 31.34%。

东方证券是证券行业内较早开展系统性 ESG 管理工作的券商，2015 年就发布首份《社会责任报告》，2016 年发布首份《ESG 报告》，此后每年在 A 股和 H 股都分别发布上述两份报告，全面披露公司在 ESG 方面的工作进展和成果。

案例　中国平安董事会建设[①]

现代企业公司治理的核心是董事会，其承担着重大事项的决策以及对管理层的监督职能，在公司治理中起着承上启下的重要作用。中国平安是一家受银保监会监管、于上海和香港两地上市的保险集团。公司股权结构分散，无控股股东及实际控制人，主要通过旗下成员公司开展保险、银行、投资、医疗健康等业务。中国平安所处的监管环境、外部环境、自身业务模式和管理模式都较一般公司更为复杂。因此，如何提升董事会的科学高效运作以及推动董事更好地尽职履责就显得尤为重要，这同时也是公司以及我本人作为董秘持续探索和努力的方向，现将本人近年来在工作中尝试的做法分享如下。

（一）持续优化董事会结构，提升科学高效决策水平

随着公司体量的增长和业务的延伸，对于董事会运作水平的要求亦持续提升。董事会作为公司的核心决策机构，决定了包括公司发展战略等重大事项，董事会形成的每一个决策都会对公司产生深远影响，而每一位董事作为董事会的一员，对董事会决策负直接责任。这就需要董事会的组成多元、专业，包括董事类别、董事背景甚至性别。公司也一直在探索现阶段更为合适的董事会结构，以期打造一个更加有活力、能够独立思考、专业科学的决策"大脑"。

1. 提高独董占比，打造"独立思考的智囊团"

独立董事制度是在董事会中设立独立董事，以形成权力制衡与监督的制度。近年来，公司在董事会的实际运作中关注到了两个问题：一是分散的股权结构下，公司董事会决策的科学性及独立性显得更为可贵；二是专业的独立董事团队确实能够带来专业的意见和建议。带着这样的思考，为更好地维

[①] 本案例原题目为"提升董事履职能力　优化公司治理水平"，由中国平安董事会秘书盛瑞生撰写。资料来源：中国上市公司协会，上市公司董秘履职创新最佳实践精选——中国平安。

护各利益相关方的利益，公司于 2021 年对董事会结构进行了升级，减少一个执行董事席位，新增一个独立非执行董事席位，形成执行董事、非执行董事和独立非执行董事人数为 5—4—6 的结构，独立董事达到 40% 的比例，超过上市公司独立董事人数不得少于董事会人数的 1/3 的要求。

2. 董事多元化"改进"，焕发董事会"大脑"活力

公司从董事专业背景多元化和性别多元化两个角度双管齐下，提升董事会多元化水平。在专业背景方面，考虑到公司近年来在金融科技领域的发展需要，公司董事会除了吸纳会计、金融、法律领域专家外，也选聘了一位科技及人工智能领域的学者出任公司独立非执行董事。他们具备极高的专业素养和丰富的国内外公司治理实践经验，在业界均享有较高的声誉，为公司带来"差异化的声音"。在性别多元化方面，自 2019 年至今，中国平安董事会增补了 2 名女性董事，率先将董事会的女性成员比例从 1/15 提升到 1/5，在 A 股上市公司中达到了领先水平。新任女性董事的加入，为董事会带来了更细致、稳健的思考方式，合力形成更为"平衡的视角"。

正是有了更加科学的董事会构成以及背景更加丰富的董事构成，确保了中国平安董事会能够在波澜壮阔的市场环境下保持独立性、专业性和前瞻性，为公司的高效运作打下坚实基础。

（二）提升董事履职能力，襄助董事发挥"光与热"

拥有优秀的董事资源不代表必定能够运用好董事资源，如何协助董事高效履职，充分施展其才能和智慧，是本人作为中国平安董事会秘书一直着重探索的课题。自任职以来，本人一直致力于协助董事长搭建公司与董事，特别是与外部董事之间的双向沟通机制，帮助董事第一时间掌握公司经营管理情况，并能够及时就发现的问题与公司管理层进行顺畅的沟通，确保董事在全方位掌握公司信息的基础上，经过充分酝酿、沟通形成决策意见。

1. 做好"信息传递者"，确保双向沟通渠道顺畅

这里的传递，指的是双向传递。每月将公司的重大信息、行业信息、外

部分析师报告和监管政策解读等材料"带给"董事，使董事们可及时获取公司信息及外部资讯。同时将外部董事们关心的问题"带回"公司，督促公司就外部董事关心的议题提供专题汇报。本人作为董事会秘书，列席董事会及下设各个专业委员会历次会议，密切关注董事们在董事会及各专业委员会举办期间关注的公司创新发展战略、市场案例、合规问题、业务经营情况、监管政策等问题，并第一时间联络公司管理层等相关负责人进行专题汇报。例如，公司管理层今年来多次向董事们汇报金融科技前沿、医疗健康生态战略、绿色金融工作等专题报告，尽力为董事们答疑解惑。如此，董事们便能及时了解决策所需的必要信息，而公司也可知悉并处理董事的关切所在。

2. 做好"落地推动者"，确保董事会决策得到贯彻执行

董事会的决策往往是"上层建筑"，是否在业务一线得到贯彻或执行则需要定期检视。平安董监事履职的一大特色便是一年一度的独立董事联合监事会机构考察，考察的重点在于了解公司各项政策的执行情况以及各级机构员工对公司的意见及建议，并会于考察结束后，将重点问题以及基层员工的心声向公司各级管理层进行反馈，督促管理层对有关问题逐一回复，落实并形成书面反馈报告报董事会、监事会。

3. 做好"文化守护者"，营造良好的履职氛围

独董能否在董事会充分贡献其专业力量，是由不同的董事会文化决定的。在本人看来，独董是公司治理结构优化的推动者、是公司规范经营的监督者、更是中小投资者利益的保护者，董秘应该协助独董将这几个角色充分发挥。

中国平安历来推崇打造开放性的董事会文化，作为董事会秘书，也始终守护着这样的文化，致力于协助董事会为各位独董营造一个充分探讨、畅所欲言、乐于分享、互尊互信的文化氛围，让外部董事们不仅能够"走近公司"，还要能够"走进公司"；不仅敢于"审视公司"，还要敢于"评说公司"。在重大决策事项上，尤其是涉及重大战略、发展方向性的议案，我会提前邀请独董从其自身的专业和工作经验出发，发表专业的意见和建议，从多维度提出观点和思路。例如在正式召开董事会审计与风险管理委员会之前，

我会安排一场预沟通会,探讨独董关注的阶段性问题;审计与风险管理委员会正式会议则视议题情况安排一整天的时间,供独董充分讨论。

4. 积极组织各项培训,助力提升董事履职能力

为提升董事履职能力,本人主动就最新的监管政策解读、履职要求、行业专业知识等内容组织董事们进行培训,每年度的培训学时往往高于监管要求的基本学时,协助董事,尤其是独立董事,提升履职所需的基本知识和技能。例如,在2021年年度董事会上,公司就董事们感兴趣的"偿二代"及保险精算等行业知识举办了相关培训,使新任董事能够尽快对公司所在行业的监管规则形成认知。

以上为本人为提升董事履职能力,优化公司治理水平所进行的尝试。本人始终认为,均衡的董事会结构,是公司治理的基本盘;专业背景多元化、高素质的董事团队,是公司治理的宝贵资源;运用适当的治理手段将宝贵的资源发挥出价值,方能促进公司治理基本盘的全面提升。在未来的治理工作中,本人还将继续总结探索,时刻遵循国内外监管要求、对标国际标准,继续传承中国平安"专业,让治理创造价值"的理念,推动公司治理结构进一步的优化升级,让治理持续为公司的高质量发展创造价值。

附件 二十国集团/经合组织《公司治理原则》（2015年修订版）

二十国集团/经合组织《公司治理原则》（G20/OECD Principles of Corporate Governance）自 1999 年首次发布以来，于 2004 年和 2015 年分别进行修订，已成为全球范围内政策制定者、投资者、公司以及其他利益相关者的国际基准。

《公司治理原则》旨在帮助政策制定者评估并完善公司治理的法律、监管和制度框架，以保障经济效率、可持续发展和金融稳定。实现这一目标的主要方式是给予股东、董事会成员、高管以及金融中介机构和专业服务机构正确的引导，使其在分权制衡框架内履行各自职责。公司治理涉及公司管理层、董事会、股东和其他利益相关者之间的一系列关系。

（一）确保有效公司治理结构的基础

公司治理结构应促进市场的透明度、公平性以及资源的有效配置，遵循法治原则，为有效的监督和实施提供支持。

1. 公司治理结构的构建，应着眼于其对于整体经济运行的影响，着眼于市场完整性及其对市场参与者的激励，着眼于提升市场的透明度和市场功能的良好发挥。

2. 影响公司治理实践的相关法律和监管要求，应当和法律法规保持一致，并且是透明和可执行的。

3. 应明确划分不同管理主体的职责，且应确保服务于公共利益。

4. 证券交易所的监管行为应为有效的公司治理提供支持。

5. 监督、管理和执行机构应当拥有相关的权力、操守和资源，以专业、客观的方式行使职责，且对他们的决定给予及时、透明和充分的解释。

6. 应当增强跨境合作，通过双边及多边安排促进信息交换。

(二) 股东权利及公平对待和关键所有权功能

公司治理结构应保护和促进股东行使权力，确保全体股东的平等待遇，包括少数股东及境外股东。在股东权利受到侵犯时，应保障全体股东均有机会获得有效救济。

1. 股东的基本权利，包括：

（1）安全的股权登记办法；

（2）转让或者过户股份；

（3）及时、定期地获得公司相关的重大信息；

（4）参加股东大会并参与投票表决；

（5）选举和罢免董事会成员；

（6）分享公司利润。

2. 股东有权获得充分信息和参与涉及公司重大变化的决策，这些重大变化包括：

（1）公司章程或其他公司治理文件的修改；

（2）授权增发股份；

（3）重大交易，包括转让全部或大部分资产的交易。

3. 股东应有权参加股东大会并行使投票权，应该被告知包括投票程序在内的股东大会的有关规则。

（1）股东应当及时收到并充分被告知关于股东大会召开的日期、地点、议程等信息，也包括会议将要作出决定事项的全部信息。

（2）股东大会的流程和程序应兼顾所有股东的公平对待。公司程序不应造成不合适的投票困难或成本过高。

（3）股东有权在合理范围内，向董事会问询包括年度外部审计在内的问题，在股东大会中提出议案、提议决议事项。

（4）应当促进股东有效地参与重要的公司治理决策，如提名和选举董事会成员。股东应能使他们的意见得到实施，包括在股东会上的投票权，以及在董事会成员及高管人员的薪酬政策上得到反映。董事会成员及员工的股权补偿计进应当经过股东批准。

(5) 股东应能亲自或由代理人投票。不论是亲自还是代理投票，都应具有同等的效果。

(6) 应当消除跨国投票障碍。

4. 应当设置一定的股东权利，使得包括机构投资者在内的股东，能就本原则中所界定的股东基本权利有关的事宜进行相互协商。但为防该等权利被滥用，其应受规定约束。

5. 同类同级的所有股东都应享有同等待遇。对于特定股东获得与其股票所有权不成比例支配力或控制权的资本结构和安排，应当予以披露。

(1) 同类别的任何股份，均享有相同的权利。所有投资者在购买股份之前，都应能够获得附带于各类股份享有权利的信息。经济权利或投票权的任何变动，都应获得受不利影响的那些类别股份持有者的同意。

(2) 资本结构和控制安排的披露必不可少。

6. 关联交易的批准和执行，应当确保对利益冲突进行适当管理，并以保护公司及其他股东利益的方式进行。

(1) 关联交易中内在的利益冲突应当予以设法解决。

(2) 董事会成员和关键高管应当按照规定向董事会披露，他们是否在任何直接影响公司的交易或事务中有直接、间接或代表第三方的实质性利益。

7. 少数股东利益应当受到保护，不受控股股东直接或间接滥用权力的侵害，并且应当提供有效的救济手段。滥用自我交易应当予以禁止。

8. 应允许公司控制权市场以有效和透明的方式进行。

(1) 有关资本市场中公司控制权收购，较大比例公司资产的出售、以及兼并的特别交易的规则和程序，都应清楚详细并予以披露，以使投资者理解自己的权利和追索权。交易应在价格透明和公平条件下进行，以使各类股东的权利都受到保护。

(2) 反收购工具不应当成管理层和董事会规避责任的庇护工具。

（三）机构投资者、证券交易所和其他中介机构

公司治理架构，应当在投资链的整个环节和股票市场中提供健全的激励措施，促进良好的公司治理实践。

1. 机构投资者，作为受托人，应当披露他们投资相关的公司治理及投票政策，包括使用投票权的相关程序。

2. 存管人或代理人应按照股份受益人的指示进行投票。

3. 作为受托人，机构投资者应当披露他们如何管理可能会影响投资项目所有权行使的重大利益冲突。

4. 公司治理结构应当要求投票顾问、分析师、经纪商、评级机构以及为投资人决策提供分析或建议的其他人员，披露并将其可能会损及其分析或建议公正性的利益冲突降到最低。

5. 内幕交易和市场操纵应当予以禁止，适用的规则应当予以执行。

6. 对于在创立地以外司法管辖区上市的公司，应当明确披露其适用的公司治理法律和法规。在交叉上市的情况下，关于识别第一上市地上市要求的标准和程序，应当透明并明文规定。

7. 证券交易所应当提供公平高效的价格发现功能，成为改善公司治理的方式。

（四）利益相关者在公司治理中的作用

公司治理结构应承认利益相关者合法拥有或通过双方协议而确定的权利，并鼓励公司与利益相关者之间在创造财富、促进就业以及企业财务的稳健等方面进行积极合作。

1. 利益相关者依法取得或通过双方协议而确定的各项权利，应该得到尊重。

2. 在利益相关者的利益受法律保护的情况下，当其权利受到侵害时，应当有机会获得有效救济。

3. 员工参与机制应该得到完善。

4. 在利益相关者参与公司治理程序的情况下，他们有权定期并及时地获得相关的、充分的、可靠的信息。

5. 对于违法或不符合职业道德行为的关注，利益相关者（包括个体员工及代表团体）可以向董事会以及主管政府机构自由地表达他们的担忧，其权利不应受到制约。

6. 公司治理结构应当得到有效的破产制度和债权人权利执行机制作为补充。

（五）信息披露与透明度

公司治理结构应确保及时准确地披露公司所有重要事项，包括财务状况、经营状况、股权结构和公司治理。

1. 应披露的实质性信息包括但不限于：

（1）公司的财务和经营成果；

（2）公司目标和非财务信息；

（3）主要股权（包括权益所有人）和投票权；

（4）董事会成员和关键高管的薪酬；

（5）关于董事会成员的信息，包括其任职资格、选任流程、兼任其他公司董事以及董事会对其独立性的认定；

（6）关联交易；

（7）可预见的风险因素；

（8）关于员工和其他利益相关者的事项；

（9）治理结构和政策，包括任何公司治理准则和政策的内容，以及其执行流程。

2. 应根据高质量会计、财务和非财务报告标准，编制并披露信息。

3. 年度审计应由独立、称职和有任职资格的审计机构，按照高质量的审计标准进行，确保向董事和股东提供客观的外部审计报告，即财务报告在所有重要方面均公允地反映了企业的财务状况和经营成果。

4. 外部审计应向公司股东负责，在审计中对公司负有职业审慎责任。

5. 信息传播渠道应能使得相关的信息需求者能够平等、及时、低成本地获取信息。

（六）董事会责任

公司治理结构应确保公司的战略指导地位，确保董事会对管理层的有效监督，确保董事会对公司和股东的责任。

1. 董事会成员应在充分知情的基础上，诚意、尽职、谨慎地开展工作，最大程度地维护公司和股东的利益。

2. 当董事会决策可能对不同股东团体造成不同影响时，董事会应当公平对待所有股东。

3. 董事会应当采用严格的职业道德标准，应当考虑利益相关者的利益。

4. 董事会应当履行特定的关键职能，包括：

（1）审议和指导公司的发展战略、重要的行动规划、风险管理政策和流程、年度预算和经营计划；设定经营目标；监督战略实施和公司绩效；并审查重要的资本开支、收购和出售。

（2）监督公司治理实践的有效性，并在必要时加以调整。

（3）选任、补偿、监督和在必要时替换关键高管，并监督继任计划。

（4）使关键高管和董事的薪酬与公司和股东的长期利益保持一致。

（5）确保董事会成员的正式透明的提名和选举流程。

（6）监督和管理管理层、董事会成员和股东间的潜在利益冲突，包括滥用公司资产和关联交易。

（7）确保公司会计和财务报告系统（包括独立审计）的完整性，并确保拥有合适的内控系统，特别是风险管理系统、财务和经营管控和合规系统。

（8）监督披露和沟通的流程。

5. 董事会应当有能力对公司事务进行客观的独立判断。

（1）董事会应当考虑指派足够数量的、有独立判断能力的非执行董事，负责存在潜在利益冲突的任务。这类重要的任务有：确保财务和非财务报告的完整性、审核关联交易、提名董事会成员和关键高管、制度董事会薪酬政策。

（2）董事会应当考虑设立专业委员会，以支持全部董事会成员履行职责，特别是在审计方面、风险管理领域和薪酬领域。如果要设立专业委员会，董事会需要制定并披露专业委员会的任期、人员组成和工作流程。

（3）董事会成员应能有效地承担其职责。

（4）董事会应当定期开展评估，对自身的绩效做出评价，并评估其是否具备合适的专业背景和竞争力。

6. 为了履行其职责，董事会成员应有权获取准确的、相关的、及时的信息。

7. 如果在董事会中设置职工董事是一项强制规定，应当制定促进职工代表知情权和培训权的机制，以便职工董事有效地履行职责，最大程度地促进董事会提高技能、知情权和独立性。

（资料来源：OECD 网站英文翻译。）

第十三章　上市公司信息披露

上市公司信息披露制度是世界各国对其上市公司进行规范和管理的最主要制度之一，是上市公司与非上市公司区别的一个主要特点。

信息披露制度，是上市公司为保障投资者利益、接受社会公众的监督而依照法律规定必须将自身的财务变化、经营状况等信息和资料向证券管理部门与证券交易所报告，并向社会公开或公告，以便使投资者充分了解情况的制度。信息披露是上市公司的法定义务。证监会一直都强调以信息披露为核心的日常监管，为投资者提供一个公开、透明、真实、诚信的上市公司，这充分说明信息披露对于上市公司的重要性。

在证券市场上，信息是有效交易的核心，证券市场的交易实际上就是信息的处理过程。上市公司信息披露是连接上市公司与投资者最重要的环节，是投资者进行基本面分析最重要最可靠的信息来源，是投资者投资决策最重要的依据。充分、及时而有效的信息披露制度能够有效防止证券市场的欺诈不公平现象，能够增强投资者的信心。

为了促进上市公司做好信息披露工作，《证券法》《上市公司信息披露管理办法》《证券交易所股票上市规则》《证券交易所上市公司自律监管指南》等法规，都对上市公司信息披露作了相关规范。

一、上市公司信息披露的原则要求

上市公司信息披露，首先需要了解披露"信息"的范畴。上交所股票上市规则第2.2.11条指出,上市公司发生的或者与之有关的事项没有达到本规则规定的披露标准,或者本规则没有具体规定,但该事项对公司股票及其衍生品种交易价格可能产生较大影响的,公司应当参照本规则及时披露。由此可见,与公司股票及其衍生品种交易价格可能产生较大影响的一切"信息",都应当进行信息披露。审慎判断是否对股票交易价格具有敏感性,是上市公司是否进行信息披露或者能否对外直接交流的重要考量因素。

2020年3月实施的《证券法》,为了适应注册制改革方向,上市公司信息披露从原《证券法》的一节内容,升级为新《证券法》第五章中的专章规定,系统性地完善了信息披露制度,其核心地位不言而喻。上市公司信息披露最基本的要求是真实、准确、完整、及时、公平(见图13-1)。

图13-1　上市公司信息披露的原则

《证券法》第七十八条规定,发行人及法律、行政法规和国务院证券监督管理机构规定的其他信息披露义务人,应当及时依法履行信息披露义务。信息披露义务人披露的信息,应当真实、准确、完整,简明清晰,通俗易懂,不得有虚假记载、误导性陈述或者重大遗漏。

在《最高人民法院关于审理证券市场虚假陈述侵权民事赔偿案件的若干规定》第四条中,对虚假记载、误导性陈述、重大遗漏作了界定,下面结合作相应分析。

(一) 真实性

真实性是指上市公司及相关信息披露义务人所披露的信息应当以客观事实或者具有事实基础的判断和意见为依据，如实反映客观情况，不得有任何虚假记载。虚假记载，是指信息披露义务人披露的信息中对相关财务数据进行重大不实记载，或者对其他重要信息作出与真实情况不符的描述。真实性原则是信息披露的最根本也是最重要的要求。

信息披露不真实

违规事实：根据中国证监会《行政处罚决定书》查明的事实，A公司通过虚增保理业务营业外收入、虚增贸易收入、违规确认物业费收入、虚构抵账租金收入等方式，对2018年、2019年年度报告实施财务造假。其中，虚增2018年营业收入1338万元，利润总额129万元，占当年披露营业收入的100%、利润总额绝对值的5.24%；虚增2019年营业收入578万元、营业外收入7590万元，利润总额7931万元，虚增营业收入、利润额分别占当年披露营业收入和利润总额的55.76%、254%。追溯调整后，公司2018年、2019年连续两年营业收入低于1000万元，2019年由盈转亏。

监管判断：财务造假是证券市场的"毒瘤"，严重损害投资者知情权，影响市场和投资者决策，是资本市场严厉打击的恶性违规类型。该公司连续两年财务报告存在虚假记载，金额占比较高，情节恶劣，影响严重。

违规处理：上交所公开谴责公司及全体时任董监高。

（资料来源：上交所董秘后续培训资料。）

(二) 准确性

准确性是指上市公司及相关信息披露义务人披露的信息应当使用明确、贴切的语言和简明扼要、通俗易懂的文字，不得含有任何宣传、广告、恭维或者夸大等性质的词句,不得有误导性陈述。公司披露预测性信息及其他涉及公司未来经营和财务状况等信息时,应当合理、谨慎、客观。误导性陈述,是指信息披露义务人披露的信息隐瞒了与之相关的部分重要事实,或者未及时披露相关更正、确认信息,致使已经披露的信息因不完整、不准确而具有误导性。

> **案例**
>
> ### 信息披露不准确
>
> 违规事实:1月20日,某公司披露年度业绩预盈公告,预计扭亏为盈,实现归属于上市公司股东的净利润为1100万元左右。
>
> 4月11日,该公司披露业绩预告更正公告,预计年度实现归属于上市公司股东的净利润为-8750万元。更正的主要原因是在年度审计过程中,公司与年度审计会计师在研发费用资本化、收入确认时间、递延所得税资产等方面存在不同判断。
>
> 年报披露后,公司因触及相关财务指标被实施退市风险警示。
>
> 监管判断:上市公司年度业绩是投资者关注的重大事项,可能对公司股价及投资者决策产生较大影响。公司前期披露年度预计盈利,但实际业绩亏损,公司股票还被实施退市风险警示,严重影响了投资者的预期,可能对投资者决策产生严重误导。公司也未及时对业绩预告进行更正,迟至年报正式披露日前期披露更正公告,更正信息严重滞后。
>
> 违规处理:公司业绩预告不准确主要是由于公司与年审会计师在研发费用资本化、收入确认时点、递延所得税资产确认等复杂的会计处理方面存在分歧导致,财务总监是公司违规的主要、直接责任人,被公开谴责,公司董事长、总经理、董事会秘书、审计委员会召集人对公司的违规行为负有次要责任,被通报批评。
>
> (资料来源:上交所董秘后续培训资料。)

(三)完整性

信息披露的完整性是指上市公司及相关信息披露义务人披露的信息应当内容完整、文件齐备,格式符合规定要求,所有可能影响投资者决策的信息都应该得到披露,必须对信息的所有方面进行完整和全面的揭示,不仅要披露对公司股价有利的信息,更要披露对公司股价不利的现实或潜在风险因素,不得有重大遗漏。重大遗漏,是指信息披露义务人违反关于信息披露的规定,对重大事件或者重要事项等应当披露的信息未予披露。

信息披露不完整

违规事实: 2022年5月13日,A公司主动通过其官方微信公众号发布信息称,公司宣布与投资集团B达成战略合作,双方合作成立双碳产业基金,在深圳建设氢能产业园,将氢燃料电池技术和整车总装技术引入深圳落地;双方通过双碳产业基金推动收购氢能公司C,公司最终将成为该氢能公司的第一大股东,上述信息发布后被多家媒体转载报道。

当日晚间,经监管督促,公司提交公告称,公司与投资集团B签署的《战略合作框架协议》是双方合作的框架协议,不具备强制约束力,合作细节尚待明确,后续实施进度和内容存在重大不确定性,协议本身不产生具体收益。公告同时称,氢能公司C于2021年3月25日成立,成立时间较短,团队人员较少,无相关专利,产品处于研发阶段,尚未形成收入,后续订单获取情况不确定。2022年5月13日至20日,公司股票价格连续6个交易日收盘涨停。

监管判断: 氢能产业合作事项是市场高度关注的热点信息,可能对公司股票价格形成敏感性影响。公司先于法定信息披露渠道,通过自媒体渠道对外发布上述股票价格敏感信息。信息披露不公平。而且,公司

> 发布上述事项信息时，未充分提示风险，经监管督促才予以披露，可能对投资者决策产生误导。
>
> 违规处理：对公司、董事秘书予以通报批评。
>
> （资料来源：上交所董秘后续培训资料。）

（四）及时性

及时性原则要求指上市公司及相关信息披露义务人应当在规定的期限内，披露所有对公司股票及其衍生品种交易价格可能产生较大影响的信息。对于上市公司定期报告的披露，都有相应的时间性要求，如A股上市公司要求每年的4月30日前披露年度报告；对于上市公司临时公告事项，《证券法》第八十条的规定是要求立即进行公告，说明事件的起因、目前的状态和可能产生的法律后果。

对于披露的时点性要求，《上交所股票上市规则》第2.2.4条规定，上市公司及相关信息披露义务人应当在涉及的重大事项触及下列任一时点及时履行信息披露义务：

（1）董事会或者监事会作出决议；

（2）签署意向书或者协议（无论是否附加条件或期限）；

（3）公司（含任一董事、监事或者高级管理人员）知悉或者应当知悉该重大事项发生。

一般而言，证券交易所对上市公司信息披露的时间要求是自信息披露时点开始2个工作日内。随着社会信息传播的加快，原则建议上市公司尽可能在事件发生的当日进行信息披露，以免上市公司在没有信息披露前就引起股价的波动，导致上市公司泄露内幕信息或有关主体内幕交易违法违规行为的产生。

> **案例**
>
> ## 信息披露不及时
>
> 违规事实：2022年8月3日，某公司与协议对方签订《合作框架协议》，向其销售产品，相关销售预计金额为5亿元左右。上述协议属于上市公司日常经营业务，金额占公司最近一个会计年度经审计营业收入的62%，相关占比超过50%且金额超过1亿元，公司应当于签订协议后及时履行信息披露义务，但公司直至2022年8月27日才进行披露。有此期间，协议对方已将协议相关信息在网络平台上公开发布。
>
> 监管认定：上市公司签订的重大日常经营合同，属于投资者关注的重要经营性信息，可能对投资者决策产生影响。但公司在合同签订逾三周后才披露公告，期间该信息已通过其他渠道公开，公司信息披露不及时。
>
> 违规处理：时任董事长代行董事会秘书，作为信息披露的第一责任人和具体负责人，未能勤勉尽责，对公司的违规行为负有责任，对其予以监管警示。
>
> （资料来源：上交所有关纪律处分决定书。）

（五）公平性

公平性是指上市公司及相关信息披露义务人应当同时向所有投资者公开披露重大信息，确保所有投资者可以平等地获取同一信息，不得私下提前向特定对象单独披露、透露或者泄露。

公平性是维护市场公平交易秩序的基础。任何单位和个人不得非法要求信息披露义务人提供依法需要披露但尚未披露的信息。任何单位和个人提前获知的前述信息，在依法披露前应当保密。《上交所股票上市规则》第2.2.9条规定，上市公司及相关信息披露义务人不得通过股东大会、投资者说明会、分析师会议、路演、接受投资者调研、接受媒体采访等形式，向任何单位和个人提供公司尚未披露的重大信息。

在2021年之前，证券交易所还要求上市公司信息披露的第一时间性要求，即任何应披露信息只有在证券交易所披露后才能宣传或报道等。对此，证券交易所从实践操作角度及股价影响角度，作了一定程度的放宽。相关规定是，公司及相关信息披露义务人确有需要的，可以在非交易时段通过新闻发布会、媒体专访、公司网站、网络自媒体等方式对外发布重大信息，但应当于最近一个信息披露时段内披露相关公告。

为了确保公司信息披露的公平性，我们公司的一条实践经验是比较有效的——公司的司报、对外宣传文章、接受采访文章等，事先经董事会秘书和公司负责宣传工作的主管人员审核同意后方可发表。

信息披露不公平

违规事实：某公司实际控制人暨董事长接受媒体采访时表示，公司硫化医药业务符合科创板申报条件，在相关政策细同正式落地后，会尽快筹备并申请分拆上市。

经监管督促后，公司披露澄清公告称，公司相关资产在使用募集资金、业务独立性等方面均未满足《上市公司分拆所属子公司境内上市试点若干规定》的要求，分拆事项也尚未履行董事会、股东大会审议程序，实际控制人暨董事长就个人不当言论致歉。

监管判断：公司业务分拆上市对公司经营业绩及发展布局有较大影响，属于对公司股票交易价格和投资者决策可能产生重大影响的敏感信息，应当由公司在中国证监会指定媒体上披露。公司实际控制人暨董事长在公开场合自行对外宣布涉及未来经营及发展布局的重大信息，且未说明相关资产尚不满足规则要求，也未提示不确定性风险，信息披露不公平，可能对市场预期和投资者决策产生误导。

违规处理：对实际控制人暨董事长予以书面警示。

（资料来源：上交所董秘后续培训资料。）

二、上市公司信息披露的内容体系

如表 13-1 所示,上市公司信息披露的文件,主要包括招股说明书、募集说明书、上市公告书、定期报告和临时报告等。

表 13-1　　　　　　　　　　上市公司信息披露的内容

类别	大类	小类
发行信息披露	招股说明书	
	募集说明书	
	上市公告书	
定期报告	年度报告、半年度报告、季度报告	
	业绩预告	达到规定标准时需要披露
临时公告	股东大会、董事会、监事会决议	
	应当披露的交易	重大交易
		日常交易
		关联交易
	股票及其衍生品种变动管理	
	应当披露的其他重大事项	股票交易异常波动和传闻澄清
		可转换公司债券涉及的重大事项
		合并、分立、分拆
		重大诉讼和仲裁
		会计政策、会计估计变更及资产减值
		其他
	停牌与复牌	
	退市与风险警示	

(一) 发行信息披露

招股说明书是供社会公众了解发行人的情况,说明股份发行的有关事宜,指导公众购买公司股份的规范性文件。巴菲特就非常注重招股说明书的阅读,他曾强调过，要看企业是否简单易懂；是否有持续稳定的经营历史；是否有良好的长期前景。这三点对应企业的招股说明书就是：企业的商业模式、基本情况和战略规划。

招股说明书不仅是企业的宣传册，同时也是承诺书。发行人及其全体董事、监事和高级管理人员应当在招股说明书上签署书面确认意见，保证招股说明书的内容真实、准确、完整。招股说明书应当加盖发行人公章。保荐人及其保荐代表人应当对招股说明书的真实性、准确性、完整性进行核查，并在核查意见上签字、盖章。

发行人股票发行前应当在中国证监会指定网站全文刊登招股说明书，同时在中国证监会指定报刊刊登提示性公告，告知投资者网上刊登的地址及获取文件的途径。

（二）定期报告

上市公司定期报告是上市公司对其在整个报告期内的生产经营、财务状况、投资发展、治理内控等情况的总结分析，是投资者获取公司信息的重要来源，也是投资者做出投资决策的重要依据。上市公司定期报告包括年度报告、半年度报告和季度报告。公司应当在法律法规以及交易所规定的期限内，按照中国证监会及交易所的有关规定编制并披露定期报告。需要注意的是，上市公司不得以定期报告形式代替应当披露的临时报告。

上市公司应当在每个会计年度结束后4个月内披露年度报告，应当在每个会计年度的上半年结束后2个月内披露半年度报告，应当在每个会计年度前3个月、前9个月结束后1个月内披露季度报告。公司第一季度季度报告的披露时间不得早于上一年度的年度报告披露时间。

公司预计不能在规定期限内披露定期报告的，应当及时公告不能按期披露的原因、解决方案及延期披露的最后期限。

上市公司董事会应当确保公司按时披露定期报告。公司不得披露未经董事会审议通过的定期报告。半数以上的董事无法保证定期报告内容的真实性、准确性、完整性的，视为未审议通过。定期报告未经董事会审议、审议未通过或者因故无法形成有关董事会决议的，公司应当披露相关情况，说明无法形成董事会决议的原因和存在的风险、董事会的专项说明以及独立董事意见。

> **案例**
>
> 某 S 公司原定于 2022 年 4 月 30 日披露 2021 年年度报告和 2022 年第一季度报告。2022 年 4 月 30 日，公司披露公告称，因不可抗力等因素影响，公司无法在 4 月 30 日前披露 2021 年年度报告。在公司股票终止上市前，公司仍未披露 2021 年年度报告和 2022 年第一季度报告。公司未在规定期限内披露定期报告，严重影响投资者全面和及时获取上市公司年度和季度信息的合理预期，严重损害投资者的知情权。上述行为严重违反了《证券法》第七十九条和《上海证券交易所股票上市规则》（以下简称《股票上市规则》）第 1.4 条、第 2.1.1 条、第 5.2.2 条等有关规定。

1. 业绩预告

上市公司预计年度经营业绩和财务状况将出现下列情形之一的，应当在会计年度结束后 1 个月内进行预告：

（1）净利润为负值；

（2）净利润实现扭亏为盈；

（3）实现盈利，且净利润与上年同期相比上升或者下降 50% 以上；

（4）扣除非经常性损益前后的净利润孰低者为负值，且扣除与主营业务无关的业务收入和不具备商业实质的收入后的营业收入低于 1 亿元；

（5）期末净资产为负值；

（6）交易所认定的其他情形。

公司预计半年度经营业绩将出现前款第（1）项至第（3）项情形之一的，应当在半年度结束后 15 日内进行预告。

由此可见，上市公司在达到特定条件时必需满足进行业绩预告的强制性要求。上市公司披露业绩预告后，又预计本期业绩与已披露的业绩预告情况差异较大的，应当及时发布《业绩预告更正公告》。"差异较大"包括但不限于以下情况：（1）预告盈亏性质、方向错误；（2）预告金额或幅度差异较大。上市公司为了业绩预告的相对准确性，需要公司计财部门与会计师事务所进行充分的交流沟通，就公司财务会计处理的重大事项达成一致。

> **案例**
>
> 　　某 B 公司于 2022 年 1 月 26 日披露《2021 年度业绩预告》，预计 2021 年度归属于上市公司股东的净利润 -11350.32 万元至 -7566.88 万元。公司于 2022 年 2 月 16 日披露《2021 年度业绩预告修正公告》，修正后 2021 年归母净利润 -56191.02 万元至 -45974.47 万元。公司于 2022 年 3 月 16 日披露《2021 年度业绩预告第二次修正公告》，修正后 2021 年归母净利润 -89243.19 万元至 -73017.16 万元。该上市公司董事长兼总经理、财务总监及董秘因业绩预告披露不准确被监管机构出具警示函监管措施。该案例中，上市公司连续两次下调业绩预告的财务数据，存在未谨慎披露业绩预告，修正的数据与原披露数据存在达较大差异，并且两次修订体现出披露的不严谨。

2. 业绩快报

上市公司可以在定期报告公告前披露业绩快报。出现下列情形之一的，公司应当及时披露业绩快报：

（1）在定期报告披露前向有关机关报送未公开的定期财务数据，预计无法保密的；

（2）在定期报告披露前出现业绩泄露，或者因业绩传闻导致公司股票及其衍生品种交易异常波动的；

（3）拟披露第一季度业绩，但上年度年度报告尚未披露。

上市公司披露业绩快报的，业绩快报应当包括公司本期及上年同期营业收入、营业利润、利润总额、净利润、扣除非经常性损益后的净利润、总资产、净资产、每股收益、每股净资产和净资产收益率等数据和指标。

公司披露业绩快报后，如预计本期业绩或者财务状况与已披露的业绩快报数据和指标差异幅度达到20%以上，或者最新预计的报告期净利润、扣除非经常性损益后的净利润或者期末净资产与已披露的业绩快报发生方向性变化的，应当及时披露业绩快报更正公告，并说明具体差异及造成差异的原因。

（三）临时公告

上市公司临时公告是上市公司信息披露工作中最重要的一部分，涉及一家上市公司日常运营的方方面面。《上交所股票上市规则》第2.2.1条规定：

"上市公司及相关信息披露义务人应当按照法律法规及本所相关规定编制公告并披露，并按照规定提供相关材料供本所查验。公司及相关信息披露义务人不得以定期报告形式代替应当披露的临时报告。"

新《证券法》第八十条对上市公司临时公告的内容进行了较为详细的规定：

《证券法》第八十条　发生可能对上市公司、股票在国务院批准的其他全国性证券交易场所交易的公司的股票交易价格产生较大影响的重大事件，投资者尚未得知时，公司应当立即将有关该重大事件的情况向国务院证券监督管理机构和证券交易场所报送临时报告，并予公告，说明事件的起因、目前的状态和可能产生的法律后果。

前款所称重大事件包括：

（1）公司的经营方针和经营范围的重大变化；

（2）公司的重大投资行为，公司在一年内购买、出售重大资产超过公司资产总额百分之三十，或者公司营业用主要资产的抵押、质押、出售或者报废一次超过该资产的百分之三十；

（3）公司订立重要合同、提供重大担保或者从事关联交易，可能对公司的资产、负债、权益和经营成果产生重要影响；

（4）公司发生重大债务和未能清偿到期重大债务的违约情况；

（5）公司发生重大亏损或者重大损失；

（6）公司生产经营的外部条件发生的重大变化；

（7）公司的董事、三分之一以上监事或者经理发生变动，董事长或者经理无法履行职责；

（8）持有公司百分之五以上股份的股东或者实际控制人持有股份或者控制公司的情况发生较大变化，公司的实际控制人及其控制的其他企业从事与公司相同或者相似业务的情况发生较大变化；

（9）公司分配股利、增资的计划，公司股权结构的重要变化，公司减资、合并、分立、解散及申请破产的决定，或者依法进入破产程序、被责令关闭；

（10）涉及公司的重大诉讼、仲裁，股东大会、董事会决议被依法撤销或者宣告无效；

（11）公司涉嫌犯罪被依法立案调查，公司的控股股东、实际控制人、董事、监事、高级管理人员涉嫌犯罪被依法采取强制措施；

（12）国务院证券监督管理机构规定的其他事项。

公司的控股股东或者实际控制人对重大事件的发生、进展产生较大影响的，应当及时将其知悉的有关情况书面告知公司，并配合公司履行信息披露义务。

下面，就上市公司最常见的临时公告事项进行重点介绍。

1. 重大交易

重大交易的范围，包括除上市公司日常经营活动之外发生的下列类型的事项：

（1）购买或者出售资产；

（2）对外投资（含委托理财、对子公司投资等）；

（3）提供财务资助（含有息或者无息借款、委托贷款等）；

（4）提供担保（含对控股子公司担保等）；

（5）租入或者租出资产；

（6）委托或者受托管理资产和业务；

（7）赠与或者受赠资产；

（8）债权、债务重组；

（9）签订许可使用协议；

（10）转让或者受让研发项目；

（11）放弃权利（含放弃优先购买权、优先认缴出资权等）；

（12）交易所认定的其他交易。

上市公司发生的交易达到下列标准之一的（除财务资助及对外担保外），应当及时披露：

（1）交易涉及的资产总额（同时存在账面值和评估值的，以高者为准）占上市公司最近一期经审计总资产的 10% 以上；

（2）交易标的（如股权）涉及的资产净额（同时存在账面值和评估值的，以高者为准）占上市公司最近一期经审计净资产的 10% 以上，且绝对金额超过 1000 万元；

（3）交易的成交金额（包括承担的债务和费用）占上市公司最近一期经审计净资产的 10% 以上，且绝对金额超过 1000 万元；

（4）交易产生的利润占上市公司最近一个会计年度经审计净利润的 10% 以上，且绝对金额超过 100 万元；

（5）交易标的（如股权）在最近一个会计年度相关的营业收入占上市公司最近一个会计年度经审计营业收入的 10% 以上，且绝对金额超过 1000 万元；

（6）交易标的（如股权）在最近一个会计年度相关的净利润占上市公司最近一个会计年度经审计净利润的 10% 以上，且绝对金额超过 100 万元。

上述指标涉及的数据如为负值，取其绝对值计算。

> **案例**
>
> 某 A 公司原持有控股子公司 C 公司 51% 股份。因股权交易，公司合计产生投资收益占公司上一年度经审计归母净利润的 22.16%，已达到应当披露的标准，但公司未就上述股权转让事项及时履行信息披露义务，迟至 2021 年 10 月 11 日才予以披露。同时根据公司章程规定，上述事项达到董事会审议标准，但公司也未履行决策程序。公司关于出售控股子公司股权的相关信息披露不及时，同时公司未就上述事项履行审议程序，损害了投资者的知情权。上市公司应当及时、准确、完整地披露重大交易。

2. 重大诉讼和仲裁

上市公司发生的下列诉讼、仲裁事项应当及时披露：

（1）涉案金额超过 1000 万元，并且占公司最近一期经审计净资产绝对值 10% 以上（包括上市公司连续 12 个月内发生的诉讼和仲裁事项涉案金额累计达到此标准的情况）；

（2）涉及公司股东大会、董事会决议被申请撤销或者宣告无效的诉讼；

（3）证券纠纷代表人诉讼。

未达到前款标准或者没有具体涉案金额的诉讼、仲裁事项，可能对公司股票及其衍生品种交易价格产生较大影响的，公司也应当及时披露。

上市公司关于重大诉讼、仲裁事项的公告应当包括案件受理情况和基本案情；案件对公司本期利润或者期后利润的影响；公司是否还存在尚未披露的其他诉讼、仲裁事项等。上市公司应当及时披露重大诉讼、仲裁事项的重大进展情况及其对公司的影响，包括但不限于诉讼案件的一审和二审裁判结果、仲裁案件的裁决结果以及裁判、裁决执行情况、对公司的影响等。

3. 政府补贴

公司获得大额补贴等额外收益，或者发生可能对公司资产、负债、权益或经营成果产生重大影响的其他事项，应当比照适用上海证券交易所上市规则第 6.1 条的规定及时披露。

上市公司应当根据时点优先原则,在收到补助相关函件或收到补助资金等事实最先发生的时点,及时履行信息披露义务。

与收益相关的补助披露标准:按照补助金额达到最近一个会计年度经审计的净利润 10% 且超过 100 万元。

与资产相关的补助披露标准:按照补助金额达到最近一个会计年度经审计的净资产 10% 且超过 1000 万元。

特别注意,上市公司应该区分影响利润和影响资产两种情况,分别累计其 12 个月内收到的补助,并依据分别累计计算的金额占公司净利润或资产的比例,确认是否达到信息披露标准。补助发放主体或者发放事由不同,不影响上述累计计算的要求。

> **案例**
>
> 某上市公司于 2020 年 1 月、8 月、9 月、12 月分 4 笔收到企业扶持基金合计 1400 万元,占公司最近一期经审计净利润的 210%,公司未及时披露收到上述政府补助事项。公司、董事长、董秘、财务总监因大额政府补助未披露被交易所通报批评并记入上市公司诚信档案。此案例中上市公司忽略了各类补助的披露是涉及累计 12 个月的概念,在累计的 12 个月中一旦出现达到披露标准的情形,应及时进行信息披露。

4. 会计政策、会计估计变更

上市公司按照法律法规或者国家统一的会计制度的要求变更会计政策的,会计政策变更公告日期最迟不得晚于会计政策变更生效当期的定期报告披露日期。

上市公司会计政策变更公告应当包含本次会计政策变更情况概述、会计政策变更对公司的影响、因会计政策变更对公司最近 2 年已披露的年度财务报告进行追溯调整导致已披露的报告年度出现盈亏性质改变的说明(如有）等。

公司自主变更会计政策的，除应当在董事会审议通过后及时按照前款规定披露外，还应当披露董事会、独立董事和监事会对会计政策变更是否符合相关规定的意见。需股东大会审议的，还应当披露会计师事务所出具的专项意见。

上市公司变更重要会计估计的，应当在变更生效当期的定期报告披露前将变更事项提交董事会审议，并在董事会审议通过后比照自主变更会计政策履行披露义务。

5. 计提资产减值准备

根据《上交所股票上市规则》第7.6.5条规定，上市公司计提资产减值准备或者核销资产，对公司当期损益的影响占公司最近一个会计年度经审计净利润绝对值的比例在10%以上且绝对金额超过100万元人民币的，应当及时披露。

上交所目前未对计提资产减值准备事项是否需要上会审议做出具体规定，公司应按照上市规则和公司章程的约定判断。上市公司计提资产减值准备应当采取连续12个月累计计算的原则，经累计计算达到上述标准的，适用前款规定。已按照前款规定履行相关义务的，不再纳入累计计算范围。

根据证监会《关于进一步提高上市公司财务信息披露质量的通知》要求资产减值与核销事项需经董事会或股东大会审议。但在实务操作中，有上市公司提出了该条规定存在一定不合理之处，如公司董事会或股东大会否决了公司计提资产减值准备或资产核销事项，公司不计提资产减值准备或核销资产则有可能直接违反企业会计准则的规定。深交所经征询证监会会计部意见后，已于2019年明确删除了对计提资产减值与核销事项的审议程序的强制要求。

（四）强制性及自愿性信息披露

除根据法律法规必须履行的强制性信息披露义务外，近年来，监管和上市公司越来越注重自愿性信息披露工作。监管机构鼓励有价值的自愿信息披露，鼓励上市公司结合公司经营发展、行业特点等，自愿披露与投资者作出价值判断和投资决策有关的信息，更好地满足投资者知情权，挖掘公司潜在市场价值。

《上交所股票上市规则》第 2.2.12 条规定：

除依法应当披露的信息之外，上市公司及相关信息披露义务人可以自愿披露与投资者作出价值判断和投资决策有关的信息，但不得与依法披露的信息相冲突，不得误导投资者。

公司及相关信息披露义务人自愿披露的信息，应当真实、准确、完整，遵守公平原则，保持信息披露的持续性和一致性，不得进行选择性披露。

公司及相关信息披露义务人自愿披露信息的，应当审慎、客观，不得利用该等信息不当影响公司股票及其衍生品种交易价格、从事内幕交易、市场操纵或者其他违法违规行为。

上市公司在进行自愿性信息披露的时候，不能选择性地只去披露对公司有利的信息，必须做到审慎、客观，切实做到让投资者更方便地获取上市公司有效信息的责任。

三、上市公司信息披露的工作体系

上市公司为了履行好信息披露责任和义务，需要建立健全信息披露工作相关的工作体系。

（一）上市公司定期报告编制流程

董事会秘书负责公司定期报告的组织编制和披露工作，董事会办公室负责具体编制及披露。定期报告的内容、格式及编制规则应根据监管机构的最新规定执行。董事会秘书负责预约定期报告披露时间。在上交所定期报告预约期内，董事会秘书应在征求公司董事长、总裁、财务负责人的意见后，通过上交所网站预约定期报告披露时间，并同步安排董事会相关事宜。

1. 制定定期报告时间表

根据中国证监会以及证券交易所对定期报告编制和披露的有关规定和要求，由公司董事会秘书和财务负责人组织公司财务部门、稽核部门以及会计师事务所共同制定定期报告编制工作的时间表及定期沟通形式与时间节点。董事会办公室负责根据监管的定期报告编制要求将定期报告各部分进行拆分，明确各相关部门的职责、责任人及联络人，下发定期报告编制框架、以及定期报告编制和披露的时间表。

2. 定期报告编制程序

（1）公司内各相关部门、相关子公司，应按时向董事会秘书、董事会办公室提交所负责内容，各部门负责人应保证所提供信息的真实、准确、完整。

（2）财务负责人负责安排财务部门专门人员配合董事会办公室填制定期报告系统等有关财务信息披露方面的各项工作，按照定期报告编报总体部署，按时将审定后的财务会计报表等与之相关的财务数据提交给董事会秘书，并保证所提供财务信息的真实、准确、完整。

（3）董事会办公室负责对收集的信息进行复核、汇总、整理，完成定期报告初稿。

3. 定期报告审核工作

定期报告初稿报公司高级管理人员审核，并提出修改意见。对修改内容，有关部门负责人必须重新复核，并向董事会秘书提交复核结果。经公司党委会及总裁办公室同意后形成定期报告审核稿。

公司应在定期报告披露前的合理期限内发出召开董事会、监事会会议的通知，同时董事会秘书负责将定期报告审核稿送达公司各位董事审阅，形成定期报告上会稿。

（二）上市公司临时公告编制流程

董事会秘书负责公司临时公告的组织编制和披露工作，董事会办公室负责具体编制及披露。临时公告是上市公告信息披露工作中重要的一环,也占据了信息披露工作的最大部分。《上市公司信息披露管理办法》规定,信息披露义务人不得以新闻发布或者答记者问等任何形式代替应当履行的报告、公告义务,不得以定期报告形式代替应当履行的临时报告义务。由此可见,临时公告对于上市公司的重要性。

1. 收到临时公告编制需求

对于上市公司董事会办公室而言,及时把握集团内部发生的各类重大事项是保障临时公告编制体系顺畅运行的关键。东方证券在实际操作中,制定了信息披露联络人体系,通过在各子公司、职能部门设置联络人专岗,明确了报送的人员、事项和时间,确保在事项发生的第一时间,董事会办公室和董事会秘书能接受到相关主体的信息报送。

在临时公告编制的具体流程上,由相关部门发起信息披露需求,董事会办公室进行专业判断,该事项是否需要进行临时公告。若需要,则根据该事项的具体情况,与相关部门进行披露时点的沟通以及所需信息的要求。若涉及事项较为复杂,董事会办公室会发起会议需求,与相关部门进行现场/电话会议商讨。

2. 进行临时公告编制

在明确临时公告信息披露事项后,董事会办公室对照现有法律法规和公司内部制度,启动临时公告编制程序。如上交所对该事项制定了公告格式指引,则逐一对照格式指引进行临时公告编制,确保信息的无一遗漏。公告编制完成后,董事会办公室会将临时公告再以邮件等形式发回相关部门进行数据和披露时点的确认,保证披露信息真实、准确、完整。若需备案材料,董事会办公室会及时向相关部门进行需求告知,并与公告一并提交上交所信息系统进行备案。

3. 临时公告发布审批

在确定临时公告文稿后,董事会办公室将发起临时公告发布内部审批流程。每一个对外发布的公告都需经过董事会秘书、相关部门负责人(如有)

及董事长审批。在完成公告审批流程后,公司及时进行公告的发布工作。

(三)上市公司重大信息的内部报告体系

上市公司为了做好信息披露工作,需要建立重大信息内部报告制度和体系。

1. 重大信息内部报告制度

公司重大信息内部报告办法是指当出现、发生或即将发生可能对公司证券及其衍生品种的交易价格产生较大影响的情形或事件时,按照本办法规定负有报告义务的有关人员、部门和机构,应及时将有关信息通过董事会办公室向公司董事会、监事会报告的制度。

"报告人"包括公司董事、监事、高级管理人员,公司总部各部门以及各分支机构、子公司的负责人及指定的联络人,以及持有公司5%以上股份的股东及其指定的联络人。报告人应在本办法规定的第一时间内履行信息报告义务,对所报告信息的真实性、准确性、完整性承担责任,并应保证提供的相关文件资料真实、准确、完整,无虚假记载、误导性陈述或者重大遗漏。

2. 重大信息的范围

重大信息的范围包括会议事项、重大交易事项、关联交易事项、重大诉讼和仲裁事项、重大风险事项、重大变更事项以及监管事项等。上市公司可以根据外部监管法规和公司自身实际情况,拟定适应公司的重大信息报送范围。

3. 重大信息内部报送的工作流程

报告人应在第一时间依照本办法规定的程序通过公司董事会办公室向公司董事会报告重大信息,若因重大信息所涉事项紧急,报告人应在第一时间以电话、电子邮件或其他最快捷方式通知董事会秘书拟报告的信息,并随即将与所报告信息有关的文件资料送交董事会办公室。

报告人应当以书面形式报送重大信息的相关材料,包括但不限于:发生重要事项的原因、各方基本情况、重要事项内容、对公司经营的影响等;所涉及的协议书、意向书、协议、合同等；所涉及的政府批文、法律、法规、法院判决及情况介绍等；中介机构关于重要事项所出具的意见书；公司内部对重大事项审批的意见。

董事会秘书应按照相关法律法规、证券交易所股票上市规则等规范性文件及公司章程的有关规定，对上报的重大信息进行分析判断，如需履行信息披露义务时，董事会秘书应立即向公司董事长汇报，并按照《信息披露事务管理办法》规定履行相关程序后予以公开披露。

董事会秘书、董事会办公室有权随时向报告人了解应报告信息的详细情况，报告人应及时、如实地向董事会秘书、董事会办公室说明情况，回答有关问题。

报告人应定期向公司董事会办公室提交工作计划（包括业务经营计划、投资计划、融资计划、重大资产的购买或出售计划及其他计划）和经营情况信息（包括业务经营信息、投资信息、融资信息、合同的签订与履行情况、涉及的诉讼、仲裁情况、人事变动信息及董事会办公室要求的其他信息），以便公司董事会办公室及时搜集、整理并向公司董事会报告重大信息。

公司董事、监事、董事会秘书、其他高级管理人员、报告人及其他因工作关系接触到应报告信息的人员在相关信息未公开披露前，负有保密义务。

（四）上市公司信息披露的质量控制体系

上市公司信息披露的质量控制代表了一家上市公司信息披露工作的水准。东方证券拥有一套严格的上市公司信息披露质量控制体系。在公司重大信息内部报告体系、定期报告编制体系、内幕信息知情人登记管理体系基础上，公司结合实际拟定信息披露备忘录、公告复核表、交易事项台账等系列信息披露质量控制表格，严格规范复核环节与流程，确保准确、完整、高效地履行信息披露义务。事前，将预计的近期信息披露内容登记在信息披露备忘录中，实时更新供部门内部人员用于工作准备，确保无一遗漏；事中，制定公告复核表，对每一个公告进行多维度校对，确保没有任何错误；事后，对每一笔披露的交易事项进行金额和内容登记,保证相关金额控制在规定比例之内。每一个公告,公司都设置了双人复核机制,确保所有发布的公告无差错。

为加强公司各部门和子公司的信息报送意识,董事会办公室组织编制了《公司关于涉及信息披露事项报送要求的清单》以及相应报送标准,进一步明确需要报送信息的范围、内容及报送时点,有效加强了各部门、子公司信息披露意识及其专业能力。

在实践中,上市公司的信息披露需要从"形式规范"逐步转向"实质有效",这对公司信息披露工作提出了更高的要求。作为一家 A+H 股上市的证券公司,既要满足两地监管规则对信息披露的要求,也要满足两地投资者对于信息披露的需求。公司需要认真贯彻落实新《证券法》,严格履行信息披露新要求,在积极提升信息披露工作质量的基础上,进一步完善公司现有的信息披露体系,多维度构建完整、系统的信息披露制度。上市公司可以从以下几个方面不断提升信息披露的水平,顺应信息披露发展趋势。

(1)持续完善信息披露制度,优化信息披露机制。积极贯彻落实新《证券法》精神,进一步梳理、完善公司《信息披露事务管理办法》《重大信息内部报告办法》等制度,持续强化信息披露联络人沟通机制,加强信息披露质量管控,梳理信息披露流程,及时根据监管部门出台的新政新规调整优化信息披露管控体系,为公司提升信息披露质量提供坚强的制度保障。

(2)不断提升信息披露质量,加强自愿性信息披露。严格落实监管要求,履行信息披露义务,确保信息披露的真实性、准确性、完整性、及时性和公平性。同时,在"真实、准确、完整、及时、公平"的基础上进一步做到"简明清晰,通俗易懂",实现以投资者为导向的信息披露理念和原则,减少投资者和上市公司之间的信息不对称,促进投资者真正实现从信息披露中识别公司的商业价值。加强自愿性信息披露,加大披露与投资者作出价值判断和投资决策有关的信息,让境内外投资者更及时、更全面地了解公司运营情况,切实提高信息披露有效性,维护投资者及公司的利益,树立公司良好的市场形象。

（3）进一步加强信息披露培训宣导，提升公司整体信息披露意识。完善公司信息披露传导体系，通过微信公众号、外部专业机构培训、董事会办公室宣导等方式推送法律法规、市场案例以及同业动态等内容，加强公司股东、董监高及公司内部员工信息披露工作的了解，深入理解信息披露对于上市公司的重要性，提升公司整体信息披露意识。

四、上市公司的关联交易管理

（一）上市公司关联交易管理的总体要求

关联交易管理是公司治理体系的重要组成部分。随着上市公司治理结构逐步完善，治理水平不断提高，对关联交易管理提出了更高的要求。

规范的关联交易管理可以有效避免上市公司被关联方侵占利益，有利于保护上市公司和全体股东的合法权益；可以有效防范风险，保证上市公司安全、独立、稳健运行。

根据《中华人民共和国公司法》《中华人民共和国证券法》《上海证券交易所股票上市规则》《上海证券交易所上市公司自律监管指引第5号——交易与关联交易》等法律法规、部门规章、规范性文件的要求，上市公司应当建立健全关联交易的内部控制制度、完善关联交易管理制度、严格履行关联交易决策程序、建立关联交易内部审计及报告机制，关联交易行为应当合法合规、定价公允、审议程序合规、信息披露规范。

上市公司关联交易管理的合法合规，包括审议程序和信息披露，是监管部门的监管重点，也是上市公司比较容易出现违法违规问题的地方。

（二）上市公司关联交易管理难点

在实际关联交易管理中，存在一系列管理难点，集中体现在关联方范围确定、日常关联交易管理等方面。

1. 关联方范围

对于上市公司来说,关联方范围会因其适用场景的不同而适用不同的准则,而不同准则间对于关联方主体的认定也存在差异。表 13-2 详细对比了《上市规则》和《企业会计准则第 36 号——关联方披露》对于企业关联方的定义。

表 13-2　　　　　　　　　　关联方定义的比较

《上市规则》	《会计准则》	区别说明
直接或者间接控制上市公司的法人(或者其他组织)	该企业的母公司	上市规则范围更大
对该企业的子公司无相关规定	该企业的子公司	子公司不是上市规则口径的关联方,但是会计准则口径的关联方
由直接或者间接控制上市公司的法人(或者其他组织)直接或者间接控制的除上市公司、控股子公司及控制的其他主体以外的法人(或者其他组织)	与该企业受同一母公司控制的其他企业	同一母公司 vs. 直接或者间接控制上市公司的法人(或者其他组织)
(1)持有上市公司 5% 以上股份的法人(或者其他组织)及其一致行动人; (2)直接或者间接持有上市公司 5% 以上股份的自然人; (3)中国证监会、交易所或者上市公司可以根据实质重于形式的原则,认定其他与上市公司有特殊关系,可能或者已经造成上市公司对其利益倾斜的法人(或者其他组织)或者自然人为上市公司的关联人	(1)对该企业实施共同控制的投资方; (2)对该企业施加重大影响的投资方	共同控制和重大影响 vs. 5% 以上股东

续表

《上市规则》	《会计准则》	区别说明
对该企业的合营企业无相关规定	该企业的合营企业	
对该企业的联营企业无相关规定	该企业的联营企业	
（1）直接或者间接持有上市公司5%以上股份的自然人； （2）上市公司董事、监事和高级管理人员； （3）直接或者间接地控制上市公司的法人（或者其他组织）的董事、监事和高级管理人员； （4）上述（1）（2）项所述人士的关系密切的家庭成员	（1）该企业的主要投资者个人及与其关系密切的家庭成员。主要投资者个人，是指能够控制、共同控制一个企业或者对一个企业施加重大影响的个人投资者； （2）该企业或其母公司的关键管理人员及与其关系密切的家庭成员。关键管理人员，是指有权力并负责计划、指挥和控制企业活动的人员。与主要投资者个人或关键管理人员关系密切的家庭成员，是指在处理与企业的交易时可能影响该个人或受该个人影响的家庭成员	（1）主要投资人 vs. 5%以上股东 （2）关键管理人 vs. 董监高
关联自然人直接或者间接控制的、或者担任董事（不含同为双方的独立董事）、高级管理人员的，除上市公司、控股子公司及控制的其他主体以外的法人（或者其他组织）	该企业主要投资者个人、关键管理人员或与其关系密切的家庭成员控制、共同控制或施加重大影响的其他企业	控制、共同控制或重大影响 vs. 控制或担任董高
受同一国有资产管理机构控制，不因此构成关联关系，但其法定代表人、董事长、总经理或者半数以上的董事兼任上市公司董事、监事或者高级管理人员的除外	仅同受国家控制而不存在其他关联方关系的企业，不构成关联方	

续表

《上市规则》	《会计准则》	区别说明
在过去12个月内或者相关协议或者安排生效后的12个月内，存在《上市规则》第6.3.3条第二款、第三款所述情形之一的法人（或者其他组织）、自然人，为上市公司的关联人	对关联人无相关规定	

总体来讲，涉及关联交易事项的审议、披露以及定期报告非财务报告部分的关联方均适用上市规则口径，而在编制监管报表以及定期报告财务报告部分的关联方应适用会计准则口径。

上市公司需要定期更新关联方名单，这是关联交易管理的基础。上市公司需要结合相关法规要求，结合上市公司实际，尽可能收集完整的关联方名单。

2. 日常关联交易

上市公司日常管理交易管理主要涉及审议及披露流程、年度预计、定期报告、签订协议等方面。

（1）审议及披露。根据《上海证券交易所上市公司自律监管指南第1号——公告格式（2023年1月修订）第七号 上市公司日常关联交易公告》的要求，对于上市公司首次发生的日常关联交易，公司应当根据协议涉及的总交易金额，履行审议程序并及时披露；协议没有具体总交易金额的，应当提交股东大会审议。

• 董事会审议及披露标准：与关联自然人发生的交易金额（包括承担的债务和费用）在30万元以上的交易；与关联法人（或者其他组织）发生的交易金额（包括承担的债务和费用）在300万元以上，且占上市公司最近一期经审计净资产绝对值0.5%以上的交易。

• 股东大会审议标准：与关联人发生的交易金额（包括承担的债务和费用、关联担保除外）在3000万元以上，且占上市公司最近一期经审计净资产绝对值5%以上的交易。

因此，上市公司需要根据日常关联交易具体情况，严格履行审议程序。

（2）年度预计。上市公司发生的日常关联交易，可以通过年度预计管理形式进行。具体来说有以下几个关注点。

• 如果上市公司一年中预计要有数笔日常关联交易，单笔或者累计多笔的金额可能触及审议披露标准的，上市公司可以按类别合理预计当年度日常关联交易金额，履行审议程序并披露。

• 如果关联人数量众多，上市公司难以披露全部关联人信息的，在充分说明原因的情况下可以简化披露，其中预计与单一法人主体发生交易金额达到《上市规则》规定披露标准的，应当单独列示关联人信息及预计交易金额，其他法人主体可以以同一控制为口径合并列示上述信息。

• 如果当年度的日常关联交易总金额不超过预计额度的，在预计范围内无需重新履行审议和披露程序；如拟发生一笔日常关联交易使得当年度日常关联交易总金额可能超出预计额度的，需根据超出金额重新提交董事会或者股东大会审议后，方可开展该笔交易；除采取预计额度管理的日常关联交易外，其他关联交易应严格按照有关监管规定及公司制度进行审批。

（3）定期报告。根据《上市规则》的要求，公司应当在年度报告和半年度报告中分类汇总披露日常关联交易的实际履行情况，在具体编制中应依据交易所报告模板，按照"已在临时公告披露且后续实施无进展或变化的事项""已在临时公告披露，但有后续实施的进展或变化的事项"和"临时公告未披露的事项"这三种情况来披露，对应适用详略不同的要求，以减少重复披露。

（4）签订协议。日常关联交易协议的签订可以避免单项交易都要单独审批、披露或进行同类合并计算，防止由于审议时间长、流程烦琐直接导致耽误项目进程，错过合作的最佳时机等弊端。日常关联交易协议的签订也将规避及减少日常关联交易未及时审批或披露的风险，有效降低日常关联交易给公司所带来的监管风险，有效完善公司治理及信息披露。

公司与关联人签订的日常关联交易协议期限超过三年的，应当每三年重新履行相关审议程序并披露。实际执行超出预计金额的,应当按照超出金额重新履行审议程序并披露。

(三) 上市公司关联交易管理实践

1. 关联交易管理流程

(1) 日常关联交易。

- 关联交易发起部门或子公司应根据业务开展情况对下一年度的关联交易类型及金额进行预计。实践中,为避免出现实际发生金额超出预计的情况,初始反馈的预计数可能会过高,与实际发生额存在较大差异。因此,董办在整理汇总之后,需要结合实际情况,进一步与业务发起部门或子公司以及财务部门进行沟通,对预计额度进行适度调整。

- 董办应根据年度日常关联交易的预计情况,履行相应审批程序和信披义务。

- 关联交易发起部门或子公司应建立关联交易台账,确保在预计范围内开展交易。

在实际执行过程中,可能会出现以下情形,包括但不限于:与未预计关联人发生关联交易的;拟发生总金额超出预计总金额的。如遇上述情形,应当按照超出金额重新履行相应的审议程序并披露。

(2) 偶发关联交易。

- 关联交易发起部门或子公司应根据上市公司定期下发的关联方清单对是否构成关联交易进行初步识别,并对关联交易的必要性、合理性、定价的公允性等进行审查。如构成关联交易,则应根据实际需要征询公司董办、合规等相关职能部门对该笔关联交易的意见,并提供相关资料,如关联方基本情况、交易内容、交易必要性说明、交易价格及定价政策、合同文本初稿等信息。

- 董办根据所提供的相关资料,判断该笔关联交易是否需要履行相应审批程序。如需履行相应程序,则应在履行完董事会或股东大会审议通过并披露后,方可进行合同签订或开展交易。

- 合规部门根据所提供的相关资料，对该笔关联交易的合规性进行审核，包括对协议条款的法律审查、提供合规咨询和必要的法律支持。
- 对于偶发关联交易，一定要注意"累计计算原则"：与同一关联人的交易需要累计计算；与不同关联人、但交易标的相关的交易需要累计计算。

对于此类的关联交易，管理的重点是上市公司通过建立机制，让公司内直接发起的部门，意识到可能涉及关联交易，需要履行相应的审议程序和披露程序。

2. 关联交易违规案例

> **案例**
>
> ### 关联交易审议及披露不及时
>
> 违规事实：某公司派驻副总裁担任9%参股公司的董事，该参股公司因此成为公司的关联法人。
>
> 该公司与关联交发生采购及销售业务，构成关联交易，近三年交易金额分别为3.48亿元、7.36亿元、3.44亿元，占最近一期经审计净资产的26%、30%、13%。但是，该公司未就前述关联交易及时履行决策程序及信息披露义务。相关交易完成后，该公司才分别召开董事会及股东大会补充确认上述事项，并披露相关公告。
>
> 监管判断：该公司未就关联交易及时履行决策程序及信息披露义务。另经查明，该公司与关联方均从事医药流通行业，双方关联交易内容主要为药品销售及采购，属于日常经营性关联交易，相关交易涉及药品采购价格与向非关联第三方的采购价格基本一致，毛利率与其他二级经营商基本一致。该公司发现上述关联交易未及时决策及披露后，已主动召开董事会、股东会进行了追认和补充披露。据此，可酌情从轻处理。
>
> 违规处理：对该公司、董事会秘书书面警示。
>
> （资料来源：上交所董秘后续培训资料。）

关联交易事项认定不准确

违规事实：某公司披露公告，拟将所持有的全资子公司 JN 公司 100% 股权转让给 ZX 公司，交易作价 2.44 亿元，预计增加年度合并报表收益 3.52 亿元。

后经监管问询，公司披露公告称，ZX 公司已于 KS 公司约定 JN 公司 100% 股权由 KS 公司代持，而该公司实际控制人兼董事长系 KS 公司主要股东，该股权转让事项构成关联交易。该公司前期未按关联交易履行决策程序和信息披露义务，后取消相关转让事项。

监管判断：该公司未按照关联交易相关规定履行决策程序和信息披露义务，且该公司和交易对手方在监管问询时仍未能如实披露相关关联关系和关联交易安排，严重损害了投资者的知情权，可能对投资者决策产生严重误导，情节严重。

违规处理：对该公司、交易对手方、董事长公开谴责，对董事会秘书、财务总监通报批评。

（资料来源：上交所董秘后续培训资料。）

3. 其他提示

（1）上市公司关联交易达到《上市规则》规定的披露标准，应当适用《上海证券交易所上市公司自律监管指南第 1 号——公告格式（2023 年 1 月修订）第六号 上市公司关联交易公告》。关联交易标的涉及收购出售资产、对外投资、财务资助、委托理财等事项的，需要同时参照相关公告格式要求在关联交易公告中补充披露有关信息。

（2）上市公司应当根据《上市公司监管指引第 8 号——上市公司资金往来、对外担保的监管要求》的规定，按照《上市公司年度非经营性资金占用及其他关联资金往来情况汇总表》的格式，要求注册会计师对上市公司与控股股东及其他关联方的资金往来情况出具专项说明,具体编制内容可参见《上海证券交易所上市公司自律监管指南第 2 号——业务办理第六号——定期报告》附件 2 的格式要求。

关联交易管理是一项复杂的系统工程,不是简单依靠个别部门管控就能完成的。它需要全公司各部门的通力协作,更需要全体员工对关联交易有着基本的认知并在实际工作当中时刻保持警惕。上市公司应在监管指导下,紧跟监管步伐,跟进监管政策,持续探索公司治理规范性和科学性,持续提升合规经营与风险内控水平,推动可持续、高质量稳健发展。

五、上市公司内幕信息与知情人登记管理

近几年随着中国证券市场的迅速发展,各种违规现象也大量出现,特别是内幕交易问题,一直是资本市场的发展毒瘤。为完善上市公司内幕信息管理制度,做好内幕信息保密工作,有效防范和打击内幕交易等证券违法违规行为,《中华人民共和国证券法》《上市公司信息披露管理办法》等法律法规和规章,进一步规范上市公司内幕信息知情人登记和报送行为,加强内幕交易综合防控。证监会 2022 年 1 月发布了修订后的《上市公司监管指引第 5 号——上市公司内幕信息知情人登记管理制度》。

(一) 内幕信息和内幕信息知情人

内幕信息是指根据《证券法》第五十二条规定,涉及上市公司的经营、财务或者对上市公司证券市场价格有重大影响的尚未公开的信息(见表 13-3)。

根据《证券法》规定,知悉内幕信息的人员即为内幕信息知情人,内幕信息知情人在内幕信息公开前负有保密义务,在内幕信息公开前,不得买卖该公司的证券,或者泄露该信息,或者建议他人买卖该证券。证券交易内幕信息的知情人包括:

表 13 – 3　　　　　　　　上市公司内幕信息的情形

序号	内幕信息
1	可能对公司股票交易价格产生较大影响的事项： （1）公司的经营方针和经营范围的重大变化； （2）公司的重大投资行为，公司在一年内购买、出售重大资产超过公司资产总额30%，或者公司营业用主要资产的抵押、质押、出售或者报废一次超过该资产的30%； （3）公司订立重要合同、提供重大担保或者从事关联交易，可能对公司的资产、负债、权益和经营成果产生重要影响； （4）公司发生重大债务和未能清偿到期重大债务的违约情况； （5）公司发生重大亏损或者重大损失； （6）公司生产经营的外部条件发生的重大变化； （7）公司的董事、1/3以上监事或者经理发生变动，董事长或者经理无法履行职责； （8）持有公司5%以上股份的股东或者实际控制人持有股份或者控制公司的情况发生较大变化，公司的实际控制人及其控制的其他企业从事与公司相同或者相似业务的情况发生较大变化； （9）公司分配股利、增资的计划，公司股权结构的重要变化，公司减资、合并、分立、解散及申请破产的决定，或者依法进入破产程序、被责令关闭； （10）涉及公司的重大诉讼、仲裁，股东大会、董事会决议被依法撤销或者宣告无效； （11）公司涉嫌犯罪被依法立案调查，公司的控股股东、实际控制人、董事、监事、高级管理人员涉嫌犯罪被依法采取强制措施； （12）国务院证券监督管理机构规定的其他事项
2	可能对公司债券交易价格产生较大影响的事项： （1）公司股权结构或者生产经营状况发生重大变化； （2）公司债券信用评级发生变化； （3）公司重大资产抵押、质押、出售、转让、报废； （4）公司发生未能清偿到期债务的情况； （5）公司新增借款或者对外提供担保超过上年末净资产的20%； （6）公司放弃债权或者财产超过上年末净资产的10%； （7）公司发生超过上年年末净资产10%的重大损失； （8）公司分配股利，作出减资、合并、分立、解散及申请破产的决定，或者依法进入破产程序、被责令关闭； （9）涉及公司的重大诉讼、仲裁； （10）公司涉嫌犯罪被依法立案调查，公司的控股股东、实际控制人、董事、监事、高级管理人员涉嫌犯罪被依法采取强制措施； （11）国务院证券监督管理机构规定的其他事项

（1）发行人及其董事、监事、高级管理人员；

（2）持有公司5%以上股份的股东及其董事、监事、高级管理人员，公司的实际控制人及其董事、监事、高级管理人员；

（3）发行人控股或者实际控制的公司及其董事、监事、高级管理人员；

（4）由于所任公司职务或者因与公司业务往来可以获取公司有关内幕信息的人员；

（5）上市公司收购人或者重大资产交易方及其控股股东、实际控制人、董事、监事和高级管理人员；

（6）因职务、工作可以获取内幕信息的证券交易场所、证券公司、证券登记结算机构、证券服务机构的有关人员；

（7）因职责、工作可以获取内幕信息的证券监督管理机构工作人员；

（8）因法定职责对证券的发行、交易或者对上市公司及其收购、重大资产交易进行管理可以获取内幕信息的有关主管部门、监管机构的工作人员；

（9）国务院证券监督管理机构规定的可以获取内幕信息的其他人员。

（二）内幕信息知情人档案

表13-4　　　　　　　　　　内幕信息知情人档案

事项	具体要求
档案内容	（1）姓名或名称、身份证件号码或统一社会信用代码； （2）所在单位、部门，职务或岗位（如有），联系电话，与上市公司的关系； （3）知悉内幕信息时间、方式、地点； （4）内幕信息的内容与所处阶段； （5）登记时间、登记人等其他信息
报送事项	（1）重大资产重组； （2）高比例送转股份； （3）导致实际控制人或者第一大股东发生变更的权益变动； （4）要约收购； （5）证券发行；

续表

事项	具体要求
报送事项	（6）分拆上市； （7）股份回购； （8）股权激励草案、员工持股计划； （9）中国证监会或者本所要求的其他可能对公司股票及其衍生品种的交易价格有重大影响的事项
出具承诺	上市公司在报送内幕信息知情人档案和重大事项进程备忘录时应当出具书面承诺，保证所填报内幕信息知情人信息及内容的真实、准确、完整，并向全部内幕信息知情人通报了有关法律法规对内幕信息知情人的相关规定。董事长与董事会秘书应当对内幕信息知情人档案的真实、准确和完整签署书面确认意见
保存时间	上市公司应当及时补充完善内幕信息知情人档案及重大事项进程备忘录信息。内幕信息知情人档案及重大事项进程备忘录自记录（含补充完善）之日起至少保存10年
报送时点	在内幕信息依法公开披露后5个交易日内
自查	上市公司根据中国证监会及证券交易所的规定，对内幕信息知情人买卖本公司证券的情况进行自查。发现内幕信息知情人进行内幕交易、泄露内幕信息或者建议他人进行交易的，上市公司应当进行核实并依据其内幕信息知情人登记管理制度对相关人员进行责任追究，并在2个工作日内将有关情况及处理结果报送公司注册地中国证监会派出机构和证券交易所
其他需填写的情形	（1）上市公司的股东、实际控制人及其关联方研究、发起涉及上市公司的重大事项，以及发生对上市公司证券交易价格有重大影响的其他事项时，应当填写本单位内幕信息知情人档案。 （2）证券公司、证券服务机构接受委托开展相关业务，该受托事项对上市公司证券交易价格有重大影响的，应当填写本机构内幕信息知情人档案。 （3）收购人、重大资产重组交易对方以及涉及上市公司并对上市公司证券交易价格有重大影响事项的其他发起方，应当填写本单位内幕信息知情人档案。 上述主体应当保证内幕信息知情人档案的真实、准确和完整，根据事项进程将内幕信息知情人档案分阶段送达相关上市公司，完整的内幕信息知情人档案的送达时间不得晚于内幕信息公开披露的时间。内幕信息知情人档案应当按照规定要求进行填写，并由内幕信息知情人进行确认。 上市公司应当做好其所知悉的内幕信息流转环节的内幕信息知情人的登记，并做好第一款至第三款涉及各方内幕信息知情人档案的汇总

（三）重大进程备忘录

上市公司进行收购、重大资产重组、发行证券、合并、分立、回购股份等重大事项，除按规定填写上市公司内幕信息知情人档案外，还应当制作重大事项进程备忘录。上市公司应当督促重大事项进程备忘录涉及的相关人员在重大事项进程备忘录上签名确认。上市公司股东、实际控制人及其关联方等相关主体应当配合制作重大事项进程备忘录。

上市公司应当在内幕信息依法公开披露后5个交易日内将内幕信息知情人档案及重大事项进程备忘录报送证券交易所。证券交易所可视情况要求上市公司披露重大事项进程备忘录中的相关内容。

（四）违规案例

A公司在2019年和2020年年报内幕信息知情人仅登记两名签字注册会计师及一名现场负责人，未登记审计机构项目组其他成员，且登记的2020年年报知悉时间与实际情况不符，并且公司未就筹划与公司第二大股东设立合资公司生产六氟磷酸锂、电池电解液添加剂的重大事项填写内幕信息知情人登记表，也未制作重大事项进程备忘录。违反了相关规定，被交易所出具书面警示。

B公司在筹划2022年定增项目时，未将实际知悉相关信息的人员作为内幕信息知情人登记管理。B公司部分重大事项进程备忘录中，主要高管人员和项目参与人员未签字、公司未盖章，部分签字页无原件。违反了相关规定，被交易所出具警示函。

第十四章　上市公司投资者关系管理

投资者关系管理在美国等发达的资本市场发展较为成熟,指上市公司与股东、潜在投资者之间的关系管理。《上交所股票上市规则》指出,上市公司应当重视和加强投资者关系管理工作,为投资者关系管理工作设置必要的信息交流渠道,建立与投资者之间良好的沟通机制和平台,增进投资者对公司的了解。我们认为投资者关系管理工作就是要通过有效的沟通来推动投资者对公司价值的再发现,进而助力公司实现价值的最大化,并如期获得投资者的广泛认同。

一、投资者关系管理工作的发展与意义

(一) 海外投资者关系管理发展情况

在海外市场,投资者关系管理工作的发展起步较早,伴随着行业协会成立和制度规则的不断完善,已经形成了一套成熟的投资者关系管理工作体系。1969年,美国率先成立全美投资者关系协会(National Investor Relations Institute, NIRI),随后英国、法国、德国、日本等紧随其后成立了各自的投资者关系协会。1990年,国际投资者关系协会应运而生,会员数不断增长。

在全球许多国家,尤其是发达国家的证券市场中,机构投资者已经成为市场的主导力量。相对于中小投资者,机构投资者更加理性,较为关注公司的内在价值和长远发展,对上市公司的信息透明度和股票价格具有较大影响,

因此机构投资者和分析师是海外上市公司最重要的投资者关系管理对象。

（1）2003年，美国证监会发布《机构投资者代理投票规则》和《投资公司投票政策与投票记录的披露规则》，明确了机构投资者参与公司治理的要求；

（2）2010年，英国财务报告委员会发布了首个促进与规范机构投资者参与公司治理的《尽责管理守则》，其后为全球多个主要市场效仿，并在2020年进行更新；

（3）二十国集团/经合组织在《公司治理原则》（2015年修订）中，首次加入了"机构投资人、证券市场及其他中介机构"专章，将机构投资者参与公司治理作为一项主要原则加以强调。

以日本的索尼公司为例，分析海外投资者关系管理的基本架构。1970年，索尼公司在纽交所上市，并引进了季度业绩公布制度，构成了公司开展投资者关系活动的基础。每年，公司会和分析师、机构投资者举办超过200次的推介会议，并于每年的2月、5月、8月、11月分别召开季度会议发布经营情况；同时，公司还会专门和分析师举办小组讨论会。索尼公司是第一家同时在美国、欧洲和日本三地同步举行电话会议的公司，每年会实地走访数十位海内外机构投资者。此外，索尼公司也同样重视个人投资者，并通过组织媒体推介会等形式参观工厂。在向广大投资者传导公司的经营情况之外，索尼公司的投资者关系团队还会参加管理层会议，反馈分析师与投资者的意见。通过重视与投资者的关系，索尼公司在资本市场中成功维护了自身的优势地位。

（二）境内上市公司越来越重视投资者关系管理工作

在A股市场中，投资者关系管理仍然算得上是新兴事物。上市公司如何开展投资者关系管理工作、做到什么程度，不同上市公司之间分化较大，主要有赖于管理层对此的重视程度和投入程度。有的公司与投资者保持密切沟通，估值能够充分反映内在价值；有的公司疏于管理投资者关系，未能获得市场关注，股票流动性偏弱、估值难有起色，对公司的再融资与企业品牌维护都形成了阻碍。近年来，由于市场环境的变化和监管部门的推动，上市公司投资者关系管理的重要性显著提升。

首先，上市公司数量快速增长，使得证券市场由卖方市场快速转变为买方市场。在A股发展的前二十年，上市数量稳步增长，2010年年末，上市公司数量2063家；此后，在推动金融服务实体经济、提升直接融资效率的大环境下，2022年11月21日，上市公司数量突破5000家，较2010年提升153%。因此，直观来看，投资者的研究精力是有限的，眼花缭乱的股票面前，谁最能吸引投资者的注意力，谁就在市场中占得了先机。通过积极进取的投资者关系管理工作，上市公司可以更大程度地向万千投资者展示自己、推销自己，也就因此获得了更多的市场关注度与认可度，这对提升股票流动性、助力业务开展都是极其有利的。

其次，近年来机构投资者持股和交易占比稳步上升，个人投资者交易占比逐步下降到60%左右。机构投资者的资金量大、投资周期长，对上市公司的价值维护是非常有帮助的。同时，考虑到机构投资者在投资研究方面更加专业，注重与上市公司进行直接交流，公司需要通过搭建专业的投资者关系团队来畅通与机构投资者的交流渠道。从更加长远的角度来看，美股机构投资者持股占比已经超过60%，对比海外市场，A股在成熟化的发展道路上仍然任重道远，投资者关系管理工作仍处于起步阶段，挑战与机遇并存。

最后，监管部门的推动和引导，使上市公司更加重视投资者关系管理工作。2022年4月，在资本市场双向开放、证券市场基础制度不断完善、互联网高速发展的新形势下，证监会时隔17年修订了《上市公司投资者关系管理工作指引》，丰富了投资者关系管理工作的内容及方式，对上市公司投资者关系管理工作的组织和实施进行了明确。其中，指引提出了上市公司投资者关系管理的基本原则：（1）合规性原则，符合法律法规及行业普遍遵守的行为准则；（2）平等性原则，尤其为中小投资者活动创造便利；（3）主动性原则，主动开展投资者关系管理活动，回应投资者诉求；（4）诚实守信原则，营造良好的市场生态。同时，上市公司应当通过积极的活动倡导投资者坚持理性投资、价值投资和长期投资的理念,助力形成理性成熟的投资文化。

(三)投资者关系管理工作的重要意义

上市公司投资者关系管理工作,对于上市公司的发展具有重要的意义,主要表现在以下方面。

1. 充分传递公司价值

向投资者充分揭示公司价值,纠正市场估值偏差,科学地看待公司业绩的波动,使公司内在价值得到资本市场的认可,避免公司价值被低估。

据麦肯锡的调查显示,在财务状况类似的情况下,投资者愿意为"治理良好"的亚洲公司付出20%—27%的溢价,愿为"治理良好"的北美公司付出14%的溢价。改善公司治理,并通过科学有效的投资者关系工作将这些信息传递给给市场,可以带来显著的股票溢价,对于股东与公司发展都是有积极意义的。上市公司股价的提升,可以为股东实现持股市值的提升,意味着财富的增长和现实可行的退出渠道,为股东实现良好的投资回报。

2. 建立稳定的投资者基础

增加投资者跟随,适时推动企业以较低成本融到所需的资金。良好的投资者关系管理工作,让我们能触达到公司的股东,并作充分的沟通交流,争取股东的大力支持。例如,东方证券于2021年推进的配股工作需要类别股东大会的表决通过,我们与股东扎实细致地沟通,最终以99%以上比率获得通过,为公司配股推进创造了前提条件。再以定向增发股票为例,在几个月的窗口期内,需要找到多位机构投资者或高净值个人参与,单笔参与额度低则几千万元、高则上亿元,难度是很高的。在投资者关系管理工作中,日常会接触到较多对公司感兴趣、且对公司有一定了解的投资者,与这些投资者保持沟通,能够为未来的再融资做好储备。

3. 提高公司知名度

通过整合营销传播向社会各界做了宣传,提高公司的知名度,为公司业务发展助力,从而增加了公司的无形资产。2022年,A股投资者数量突破两亿人，一家上市公司的股东数量，也是从几万至几十万不等。在资本市场中的良好形象，能够让投资者对公司的品牌产生更多信赖，对公司的业务发展与打造整体形象都是有利的。

4. 增强公司价值的创造

一方面，助力公司的资本运作；另一方面，有利于公司更准确理解股东对价值创造的诉求，将其体现在公司的经营活动中，从而增强企业的价值创造。

5. 传递投资者和市场对公司发展的声音

在投资者关系管理工作中，我们经常听取到股东和各类投资者，对公司发展提出的意见和建议。近年来，东方证券的投资者希望公司进一步加大资产管理、财富管理等优势业务的特色化发展，希望公司平衡好轻资产和重资本业务，加大创新力度和发展机构业务，提升公司整体的 ROE 水平等。通过向公司管理层及时传递这些意见和声音，对公司实现高质量发展也会有很好的启发作用。

二、投资者关系管理工作与市值的关系

公司市值决定于公司的内在价值，也就是公司的质地。同时，投资者关系管理工作能有效助力于公司市值的维护和提升，投资者关系管理做得好的公司能得到市场的充分认可，得到合理的估值，甚至在一定时期可以享受估值的溢价。但是，唯市值论去看待投资者关系管理是不合理的，我们认为应当科学看待投资者关系管理工作与市值的关系。

（一）科学看待上市公司的市值

市值，是指一家上市公司的发行股份按市场价格计算出来的股票总价值，科学理解市值是投资者关系管理工作的基础。利用乘法原理，市值可以被拆解为围绕净利润和净资产两种情况：

总市值＝净利润×市盈率（PE）＝净资产×市净率（PB）

可以看到，影响公司市值表现因素的主要来自两个方面，一是公司的实力水平，二是市场估值。以市盈率为例，假定公司净利润 10 亿元不变，20 倍 PE 时市值为 200 亿元，40 倍 PE 时市值翻倍到 400 亿元；假定 PE 为 20 倍不变，净利润为 10 亿元时市值为 200 亿元，净利润为 20 亿时市值翻倍到 400 亿元。公司业绩和估值，对市值表现都起到了至关重要的作用。其中，公司的业绩离不开全体员工的努力与积累，但整体而言，投资者关系管理工作对公司的业绩表现影响有限。维护和提升公司的估值水平，则成为了投资者关系工作的目标所在，但实际上估值水平也与公司的战略、公司治理、公司的业绩及发展前景有关。

对 PE 估值系数进行拆分，可以看出，共有三个因素决定了市盈率，分别是分红率、业绩增速预期以及折现率。其中，折现率更多受外部因素影响，并非公司的内生指标。因此，投资者关系管理工作在市值管理方面的工作重点，在于管理市场对公司分红率与业绩增速的预期。

$$PE = \frac{P}{EPS} = \frac{D_1}{EPS \times (R-g)} = \frac{EPS \times x}{EPS \times (R-g)} = \frac{x}{R-g}$$

其中，x 为分红率，R 为折现率，g 为增长率。

（二）投资者关系管理对市值的影响

市值的决定性因素是企业基本面，市值围绕企业价值而波动。市值是企业价值的外在表现形式，一段时间里，企业经营稳定，但市值始终在涨跌变化。借鉴劳动价值论的思想，企业市值始终围绕价值而波动，影响市值波动的因素繁多，包括宏观因素、行业政策、股东增减持等。在这个过程中，投资者关系管理团队通过一系列的交流活动，帮助投资者了解公司，维护公司估值在合理区间。

市值管理已经成为一个备受关注的热点词汇，指的是上市公司综合运用多种科学、合规的价值经营方式和手段，以达到公司价值创造最大化、价值实现最优化的一种战略管理行为。在实践中，市值管理这一概念常常被扭曲，不少公司以市值管理之名、行操纵市场内幕交易之实，借市值管理牟取非法利益，严重破坏资本市场公平秩序，严重损害投资者的合法权益。

在工作中，关于投资者关系管理工作，有两个经常被讨论的问题，在这里分享下我们的观点。

问题一：通过开展投资者关系管理工作，可以让股票涨起来吗？

对于这个问题，我们认为答案是否定的。一方面，公司基本面是市值的基石，科学有效的投资者关系管理工作能够尽力消除投资者与公司之间的信息不对称，管理市场对公司未来发展的预期，从而将估值维持在合理水平。另一方面，投资者关系管理不是万能的，不能粉饰报表，也不能夸大现状，在公司基本面不佳时，市值下降是自然而然的事情，投资者关系管理工作应当引导投资者理性看待不利信息，并建立对未来的合理预期。

因此，我们认为，投资者关系管理工作要牢牢把握公司估值这个锚，在被低估时要保持信心和坚守，在被高估时要保持冷静和理性。也只有经过了轮回，才能对投资者关系管理工作有更深的体会和良好的把握。因此，投资者关系管理工作需要信心、耐心、专心和恒心。

问题二：是否应该以市值表现来考核投资者关系管理工作？

这需要辩证地来看待，在投资者关系管理工作量和市值考核维度之间作一定的平衡。因为市值只是公司价值的具象化体现，并不能代表公司投资者关系工作的效果。为了更加科学地评估投资者关系管理工作成果，我们建议从三个维度入手：一是工作内容维度，是否可以对接更多的分析师与投资者，是否召开丰富的投资者交流活动等；二是同业对比维度，将公司估值与同业进行横向对比，如果公司的估值水平与公司的基本面较为一致，则投资者关系管理工作是有效的；三是市场影响力维度，从监管、媒体、投资者等多个方面来综合判断，公司的品牌形象与市场影响力是否得到了有效提升。总体来看，投资者关系管理工作的目标在于与投资者和潜在投资者建立长期的信任关系，维护公司的估值水平在合理范围内波动，因此考核指标宜着眼长期，以市值论英雄不利于投资者关系管理长期目标的实现。

三、投资者关系管理工作的理念与体系

（一）投资者关系管理的工作理念

上市公司应秉承真诚、专业、合规的投资者关系工作理念，注重加强与投资者的沟通交流，倾听投资者的意见，传导公司的发展价值。

真诚：发自内心地充分尊重每一位投资者，无论其持股的大小，这体现在上市公司接待投资者并作沟通交流的每一个环节中。

专业：要对宏观经济、行业发展、企业微观层面等方方面面的情况做到准确地了解和把握，观点要客观专业，讲真话、讲实话，绝对不讲假话。在面对投资者、媒体或其他外部机构时，作为一家上市公司的董秘，应当谨慎、冷静并适当展现这家公司的公司文化，不能太生硬，否则会显得公司对投资者重视程度不够；不能太活泼，否则会让大多数偏理性冷静的投资者觉得"不严肃"。

合规：公司投资者关系管理工作应当遵循公开、公平、公正原则，真实、准确、完整地介绍和反映公司的实际状况。公司应当避免在投资者关系活动中出现发布或者泄露未公开重大信息、过度宣传误导投资者决策、对公司股票及其衍生品种价格作出预期或者承诺等违反信息披露规则或者涉嫌操纵股票及其衍生品种价格的行为。

（二）投资者关系的工作体系

在《上市公司投资者关系管理工作指引》中，梳理了投资者关系管理工作的主要职责，包括：

（1）拟定投资者关系管理制度，建立工作机制；

（2）组织与投资者沟通联络的投资者关系管理活动；

（3）组织及时妥善处理投资者咨询、投诉和建议等诉求，定期反馈给公

司董事会以及管理层;

(4) 管理、运行和维护投资者关系管理的相关渠道和平台;

(5) 保障投资者依法行使股东权利;

(6) 配合支持投资者保护机构开展维护投资者合法权益的相关工作;

(7) 统计分析公司投资者的数量、构成以及变动等情况;

(8) 开展有利于改善投资者关系的其他活动。

在实践中,我们将投资者关系管理体系总结为"内外兼修"。从外部来看,投资者关系管理工作是与投资者交流,但其基础是描绘公司的投资"故事"。这里称之为投资故事是借助了外资投行的说法,我们更愿意称为公司的投资逻辑,以表示特别注意不能有任何虚构浮夸的成份。掌握公司的投资逻辑,离不开大量的内部调研与素材整理,所以跟踪公司的经营发展情况是投资者关系管理工作的第一步。有了公司的投资逻辑,就需要探索如何把它更好地传递给市场。结合科技发展与投资者的需求变化,投资者交流活动的类型也不断丰富,从线下到线上、从小范围到大规模,董办应当因地制宜地选择交流工具,与市场保持紧密的沟通。最后,将投资者的反馈向管理层汇报,赋能公司经营管理,是投资者关系管理工作的最后一步,也完成了投资者关系管理工作的闭环。其分类如表14-1所示。

表14-1　　　　　　　投资者关系管理工作的内容

类别	内容
内部工作	投资者关系管理工作体系和制度建设
	调研了解公司最新发展(动态、数据)
	投资者建议反馈
	投资者关系管理工作综合性或专题性报告
路演交流活动	组织召开业绩说明会(年度、半年度、季度)
	接待分析师、专业投资者调研交流
	参加上市公司策略交流会
	一对一拜访交流
	组织投资者开放日活动
	中小投资者走进上市公司/云调研活动

续表

类别	内容
研究分析	投资者识别与分析
	公司估值分析
投资者关系管理渠道管理与维护	电话
	邮件
	上证 E 互动
	微信公众号
	投资者关系管理专题网站建设
舆情关注与应对	舆情分析、危机公关
参与公司资本运作	股东沟通与拜票
	投资者或潜在投资者参与

1. 对内：保持学习，跟踪企业发展情况

投资者交流，归根到底是信息的传递。企业经营发展是一个动态的过程，市场环境、经营数据、业绩亮点与难点等都在变化中。在投资者关系管理活动中，选择以何种口径传递哪些信息，有赖于投资者关系管理团队与公司各部门子公司的日常沟通，这种对内沟通需要一定的专业性和技巧性。

其专业性体现在投资者关系管理团队需要从宏观到微观的各个角度，对公司的业务有全面掌握。董秘要有两种思维，一种是投资者思维，即知道投资者对公司有哪些了解、在关注什么问题、希望看到公司做出哪些改变；另一种思维是高管思维，对公司的经营发展有全盘掌握，大到行业发展格局、小到具体业务的开展方式、以及公司的发展战略、经营管理、财务分析等。投资者关系管理工作对于从业人员的专业素质提出了非常高的要求，既要懂财务、也要懂技术、还要懂资本市场，可以说是多面手了。这也是非常必要的，所谓"知己知彼百战不殆"，只有了解市场所思所想、并比投资者多想一步，才能更好地打造企业的专业形象。具体来说，需要在以下方面进行建设。

（1）投资者关系管理工作体系与制度建设：上市公司应高度重视投资者关系管理工作，建立专业的投资者关系管理团队，加强资源投入，公司领导应当亲自参与重大投资者关系管理活动；从专业角度，结合市场需求与公司现状，确定投资者关系管理工作的主要内容，并建立投资者关系管理工作的相关制度。

（2）了解公司发展情况：掌握宏观和行业政策变化及影响，了解行业发展趋势与竞争格局；及时收集、掌握公司的发展方向与经营情况，掌握公司发展战略、年度计划与阶段性进展；了解公司最新发展动态，包括财务数据、业务数据。其中，为了解公司年度、半年度、季度的数据情况，需要与主要部门/子公司建立定期沟通制度，按季度定期进行数据维护与更新。只有全面和准确了解上市公司的发展情况，投资者关系管理人员才能准确地与各方进行交流，做到心中有数、交流有物，讲好企业的投资价值故事。

（3）投资者关系管理导向信息披露：投资者关系管理人员应当协助信息披露团队，在满足合规、法定信息披露要求的基础上，根据投资者的关注需求，做好主动性的信息披露，使信息披露工作更加有针对性。

（4）向管理层传导市场与投资者的声音：上市公司的投资者，更能够站在投资者的角度关注上市公司价值的提升，很多是非常专业的，对于行业和企业的发展很有见地。这些来自市场和投资者的意见和声音是非常有价值的，能够对企业的管理层起到很好的建议与警示作用，也为管理层的战略决策提供有价值的参考意见。将这些声音传递回公司的管理层，能够推动企业更好发展。

同时，在实践中，对内沟通也需要技巧。有些上市公司里，公司董事长或总裁承担了投资者关系的工作，他们对公司的经营发展掌握了最丰富的信息，在对外交流中具有得天独厚的优势。而在大部分上市公司里，从事投资者关系管理工作的为董秘及投资者关系管理团队，在收集内部资料时，需要就敏感问题向业务部门提问，业务部门出于信息保密，不一定能提供准确的答复。这种内部的沟通成本在一定程度上限制了投资者关系管理工作的开展。关于搭建更好的内部信息网络，有以下建议可借鉴参考。

（1）打造对接人体系。由各业务部门指定熟悉业务的人员为投资者关系管理工作对接人，对接人应当熟知本部门业务内容，有大局观、有战略眼光，能够及时就市场关注的问题提供回复。

（2）组织投资者关系相关培训。由董秘、外部专家等人员作为培训讲师，普及信息沟通及投资者关系管理交流的概念及重要性，加强公司对投资者关系工作的重视与投入。

（3）成立投资者关系工作委员会。资本运作、投资者关系都是公司的长期战略性工作。在时机合适的条件下，公司可以组建投资者关系管理工作委员会，搭建起投资者与管理层的沟通桥梁。

2. 对外：善用交流工具，与市场保持沟通

组织和参加各类路演交流活动，是上市公司投资者关系管理工作的重要内容，也是上市公司价值传播的重要环节，交流的目的是将公司的价值清晰地描述并传递给资本市场。路演的方式方法主要有以下几类，具体如表 14-2 所示。

表 14-2　　　　　　　　上市公司路演活动的类型

类型	活动名称	活动内容	公司参会人员	参会投资者
定期活动	年度/半年度/季度业绩说明会	介绍公司定期业绩情况，发展战略	全体高管团队	分析师、机构投资者 中小投资者 媒体记者 提前公告
不定期活动	路演/接待调研/参与券商策略会	介绍公司最新发展动态，交流投资者关心的问题	董秘 投资者关系管理团队	分析师 机构投资者
	主题开放日	对公司的特色亮点业务进行针对性介绍	相关业务领导 董秘	分析师 机构投资者 媒体记者
	中小投资者走进上市公司	现场走访公司现场，了解业务情况	公司高管 业务部门领导	中小投资者为主
	上市公司云调研	线上介绍公司整体情况与特色业务	公司高管 业务部门领导	中小投资者为主

(1) 组织召开业绩说明会: 在监管部门推动和上市公司的参与下, 组织召开业绩说明会已经成为上市公司投资者关系管理工作的重要抓手。在召开的频率上, 从年度、半年度召开的基础上, 扩张到每季度召开的频率。组织召开业绩说明会, 将在本章的第四部分作专门介绍。

(2) 接待分析师和机构投资者的调研交流: 上市公司董秘和投资者关系管理团队接待证券研究机构的分析师(卖方研究员)和机构投资者(买方研究员、投资经理、基金经理等)等的来访交流。这些交流的形式与场合是比较多样的, 包括路演、反路演、券商组织的上市公司策略会等。作为推介公司投资价值的重要力量, 卖方分析师为投资者提供投资建议, 分析师对公司的分析、评价对市场有直接而重大的影响。争取更多的卖方分析师覆盖和推荐, 有利于提升公司在资本市场的知名度, 提升公司的估值水平。随着中国资本市场开放的推进, A股纳入MSCI、富时罗素指数的范畴, 外资投资机构也在加紧布局中国市场, 更多的外资卖方机构的推荐有利于吸引境外资金的投资。

同时, 公司需要重点维护主要股东与机构投资者。例如, 通过与主要股东定期开展一对一拜访交流, 维护公司与主要股东的关系, 争取股东对公司发展重大事项的支持; 公司也可以去拜访基金公司等机构投资者, 向机构投资者专题汇报公司的发展情况, 争取投资支持。

(3) 投资者开放日活动: 主要指上市公司主动组织的、邀请投资者来到公司参与的交流活动, 通常会根据公司经营特点组织相关的专题介绍, 邀请高管团队和相关业务部门领导出席, 回复投资者关心的问题, 帮助投资者更好地了解上市公司。

(4) 针对中小投资者开展的走进上市公司活动: 其中, 线上可以开展云走进上市公司直播活动, 线下可以邀请中小投资者走进公司, 参观总部及生产线等, 并邀请高管及业务部门领导出席进行详细的介绍和分享, 拉进公司与各类投资者之间的距离。

以东方证券为例, 公司致力于准确把握大势、主动作为, 积极把握市场风口、有针对性地组织投资者关系管理活动,在2021年共开展各类路演交流活动104场,同比增加173.7%。其中,定期业绩会2次,接待小范围调研活动24次,参加券商策略会交流40场,机构投资者反路演7场,拜访重要股东21场。这些交流活动有效提升了公司的市场认可度,公司估值显著提升。

3. 其他投资者关系管理工作

投资者关系工作内容较为丰富,除上述的对内对外交流之外,还需要在股东及估值分析、舆情管理、资本运作等方面发挥作用,并积极利用移动互联网的新趋势,做好投资者交流的全渠道维护工作。

(1)股东及估值分析。投资者关系管理工作需要及时了解和分析公司股东情况,并在此基础上做好重点股东的沟通和维护工作,提升股东对公司的认同度,促进股东资源和公司发展的协同。对于A股公司而言,上市公司可以定期地获得股东名册,进行股东分析;对于H股公司而言,由于香港目前仍然是二级托管机制,登记股东为名义股东,这就需要做股东识别工作,识别名义股东背后的实际股东。上市公司一般通过委托中介机构来完成股东识别报告。

如图14-1所示,根据上海证券交易所的统计数据,上市公司的股东可以分为个人投资者、一般法人、境内专业机构投资者、境外机构等。在上述现有股东数据库的基础上,公司应当建立投资者关系管理工作与客户的沟通交流记录,针对不同类别的投资者,采取不同的投资者关系管理应对策略。

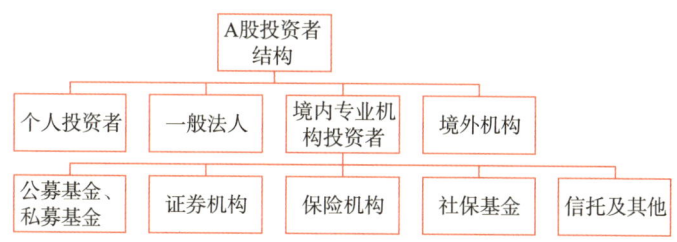

图14-1 上市公司投资者的类别

此外,还应当对公司估值进行持续分析。一方面,从估值的角度进行对比研究分析,了解行业估值水平与公司的相对估值地位,及时掌握投资者对公司的观点；另一方面，分析公司的投资价值，形成对公司独特的视角和认识，并通过投资者交流工作向市场传递这些观点。

（2）舆情监测与应对工作。做好面向媒体的舆情监测、危机应对等。做好舆情跟踪，关注公司有关的舆情情况，做好舆情引导，应对舆情负面事件和危机等。同时，注重维护公司声誉风险，维护公司品牌形象。

（3）参与公司资本运作。在公司的资本运作过程中，投资者关系管理工作需要在几个方面发挥作用。一是做好资本运作项目的沟通，讲清公司资本运作对公司发展的意义，分析资本运作对投资者的影响，争取投资者对公司资本运作的支持。二是动员投资者参与公司的资本运作，如上市公司在进行配股等工作中，针对现有投资者积极参与公司的配股，提高认配比率，扩大配股募集资金。三是发现和推荐对公司有兴趣的投资者，为公司引入新的投资者，如上市公司进行非公开发行 A 股，需要寻找新的投资者，日常的投资者关系管理工作也可以积累潜在的投资者资源库，为公司找到定增投资者作出积极贡献。

（4）维护投资者关系管理沟通网络。上市公司的投资者关系管理渠道，包括上证 E 互动、电话、邮件、官网、微信公众号等渠道体系，使公司可以多渠道触达投资者，也可以使投资者更加便利地找到公司。

当前，保护中小投资者利益是重中之重，监管部门把上市公司的电话是否有人及时接听，上证 E 互动和邮件是否有人及时回复，作为对上市公司的基本要求。其中，接听投资者电话，是公司直面中小投资者的机会，需要接线人有专业的知识储备和较好的心理素质。有的投资者来电，是想了解公司的情况，这需要在合规的尺度内回复；有的是倾诉，需要充当一个很好的听者；有的是抱怨甚至是骂人，上市公司在回应时需要有理有据。上市公司投资者关系管理人员在回复时，需要注意回复内容的合适性，因为很难避免来电者是媒体，对方把相关回复音频或内容放到公开媒体上，容易被断章取义。上市公司为了能够做到及时接听投资者的电话，可以把相应的电话设置成可转接到投资者关系管理人员的手机上，避免上市公司电话长期无人接听被投诉情况的出现。

同时，特别要注意新媒体传播手段的运用，增加公司价值传播的广度和深度。深化推进工作的创新探索，把握移动互联网潮流，开通并维护公众号、雪球、同花顺等自媒体账号，利用新媒体渠道触达更多的投资者。

四、投资者关系管理工作的实践

（一）投资者关系管理工作的实践现状

虽然监管部门对投资者关系管理工作进行了较为细致的指引，投资者关系管理工作的内容体系也逐步得到市场认知。但由于这一工作的灵活性，和公司治理、信息披露相比，投资者关系管理显得不那么"紧急"，经常会被摆在相对靠后的顺序。在实践中，如何开展投资者关系工作、投入多少精力与成本，仍然是摆在每家上市公司面前的重要课题。客观来讲，对于不同体量、不同阶段的上市公司而言，各项工作的轻重缓急排序不同，投资者关系工作的标准也有所差异，主要可以分为以下三类。

1. 基础类

基础类的投资者关系工作主要是满足监管部门及上市公司治理所提出的基本要求，包括建立投资者关系管理制度；设置投资者关系管理热线、投资者关系管理邮箱；回复上证E互动问题；在监管规定的特定情形下召开投资者说明会，如年度报告披露后、当年现金分红水平未达规定要求等，为了简化流程，说明会往往以网络文字互动的形式召开。

基础类投资者关系管理工作消耗的成本低，经常由其他岗位员工兼职投资者关系管理工作，占用董办的人力资源较少。通常而言，人手少、对估值及市值没有诉求的上市公司，在投资者关系管理方面只能达到基础类级别的投入。在这种情况下，投资者关系管理工作是为了满足监管要求而"被动"开展的，工作形式缺乏创新、交流内容简单，对上市公司价值管理无法带来实质性的促进，也不能帮助公司提升市场影响力。

2. 进阶类

与基础类相比，进阶类的投资者关系管理工作更具"主动性"。一方面，体现为人员进阶，随着投资者关系管理工作量增加，上市公司会主动设置投资者关系管理专职人员，专门负责对接各类投资者、组织交流活动。为了提升交流质量与效果，投资者关系管理岗位人员需要有较强的沟通交流能力、专业的行业知识结构、以及良好的道德品行素养。另一方面，则是工作内容进阶，上市公司更加致力于通过丰富多彩、切实有效的投资者关系管理活动来提升公司的市场影响力，增进投资者对公司的认可度，进而推动公司价值提升。这些投资者交流工作包括：精心组织投资者说明会，在交流内容、举办形式等方面积极创新；开展主题开放日等活动，向市场展示公司特色与亮点；与分析师、机构投资者、个人投资者保持良好关系，经常组织开展路演、反路演等交流活动；积极利用新媒体平台，扩大投资者关系管理工作影响力；等等。

目前，随着市场逐步发展成熟，越来越多的上市公司意识到了投资者关系对公司价值管理与战略发展带来的长远影响，开始向进阶类投资者关系管理工作转型。

3. 完善类

完善类投资者关系管理工作不仅努力向资本市场传递公司的声音，还要参与到公司的内部管理中去，将投资者的意见建议带给管理层，真正搭建起投资者与上市公司沟通的双向桥梁。在实践中，投资者可以通过多种形式参与上市公司治理，包括股东大会投票与发言、业绩说明会提问、日常路演与调研活动等。

对于公司而言，上市的目的在于通过股权融资改善公司的财务状况，而投资者的认可与合理的估值水平则是融资的前提。成熟完善的投资者关系管理工作能够帮助上市公司维护公司价值，进而为长期发展奠定基础。

目前，仅有少数的A股上市公司投资者关系管理可以达到完善的程度，这离不开公司自上而下的重视，只有当董监高愿意倾听投资者声音，认真对待股东与潜在股东对公司的建言献策，才能打通这一双向沟通机制，实现效用最大化。同时，董办团队在这个过程中也发挥了关键作用，通过及时收集、整理投资者对公司的观点与建议，为管理层下一步的发展思路提供借鉴。当公司的经营发展符合投资者的预期，市场对公司的信赖程度得到进一步提升，能够吸引更多机构投资者买入并长期持有。进而，优秀的股东结构与科学的经营思路，最终为估值提供更多支撑。

（二）以业绩说明会为例，总结投资者关系管理实践经验

在监管部门的推动下，上市公司召开业绩说明会，越来越成为投资者关系管理工作的重要抓手。

根据上海证券交易所的数据，目前沪市上市公司召开业绩说明会已经常态化的"标配"。近年来，沪市公司业绩说明会开得有声有色，召开数量和质量均显著提升，中小投资者"获得感"明显增强。2022年，沪市2000余家上市公司召开2021年年报业绩说明会，实现了"全覆盖"。

业绩说明会有力提升了信息披露的针对性和有效性，并为投资者行使股东权利、监督约束上市公司提供了新场景。上市公司采取多种方式主动交流，如视频直播、可视化年报、"云参观"，提升参会者"体验感"，董事长、总经理等核心管理层出席交流，专业分析师深度引领，中小投资者广泛参与，国内外投资者及市场多元力量高度参与进来。

东方证券在2016年7月H股发行上市后，就注重召开业绩说明会工作。新冠肺炎疫情期间，公司则通过视频直播方式召开。我们认为，召开业绩说明会是公司投资者关系管理工作的重要载体和手段。2021年9月，公司很荣幸地被中国上市公司协会评为"2020年报业绩说明会最佳实践案例"之一；2022年12月，公司再次获评"上市公司2021年报业绩说明会最佳实践"（相关情况见本章附件）。公司2021年、2022年已经视频直播召开年度和半年度业绩说明会，累计浏览量超过20万人次，取得了良好的效果。

上市公司要召开好业绩说明会，一是公司领导要高度重视。如 2021 年 9 月 1 日公司召开的半年度业绩说明会，公司董事长兼总裁、所有副总裁以及董秘等 7 位领导一起参加，集体亮相回答相关专业问题，也是对公司相关业务展示和宣传的机会。二是为了召开好业绩说明会，投资者关系管理团队要做大量的材料和数据准备工作。三是离不开全景网、上交所路演中心等平台的大力支持。四是充分利用媒体、微信公众号等手段进一步加强对业绩说明会内容的传播，提升传播的广度和效果。

五、投资者关系管理工作的难点与应对

在多年的工作中，我们对投资者关系管理工作的一个感受就是，这是科学与艺术的平衡。在投资者交流中，面对敏感的、难解的问题，能不能说、怎么说，面对舆情危机，如何应对，都在时刻考验着董秘和投资者关系管理团队的专业素养与定力。

（一）能不能说

上市公司在与投资者沟通交流时，根据合规性原则，需要对相应信息能否交流沟通作出准确的判断。在这个问题上，走两个极端都是不对的。

一个极端是，有的上市公司在做投资者关系工作时，完全不顾及或较少考虑合规性的要求，什么内容都进行交流沟通，或者为了所谓的市值管理目标主动地"蹭热点"。近年来，蹭的角度也五花八门，有蹭口罩、医药的，有蹭特斯拉、华为、小米等公司产品的，还有蹭新零售、网络直播、新能源等社会热点的。据不完全统计，2022 年已有逾 60 家 A 股公司因涉嫌"蹭热点""炒概念"被交易所关注或问询，其中部分公司已被采取监管措施。另一个极端是，有的上市公司教条般地坚持，认为公司定期报告或临时公告中没有提及的内容都不能进行沟通，导致交流死板、效果不佳。我们认为，涉及的信息能否对外进行沟通，主要考量的标准如下。

（1）相应信息是否具有股价的敏感性。如果是具有股价敏感性的信息，应当特别慎重，在信息披露前原则上不能对外沟通。

（2）定期报告是否已经披露，如年度报告、半年度报告、季度报告已经披露，而投资者想要了解其中进一步的具体信息（有的可能定期报告中已披露过，有的可能没有披露过）。如季度报告已经披露，但季度报告的内容有限，某一项业务截至该季度的具体业务信息，在股价不是太敏感的情形下，是可以考虑作适当交流沟通的。因为专业的投资者和研究者，需要详实的数据，作进一步的定量分析。

（3）尽可能将需要交流的内容公开化。根据交流需求，在定期报告中增加相应的内容披露，也可以是将交流资料、纪要等通过公告、上证E互动渠道上网，使交流的内容让投资者更公平地获知。

（二）怎么说

上市公司在与投资者，通过各种渠道进行交流沟通时，有时会碰到棘手的问题，需要慎重回复。总的原则还是需要秉承我们前面提到的真诚、专业、合规的投资者关系工作理念，有时也需要一些技巧来处理。

我们也曾遇到过这样的情况。2019年9月，东方证券处于发展的相对低谷期。公司在参加网上投资者交流活动，有个投资者提问："请问贵司为什么动不动就跑步？一年也没赚几个钱，业务不好好做，跑步那么起劲，备战奥运会吗？"虽然问题比较棘手，时间也比较仓促，但我们还是坚持作了回答：

尊敬的投资者，您好！公司坚持"党建和企业文化建设就是生产力"理念，打造以人为本的家文化，倡导快乐工作、健康生活。公司利用业余时间开展跑步等强身健体活动，并不会影响公司业务开展，反而会促进我们更加努力、更加积极、更加专注于公司的发展。谢谢！

通过这个诚恳的回答，在一定程度上化解了投资者对于公司跑步或者说是公司业绩的抱怨，也传导了公司的文化和理念。这个回复得到了当时媒体的广泛报道和肯定。试想如果当时没有回复这个问题，但媒体报道有这么一个提问,公司和投资者关系管理工作就会很被动。

下面,作者摘录一些上市公司董秘对上市公司相关问题的回复,供读者参考和把握问题的方向和回复的角度。

1. 问股价

在2017年有投资者向高澜股份提问:"近期公司股价表现不好,公司管理层怎么看?"高澜股份时任董秘回应:"二级市场走势,上市公司也无法左右,公司只能认真做业务增强业绩,辅助手段上,董秘准备再去一趟普陀山,为广大投资者祈福。"

投资者经常向上市公司提问有关股价的问题,有的上市公司董秘对于公司股价的低估作了一定的表态,一般情况下上市公司很难对自己公司股价估值做出合理的评价。有的投资者,对于投资上市公司形成的亏损,希望上市公司及时采取措施提升股价,但上市公司很难有直接的举措来提升公司的股价(回购可能是个例外,对股价有正面影响的作用),上市公司要做的还是改善上市公司的基本面和提升上市公司的经营业绩,同时做好投资者关系管理工作,促进公司价值和公司估值的提升。

2. 问业绩

上市公司的业绩属于敏感信息,一般而言,上市公司在信息披露前很难对业绩作出明确的回复。此外,上市公司的发展不可能一帆风顺,有高峰也有低谷。对于受客观环境影响或相对短期的下行,需要坚定投资者的长期价值投资理念。对于其他原因的下降,只能是客观告知企业的发展情况,企业是否具有投资价值应由投资人自己作出判断。

3. 问减持

2019年有投资者提问多氟多董秘:"请问董秘先生,您在16元减持3万股,是需要买车么,还是提示投资者股价到顶了?50万元,我想对于你们应该不是一笔太大的资金。为何在风口浪尖的时刻选择减持这么一点点股份呢?"对此,多氟多的董秘回复:"山有山的高度,水有水的深度,没必要攀比;风有风的自由,云有云的温柔,没必要模仿。放下心结,活回自己,好吗?"。不过之后又补充回复:"少量减持是个人资金需求原因,不代表对公司股价走势判断。管理层对公司发展充满信心,请投资者理解和支持。"比较两个回复,前一个诗意、强调自主的减持权利,后一个则更为专业。

4. 问名称

问:传闻在宁波当地或业内,皆称 GQY 是狗企业的缩写,请问是否有这样一说?

答:尊敬的投资者,您所提的问题闻所未闻,记起一则故事:苏东坡和佛印两位高人,有模有样地打坐。于是调皮的苏东坡就问佛印,你看我像什么?佛印说,我看你像一尊佛。又问苏东坡,你看我像什么?苏东坡揶揄地说其像坨狗屎!苏东坡回家后,得意地把斗嘴的经过告诉给妹妹苏小妹。谁知妹妹冷笑地反驳他:"佛印心中有佛,所以看你是佛,你心中龌龊,才会把人家看成狗屎!"

5. 建议高分红

2018 年 11 月,有投资者向世嘉科技董秘提问:"公司目前总股本仅为 1.12 亿,流通股 2990 万,目前每股股价近 35 元、公积金 10 元且今年利润增长良好,建议董事会认真考虑高送转,建议 10 送 15 或 20,请转达,谢谢!"

世嘉科技董秘回复:"奉劝您一句,投资时还是要认真分析公司情况,做价值投资者。其实所谓高送转,本质上是把一张 100 元的钞票换成两张 50 元的,谢谢。"

(三) 如何应对舆情危机

在新媒体发达的时代,舆情危机如果不能及时控制、及时处理,负面消息可能迅速传播扩散,对公司品牌造成大的影响,造成股价大跌。上市公司需要高度重视舆情管理,积极应对舆情危机。

(1) 规范公司接受采访、媒体发布相关规定,如经上市公司董秘事前审核相关文件等。员工不能发布涉及公司敏感信息的内容,以免造成不必要的负面影响。

> **案例**
>
> 2023年1月9日，D公司员工庄某在微信朋友圈称该公司储能业务"23年在手已签4吉瓦时多"，并在评论中与某券商分析师讨论上市公司组件成本、交付价格、未来业绩等，相关事项于1月11日被多家媒体报道、转载。证监局在出具的行政监管措施决定书中指出，庄某违规泄露上市公司未公开信息，对市场造成不良影响。该公司未能有效执行信息披露相关管理制度，规范员工行为，违反了《上市公司信息披露管理办法》第三条的规定。根据《上市公司信息披露管理办法》五十二条的规定，证监局决定对你公司采取出具警示函的行政监管措施。同时要求该公司应认真吸取教训，提高规范运作意识，依法真实、准确、完整、及时、公平地履行信息披露义务，并于收到本决定书后30日内报送整改报告，采取切实有效的措施，做好信息披露工作。
>
> （资料来源：该公司相关公告。）

（2）维护公司与媒体的良好关系。上市公司需要维护好与媒体的关系，了解媒体及特点，安排专业的人员做好日常对接，对外做到统一口径。

（3）上市公司需要建立舆情危机应对机制。上市公司应建立相关负责人组成的舆情危机应对小组，由董事会秘书担任上市公司的新闻发言人，对外统一口径。如果产生舆情危机，按照"快速反应、态度真诚、了解实情、合理回应"等四个原则积极处理和应对舆情危机，占据主动权，将舆情危机化解或控制在有限的范围内。

> **案例**
>
> 中天科技于11月14日在上证E互动回复中，表示没有审议分拆中天科技海缆上市相关事项。11月24日晚间，中天科技发布了筹划中天科技海缆分拆上市的提示性公告。11月25日，中天科技股价跌停。有投资

者认为董秘的回复言而无信，误导投资者。对此，中天科技公司于11月25日中午及时发布补充说明公告，澄清事情发生的始末：在相关咨询回复的时间节点，该公司董事会尚未考虑重启分拆中天科技海缆上市的相关事宜，未召开董事会进行任何讨论，因此基于当时实际情况回复公司未审议中天科技海缆上市事项，无应披露而未披露事项。

中天科技在上证E互动回复中的"没有相关事项"，到公司公告"有相关事项"，前后相差十日出现的不同情况，可能事实上也的确如此，但相关处理方式给该公司还是带来了一定的挑战。如果11月14日该公司在上证E互动的回复能够更加谨慎，或者董事会审议该事项的时间安排相距更长久一些，或可避免上市公司处于被动的境地之中。从中天科技及时发布补充说明公告来看，总体上处置还是比较及时的，取得了相应的效果。

总体而言，投资者关系工作始终在与投资者、媒体机构打交道，很多时候是外部人员了解公司的第一渠道。为了帮助公司打造品牌，在资本市场中塑造专业而积极进取的形象，董秘及投资者关系管理人员应当始终秉持真诚、专业、合规的工作理念，因地制宜地应对各种问题与挑战，这既是考验，也是展示专业形象的机会。同时，投资者关系工作在A股市场仍是较为新鲜的事物，大部分上市公司在投资者关系管理方面仍在探索阶段，近年来在这一方面的资源投入持续增加。我们有理由相信，伴随着投资者专业化和投资者关系管理工作体系化，A股将迎来更加成熟理性的新生态。

案例　东方证券 2021 年报业绩说明会实践

为了更好地搭建与投资者的沟通桥梁、充分展示公司业务亮点，东方证券于 2022 年 3 月 31 日，以"中英文视频直播+电话提问+网络互动"的形式，通过全景网与上证路演中心双平台举办了年度业绩说明会，会议取得了良好成效。

该案例于 2022 年 12 月，被中国上市公司协会评为"2021 年报业绩说明会最佳实践案例"。

图 14-2　公司管理层出席 2021 年度业绩说明会

（一）业绩会召开情况

2021 年，公司先后举办 2020 年度业绩说明会和 2021 半年度业绩说明会，均为面向全市场投资者的视频直播，有效提升了公司的市场影响力与认可度。在此基础上，公司再接再厉，将真诚、专业、便利的业绩说明会作为投资者关系工作的关键一环，并于 2022 年 3 月 31 日成功召开 2021 年度业绩说明会。

2022 年 3 月 23 日，业绩会召开前一周，公司发布《关于召开 2021 年度网上业绩说明会的公告》，详尽介绍相关信息，并提前收集中小投资者问题。公司还提前邀请了分析师、机构投资者、主流媒体等资本市场各界参会，并向数千位境外投资者发送邀请函，提升业绩说明会的覆盖面与提问代表性。

2022年3月31日，公司顺利举办2021年度业绩说明会。公司全体高管团队克服新冠肺炎疫情封控影响，以现场或视频方式出席会议。会上，公司管理层介绍了公司2021年的经营情况、业务发展情况和财务状况等内容，同时就各方提出的有关公司发展战略、资产管理、财富管理、自营投资、投资银行、金融科技、合规风控等问题，进行了专业详细的回答。本次业绩说明会的观看人次超过5.4万；同时，上证路演中心平台收到多个实时提问，公司于业绩会直播后及时回复。

业绩说明会后，公司及时发布《2022年3月31日投资者关系活动记录表》，并将会议视频于全景网和上证路演中心公开挂网，同时在公司官网"投资者关系"栏目中提供视频链接，方便投资者随时点击观看。本次业绩会吸引了众多主流媒体关注，券商中国、中国证券报、上海证券报、财联社、全景网、界面新闻等主流媒体撰写相关报道20多篇，累计转载260多篇，有效提升了业绩会交流内容的影响力。

（二）特色做法与亮点

（1）双平台视频直播，中英文双语，不设参会门槛，为各类投资者提供平等参会渠道。本次业绩会在全景网与上证路演中心双平台视频直播，较文字交流更加直观、充分；考虑到公司为A+H上市公司，且为沪港通标的，为更好触达境外投资者，本次业绩会提供英文同传服务，并增设英文版直播界面；此外，本次直播不设观看门槛，各类投资者均可参会，信息交流充分透明，有力保障了中小投资者的权益。

（2）克服新冠肺炎疫情封控影响，全体高管出席，其中六位董事及高管视频连线参会。业绩说明会前夕，恰逢上海疫情形势严峻，部分高管所在小区封控管理，公司董事长、财务总监、董事会秘书驻守公司。为保证业绩会顺利举办，公司及时调整优化举办形式，一方面坚持通过视频直播的形式与投资者见面，保障交流的直观性和有效性；另一方面，结合实际情况，共6位董事及高管使用视频连线的形式参会、并回答提问，为投资者带来良好的观看体验。

（3）邀请境内外分析师、媒体参会并于电话端提问。本次业绩说明会邀请了分析师、机构投资者、主流媒体等资本市场各界参会并通过电话端提问。此外，公司向数千位境外机构投资者发送了业绩会邀请函。积极优化参会投资者结构，提升公司在境外市场中的影响力。

（4）会前、会中均为中小投资者开放提问通道。在会前，公司积极向中小投资者征集问题，并在公告中列明邮件征集及上证路演官网的征集方式；在会中，专设文字提问区域，为投资者实时提问提供便利。会前、会中收集的问题，均在业绩会中由高管进行及时答复，切实做到了公平对待各类投资者。

（5）问答丰富，交流专业，有效传递公司亮点。在视频业绩会中，多位分析师、媒体记者、以及中小投资者向公司提出了共17个问题；此外，在文字提问区域，公司收到了9个实时提问。问题涵盖面广，涉及公司的各主要业务版块与市场关注热点。公司认真对待每一个问题，由业务分管领导进行针对性回复，展示了对投资者的尊重，保障了回复的专业性与前瞻性，充分展示公司的业务亮点。

（6）精心设计直播界面，增强可看性。考虑到本次业绩会涉及多路视频信号的展示，内容较为复杂，公司精心设计直播界面，为PPT介绍、提问、问题回复等各环节制作专属页面，在展示公司风采的基础上，为投资者观看提供更多便利。

（7）做好会后工作，及时发布活动记录表，并将业绩会视频挂网公开。业绩说明会后，公司及时发布《2022年3月31日投资者关系活动记录表》，将业绩会全程视频于全景网和上证路演中心公开，并在公司官网提供视频链接，投资者可随时点击观看，十分便利。

（8）积极利用全媒体平台，提升业绩会影响力。年报披露后，公司于微信公众号发布年报速读及业绩会邀请函，浏览量过万人次。业绩会中，视频直播同时在微博、抖音、快手等新媒体平台转流直播，努力实现破圈效应。

（三）实际效果和影响

（1）投资者覆盖面高，页面浏览量达 5.4 万人次。本次中文版业绩说明会观看量超 4.9 万人次，英文版超 5000 人次，另有多个新媒体平台转流直播，覆盖面广。通过直观、高效的视频直播，帮助投资者更加深入了解公司，有效提升了业绩会的影响力。

（2）公司的机构投资者关注度持续提升。2021 年度业绩会后至今，共有 22 家分析师团队针对公司发布研究报告并进行盈利预测。以业绩说明会为抓手，公司成功获得了大量分析师关注，主流机构投资者对公司的认可度持续提升。

（3）获大量媒体报道，市场影响力提升。在公司举办业绩会后，券商中国、中国证券报、界面新闻等媒体纷纷跟进报道，会后第二天共产生原创新闻报道 16 篇、累计转载 260 余篇。

伴随着注册制推行、资本市场改革深化，上市公司需要加强投资者关系管理工作，为维护和提升公司市值创造良好的环境。东方证券积极响应监管号召，致力于通过创新、专业、积极的投资者关系管理工作来提升企业的市场关注度，不断优化定期业绩说明会的开展形式，为投资者与公司搭建起真诚专业双向沟通的桥梁。

第十五章　上市公司的法律责任与风险防范

上市公司作为一家独立法人的经营实体，面临着众多的法律责任与风险。其中，有一类法律责任与风险，与资本市场的法律法规有关，其责任的主体可以是上市公司，也可以是上市公司的股东和董事、监事、高管等人员。相关主体如果出现这类违法违规行为，对上市公司和相关人员的影响也是巨大的。郭勤贵、赵万宝在《赢在资本——上市公司资本运营法律风险解析与防范》一书中，将其界定为证券类法律风险。证券类法律风险是指上市公司因违反与证券相关的法律、法规而产生的法律风险。因此，本章对上市公司的证券类法律责任与风险防范，作一些总体性的概述。

为了促进我国资本市场有序发展，保护投资者利益，近年来监管部门进一步加大对违法违规行为的处罚力度，上市公司需要承担的法律责任进一步增强。根据我国现行法规，上市公司如果出现违法违规行为，需要承担以下三类法律责任。

1. 行政责任

行政责任是指个人或者单位违反行政管理方面的法律规定所应当承担的法律责任。行政责任包括常见的立案调查、行政处罚、监管措施等证券类行政法律责任。行政责任实施的主体主要是中国证监会及其各地的证监局，同时各证券交易所也可以对上市公司违规行为，视其情节轻重，对其单独或者合并采取监管措施或者纪律处分措施。上述证监会系统与证券交易所系统的监管措施，不是替代的关系，可以是单独或并列实施。

2. 刑事责任

刑事责任是指违反刑事法律规定的个人或者单位所应当承担的法律责任，是所有证券类法律责任中最重的责任，是上市公司行为触犯刑事法律红线而需要承担的严重后果。例如，欺诈发行股票和债券罪、违规披露和不披露重要信息罪、内幕交易、泄露内幕信息罪、操纵证券期货市场罪、背信损害上市公司利益罪等证券类刑事法律责任。

3. 民事责任

民事责任是指上市公司违反证券法律法规的行为所应当承担的民事法律责任。民事责任包括合同责任和侵权责任。

在处罚力度方面，2020年3月开始实施的新《证券法》，加大了对违法违规行为的处罚力度。对于按照违法所得计算罚款幅度的，除了没收违法所得之外，处罚标准由原来的1—5倍提高到1—10倍；实行定额处罚的，由原来规定的30万—60万元，分别提高到200万—2000万元（如欺诈发行行为），以及100万—1000万元（如虚假陈述、操纵市场行为）、50万—500万元（如内幕交易行为）等。

从实践来看，2022年11月证监会行政处罚委办公室副主任戴钦公表示，证监会依法从严打击证券违法活动，服务资本市场高质量发展。党的十八大以来，证监会共对证券期货违法行为合计作出行政处罚决定2301份，罚没金额393.75亿元，行政处罚决定书的数量是前10年的5.2倍，罚款金额是前10年的35.2倍。2022年前10个月，证监会累计作出249份行政处罚决定，罚没款累计15.38亿元。证监会始终从严惩处欺诈发行和信息披露违法，助力提高上市公司质量。

下面介绍一下，公司上市过程中和上市后成为上市公司可能出现的主要违法违规行为及其法律责任。

一、证券发行违法违规

《证券法》第十九条规定,发行人报送的证券发行申请文件,应当充分披露投资者作出价值判断和投资决策所必需的信息,内容应当真实、准确、完整。

证券发行中,如果出现虚假记载、误导性陈述或者重大遗漏,就会根据情节轻重,需要承担相应的法律责任。行政责任方面,主要是面临行政处罚、上市公司欺诈发行强制退市、主要责任人被采取证券市场禁入措施等;刑事责任方面,被判处欺诈发行证券罪,受到相应的刑事处罚;民事责任方面,主要是需要承担赔偿投资者因此导致的交易投资损失。

证券发行违法违规发生的阶段可以是企业的 IPO 阶段,也可以是成为上市公司后再次发行证券的阶段,包括上市公司发行股票、债券等再融资的行为中。表 15-1 列示了证券发行违法违规主要法律责任条款。

表 15-1　　　　　　证券发行违法违规主要法律责任条款

法规	条文及内容	责任类别
《证券法》	第一百八十一条　发行人在其公告的证券发行文件中隐瞒重要事实或者编造重大虚假内容,尚未发行证券的,处以二百万元以上二千万元以下的罚款;已经发行证券的,处以非法所募资金金额百分之十以上一倍以下的罚款。对直接负责的主管人员和其他直接责任人员,处以一百万元以上一千万元以下的罚款。 发行人的控股股东、实际控制人组织、指使从事前款违法行为的,没收违法所得,并处以违法所得百分之十以上一倍以下的罚款;没有违法所得或者违法所得不足二千万元的,处以二百万元以上二千万元以下的罚款。对直接负责的主管人员和其他直接责任人员,处以一百万元以上一千万元以下的罚款。	行政责任

续表

法规	条文及内容	责任类别
《证券法》	第二百二十一条 违反法律、行政法规或者国务院证券监督管理机构的有关规定，情节严重的，国务院证券监督管理机构可以对有关责任人员采取证券市场禁入的措施。 前款所称证券市场禁入，是指在一定期限内直至终身不得从事证券业务、证券服务业务，不得担任证券发行人的董事、监事、高级管理人员，或者一定期限内不得在证券交易所、国务院批准的其他全国性证券交易场所交易证券的制度	行政责任
《上海证券交易所股票上市规则》	9.5.1 本规则所称重大违法类强制退市，包括下列情形： （一）上市公司存在欺诈发行、重大信息披露违法或者其他严重损害证券市场秩序的重大违法行为，且严重影响上市地位，其股票应当被终止上市的情形； 9.5.2 上市公司涉及第9.5.1条第（一）项规定的重大违法行为，存在下列情形之一的，由本所决定终止其股票上市： （一）公司首次公开发行股票申请或者披露文件存在虚假记载、误导性陈述或重大遗漏，被中国证监会依据《证券法》第一百八十一条作出行政处罚决定，或者被人民法院依据《刑法》第一百六十条作出有罪生效判决； （二）公司发行股份购买资产并构成重组上市，申请或者披露文件存在虚假记载、误导性陈述或者重大遗漏，被中国证监会依据《证券法》第一百八十一条作出行政处罚决定，或者被人民法院依据《刑法》第一百六十条作出有罪生效判决	行政责任
《刑法》	第一百六十条 在招股说明书、认股书、公司、企业债券募集办法等发行文件中隐瞒重要事实或者编造重大虚假内容，发行股票或者公司、企业债券、存托凭证或者国务院依法认定的其他证券，数额巨大、后果严重或者有其他严重情节的，处五年以下有期徒刑或者拘役，并处或者单处罚金；数额特别巨大、后果特别严重或者有其他特别严重情节的，处五年以上有期徒刑，并处罚金。	刑事责任

续表

法规	条文及内容	责任类别
《刑法》	控股股东、实际控制人组织、指使实施前款行为的，处五年以下有期徒刑或者拘役，并处或者单处非法募集资金金额百分之二十以上一倍以下罚金；数额特别巨大、后果特别严重或者有其他特别严重情节的，处五年以上有期徒刑，并处非法募集资金金额百分之二十以上一倍以下罚金。 单位犯前两款罪的，对单位判处非法募集资金金额百分之二十以上一倍以下罚金，并对其直接负责的主管人员和其他直接责任人员，依照第一款的规定处罚	刑事责任
《证券法》	第八十五条　信息披露义务人未按照规定披露信息，或者公告的证券发行文件、定期报告、临时报告及其他信息披露资料存在虚假记载、误导性陈述或重大遗漏，致使投资者在证券交易中遭受损失的，信息披露义务人应当承担赔偿责任；发行人的控股股东、实际控制人、董事、监事、高级管理人员和其他直接责任人员以及保荐人、承销的证券公司及其直接责任人员，应当与发行人承担连带赔偿责任，但是能够证明自己没有过错的除外	民事责任
《最高人民法院关于审理证券市场虚假陈述侵权民事赔偿案件的若干规定》	第四条　信息披露义务人违反法律、行政法规、监管部门制定的规章和规范性文件关于信息披露的规定，在披露的信息中存在虚假记载、误导性陈述或重大遗漏的，人民法院应当认定为虚假陈述。 虚假记载，是指信息披露义务人披露的信息中对相关财务数据进行重大不实记载，或者对其他重要信息作出与真实情况不符的描述。 误导性陈述，是指信息披露义务人披露的信息隐瞒了与之相关的部分重要事实，或者未及时披露相关更正、确认信息，致使已经披露的信息因不完整、不准确而具有误导性。 重大遗漏，是指信息披露义务人违反关于信息披露的规定，对重大事件或者重要事项等应当披露的信息未予披露。 第二十条　发行人的控股股东、实际控制人组织、指使发行人实施虚假陈述，致使原告在证券交易中遭受损失的，原告起诉请求直接判令该控股股东、实际控制人依照本规定赔偿损失的，人民法院应当予以支持。 控股股东、实际控制人组织、指使发行人实施虚假陈述，发行人在承担赔偿责任后要求该控股股东、实际控制人赔偿实际支付的赔偿款、合理的律师费、诉讼费用等损失的，人民法院应当予以支持	民事责任

在我国 30 多年资本市场发展的历程中，也出现了不少影响恶劣的证券发行违法违规行为，如大庆联谊、乐视网、万福生科、绿大地、欣泰电气、紫晶存储等，都根据当时适用的法律规定受到了相应的处罚。这对证券发行人起到了很好的警示作用。作为证券发行人的董事、监事、高级管理人员等，一定要牢记证券发行中的法律责任，确保证券发行文件的真实、准确、完整，避免相应违法违规行为的出现。

> **案例**
>
> ### 欣泰电气案
>
> 2016 年 7 月，欣泰电气由于 IPO 申请文件中相关财务数据存在虚假记载、上市后披露的定期报告中存在虚假记载和重大遗漏，收到中国证监会《行政处罚和市场禁入事先告知书》。2017 年 9 月，欣泰电气正式摘牌退市，其为创业板第一家退市的公司，也是中国资本市场第一家因欺诈发行而退市的公司。
>
> 1. 行政责任
>
> 根据《行政处罚决定书》，欣泰电气将包含虚假财务数据的 IPO 申请文件报送中国证监会并获得中国证监会核准的行为，违反了《证券法》第十三条关于公开发行新股应当符合的条件中"最近三年财务会计文件无虚假记载，无其他重大违法行为"和第二十条第一款"发行人向国务院证券监督管理机构或者国务院授权部门报送的证券发行申请文件，必须真实、准确、完整"的规定，构成《证券法》第一百八十九条所述"发行人不符合发行条件，以欺骗手段骗取发行核准"的行为。
>
> 根据欣泰电气违法行为的事实、性质、情节与社会危害程度，依据《证券法》第一百八十九条的规定，中国证监会决定：
>
> （1）对欣泰电气处以非法所募资金的 3%，即 772 万元罚款；
>
> （2）对实际控制人和作为直接负责的主管人员温某处以 802 万元罚款，对刘某处以 30 万元罚款，并采取终身证券市场禁入措施。

(3) 对其他 14 人处以 10 万元至 3 万元不等的罚款。

欣泰电气于 2016 年 7 月 7 日收到中国证监会《行政处罚决定书》（〔2016〕第 84 号）及《市场禁入决定书》（〔2016〕第 5 号）。欣泰电气因触及《深圳证券交易所创业板股票上市规则（2014 年修订）》第 13.1.1 条规定的欺诈发行或者重大信息披露违法情形，深圳证券交易所于 2016 年 9 月 2 日作出了欣泰电气公司股票自 9 月 6 日起暂停上市的决定。之后，根据《深圳证券交易所创业板股票上市规则（2014 年修订）》第 13.4.1 条第（十二）项、第 13.4.11 条的规定，经深圳证券交易所上市委员会第 77 次工作会议审议通过，深圳证券交易所决定终止欣泰电气股票上市交易。欣泰电气公司股票交易自 2017 年 7 月 17 日起进入退市整理期，交易期限为三十个交易日。退市整理期届满的次一交易日，深圳证券交易所对欣泰电气公司股票予以摘牌。

2. 刑事责任

针对欣泰电气欺诈发行案，辽宁省丹东市中级人民法院对此进行了审理，最终判决认定欣泰电气犯欺诈发行股票罪，判处罚金人民币 832 万元。被告人温某犯欺诈发行股票罪、违规披露重要信息罪，判处有期徒刑 3 年，并处罚金人民币 10 万元。被告人刘某犯欺诈发行股票罪、违规披露重要信息罪，判处有期徒刑两年，并处罚金人民币 8 万元。

3. 民事赔偿责任

众多投资者因欣泰电气退市出现损失，如不能依法获得赔偿将引发涉众纠纷，出现大量索赔诉讼和投诉。为了化解欺诈发行责任人与投资者的群体性纠纷，欣泰电气上市保荐机构，出资设立规模为 5.5 亿元人民币的"欣泰电气欺诈发行先行赔付专项基金"，用于赔付适格投资者遭受的投资损失。从 2017 年 6 月开始，经过两个阶段的赔付申报过程，至 2017 年 10 月完成第二次赔付申报的资金划转，接受赔付并与保荐机构达成有效和解的适格投资者共计 11727 人，占适格投资者总人数的 95.16%；实际赔付金额为 241981273 元，占应赔付总金额的 99.46%。

二、信息披露违法违规

上市公司信息披露违法违规，是上市公司最常见、也是占比最大的违法违规类型，主要表现为信息披露在真实、准确、完整性方面存在问题，导致有虚假记载、误导性陈述或者重大遗漏，或者是未按照规定的期限、方式等要求及时、公平披露信息。

作为上市公司，必须做好信息披露工作。《证券法》第七十八条规定，发行人及法律、行政法规和国务院证券监督管理机构规定的其他信息披露义务人，应当及时依法履行信息披露义务。信息披露义务人披露的信息，应当真实、准确、完整，简明清晰，通俗易懂，不得有虚假记载、误导性陈述或者重大遗漏。

在《最高人民法院关于审理证券市场虚假陈述侵权民事赔偿案件的若干规定》第四条中，对虚假陈述的认定进行了规定。信息披露义务人违反法律、行政法规、监管部门制定的规章和规范性文件关于信息披露的规定，在披露的信息中存在虚假记载、误导性陈述或者重大遗漏的，人民法院应当认定为虚假陈述。

《证券法》第八十五条规定的"未按照规定披露信息"，是指信息披露义务人未按照规定的期限、方式等要求及时、公平披露信息。信息披露义务人"未按照规定披露信息"构成虚假陈述的，依照本规定承担民事责任；构成内幕交易的，依照《证券法》第五十三条的规定承担民事责任；构成《公司法》第一百五十二条规定的损害股东利益行为的，依照该法承担民事责任。表15-2列示了信息披露违法违规主要法律责任相关条款。

上市公司出现信息披露违法违规行为，根据情节轻重，需要承担的行政责任主要包括监管措施与纪律处分、行政处罚、市场禁入、重大信息披露违法强制退市等；需要承担的民事责任主要为因信息披露违法违规行为导致投资者证券交易中遭受损失的，需要承担民事赔偿责任；情节严重的，还需要承担违规披露信息、不披露重要信息罪等刑事责任。

表15-2　　　信息披露违法违规主要法律责任相关条款

法规	条文及内容	责任类别
《证券法》	第一百九十七条　信息披露义务人未按照本法规定报送有关报告或者履行信息披露义务的，责令改正，给予警告，并处以五十万元以上五百万元以下的罚款；对直接负责的主管人员和其他直接责任人员给予警告，并处以二十万元以上二百万元以下的罚款。发行人的控股股东、实际控制人组织、指使从事上述违法行为，或者隐瞒相关事项导致发生上述情形的，处以五十万元以上五百万元以下的罚款；对直接负责的主管人员和其他直接责任人员，处以二十万元以上二百万元以下的罚款。 信息披露义务人报送的报告或者披露的信息有虚假记载、误导性陈述或者重大遗漏的，责令改正，给予警告，并处以一百万元以上一千万元以下的罚款；对直接负责的主管人员和其他直接责任人员给予警告，并处以五十万元以上五百万元以下的罚款。发行人的控股股东、实际控制人组织、指使从事上述违法行为，或者隐瞒相关事项导致发生上述情形的，处以一百万元以上一千万元以下的罚款；对直接负责的主管人员和其他直接责任人员，处以五十万元以上五百万元以下的罚款。 第二百二十一条　违反法律、行政法规或者国务院证券监督管理机构的有关规定，情节严重的，国务院证券监督管理机构可以对有关责任人员采取证券市场禁入的措施	行政责任
《上市公司信息披露管理办法》	第五十二条　信息披露义务人及其董事、监事、高级管理人员违反本办法的，中国证监会为防范市场风险，维护市场秩序，可以采取以下监管措施： （一）责令改正； （二）监管谈话； （三）出具警示函； （四）责令公开说明； （五）责令定期报告； （六）责令暂停或者终止并购重组活动； （七）依法可以采取的其他监管措施。 第五十三条　上市公司未按本办法规定制定上市公司信息披露事务管理制度的，由中国证监会责令改正；拒不改正的，给予警告并处国务院规定限额以下罚款。	行政责任

续表

法规	条文及内容	责任类别
《上市公司信息披露管理办法》	第五十四条 信息披露义务人未按照《证券法》规定在规定期限内报送有关报告、履行信息披露义务，或者报送的报告、披露的信息有虚假记载、误导性陈述或者重大遗漏的，由中国证监会按照《证券法》第一百九十七条处罚。 上市公司通过隐瞒关联关系或者采取其他手段，规避信息披露、报告义务的，由中国证监会按照《证券法》第一百九十七条处罚	行政责任
《上海证券交易所股票上市规则》	9.5.2 上市公司涉及第 9.5.1 条第（一）项规定的重大违法行为，存在下列情形之一的，由本所决定终止其股票上市： （一）公司首次公开发行股票申请或者披露文件存在虚假记载、误导性陈述或者重大遗漏，被中国证监会依据《证券法》第一百八十一条作出行政处罚决定，或者被人民法院依据《刑法》第一百六十条作出有罪生效判决； （二）公司发行股份购买资产并构成重组上市，申请或者披露文件存在虚假记载、误导性陈述或者重大遗漏，被中国证监会依据《证券法》第一百八十一条作出行政处罚决定，或者被人民法院依据《刑法》第一百六十条作出有罪生效判决； （三）公司披露的年度报告存在虚假记载、误导性陈述或者重大遗漏，根据中国证监会行政处罚决定认定的事实，导致 2015 年度至 2020 年度内的任意连续会计年度财务类指标已实际触及相应年度的终止上市情形，或者导致 2020 年度及以后年度的任意连续会计年度财务类指标已实际触及本章第三节规定的终止上市情形； （四）根据中国证监会行政处罚决定认定的事实，公司披露的营业收入连续 2 年均存在虚假记载，虚假记载的营业收入金额合计达到 5 亿元以上，且超过该 2 年披露的年度营业收入合计金额的 50%；或者公司披露的净利润连续 2 年均存在虚假记载，虚假记载的净利润金额合计达到 5 亿元以上，且超过该 2 年披露的年度净利润合计金额的 50%；或者公司披露的利润总额连续 2 年均存在虚假记载，虚假记载的利润总额金额合计达到 5 亿元以上，且超过该 2 年披露的年度利润总额合计金额的 50%；或者公司披露的资产负债表连续 2 年均存在虚假记载，资产负债表虚假记载金额合计达到 5 亿元以上，且超过该 2 年披露的年度期末净资产合计金额的 50%（计算前述合计数时，相关财务数据为负值的，则先取其绝对值再合计计算）； （五）本所根据上市公司违法行为的事实、性质、情节及社会影响等因素认定的其他严重损害证券市场秩序的情形	行政责任

续表

法规	条文及内容	责任类别
《刑法》	第一百六十一条　依法负有信息披露义务的公司、企业向股东和社会公众提供虚假的或者隐瞒重要事实的财务会计报告，或者对依法应当披露的其他重要信息不按照规定披露，严重损害股东或者其他人利益，或者有其他严重情节的，对其直接负责的主管人员和其他直接责任人员，处五年以下有期徒刑或者拘役，并处或者单处罚金；情节特别严重的，处五年以上十年以下有期徒刑，并处罚金。 前款规定的公司、企业的控股股东、实际控制人实施或者组织、指使实施前款行为的，或者隐瞒相关事项导致前款规定的情形发生的，依照前款的规定处罚。 犯前款罪的控股股东、实际控制人是单位的，对单位判处罚金，并对其直接负责的主管人员和其他直接责任人员，依照第一款的规定处罚	刑事责任
《证券法》	第八十五条　信息披露义务人未按照规定披露信息，或者公告的证券发行文件、定期报告、临时报告及其他信息披露资料存在虚假记载、误导性陈述或者重大遗漏，致使投资者在证券交易中遭受损失的，信息披露义务人应当承担赔偿责任；发行人的控股股东、实际控制人、董事、监事、高级管理人员和其他直接责任人员以及保荐人、承销的证券公司及其直接责任人员，应当与发行人承担连带赔偿责任，但是能够证明自己没有过错的除外	民事责任
《最高人民法院关于审理证券市场虚假陈述侵权民事赔偿案件的若干规定》	第二十条　发行人的控股股东、实际控制人组织、指使发行人实施虚假陈述，致使原告在证券交易中遭受损失的，原告起诉请求直接判令该控股股东、实际控制人依照本规定赔偿损失的，人民法院应当予以支持。 控股股东、实际控制人组织、指使发行人实施虚假陈述，发行人在承担赔偿责任后要求该控股股东、实际控制人赔偿实际支付的赔偿款、合理的律师费、诉讼费用等损失的，人民法院应当予以支持	民事责任

> **案例**
>
> # 康美药业案
>
> 1. 行政责任
>
> 因信息披露违法违规行为，证监会于2020年对康美药业及其董监高21人进行了立案调查，同年对康美药业及21位董监高作出了行政处罚决定书。经查明，康美药业存在的违法事实有：在2016年、2017年、2018年的年度报告中虚增营业收入、虚增利润；通过财务不记账、虚假记账，伪造、变造大额定期存单或银行对账单，配合营业收入造假伪造销售回款等方式，虚增货币资金；虚增固定资产、虚增在建工程、虚增投资性房地产。同时21位董监高被认定为康美药业信息披露违法行为的责任人员，全部被证监会作出行政处罚，处罚内容包括给予警告，并分别处以10万—90万元的罚款。
>
> 2. 刑事责任
>
> 2021年11月17日，广东省佛山市中级法院对康美药业及原实际控制人作出相关判决，马某因操纵证券市场罪、违规披露、不披露重要信息罪以及单位行贿罪数罪并罚，被判处有期徒刑12年，并处罚金人民币120万元；许某及其他责任人员11人，因参与相关证券犯罪被分别判处有期徒刑并处罚金。
>
> 3. 民事责任
>
> 2021年11月12日，广州市中级法院对康美药业证券集体诉讼案作出民事判决：康美药业向52037名投资者赔偿投资损失24.59亿元；公司实际控制人马某等6人，承担连带赔偿责任；时任公司董监高的13名个人按过错程度分别承担20%、10%、5%的连带赔偿责任。
>
> 在此案中，除直接参与造假的"董监高"承担连带赔偿责任外，5名独立董事也承担10%（折合2.46亿元）和5%（折合1.23亿元）范围内的连带赔偿责任。这意味着，在康美药业担任独立董事每年所获酬劳仅10万元左右，却因上市公司财务造假被判上亿元的连带赔偿责任。独立董事承担如此之高的连带赔偿责任，是否合理，也引起了社会的广泛讨论。

三、其他违法违规行为

除了上述证券发行、信息披露两类违法违规行为外,上市公司或其股东、董监高等还面临着未按规定履行审议决策程序、募集资金使用违法违规、资金占用和违规担保、股权违规转让、内幕交易、操纵市场等其他违法违规行为。

(一)未按规定履行审议决策程序

在上市公司监管相关法规中,以及我们在公司治理章节提到的股东大会、董事会、监事会、经营层等治理层级中,都赋予了相应的决策权限。这需要上市公司在实际的运行中,执行相应的审议决策程序,确保程序到位、决策合理。如果因为内部相关工作人员合规意识较为淡漠,或者因为公司下属机构众多、地域辽阔等原因,导致实际执行不到位,就会出现相应违法违规行为。审议决策程序的缺失,常常也意味着后续还可能存在信息披露违法违规的情形。

(二)募集资金使用违法违规

为了加强对上市公司募集资金的监管,提高募集资金使用效益,根据《证券法》以及《上市公司证券发行管理办法》《首次公开发行股票并上市管理办法》等规定,中国证监会制定了《上市公司监管指引第 2 号——上市公司募集资金管理和使用的监管要求》,明确了募集资金管理、使用、变更等相关监管要求。

《证券法》第一百八十五条明确规定,发行人违反本法第十四条、第十五条的规定擅自改变公开发行证券所募集资金的用途的,责令改正,处以五十万元以上五百万元以下的罚款;同时对直接负责的主管人员和其他直接责任人员给予警告,并处以十万元以上一百万元以下的罚款。因此上市公司在募集资金使用方面，必须严格遵守监管规定，避免相关的违法违规情形。

（三）资金占用和违规担保

资金占用和违规担保，也是侵害上市公司利益的行为，是监管部门重点监管的情形。目前主要按照中国证监会、公安部、国资委、中国银保监会于2022年1月28日出台的《上市公司监管指引第8号——上市公司资金往来、对外担保的监管要求》进行管理。

该指引强调，上市公司应建立有效的内部控制制度，防范控股股东、实际控制人及其他关联方的资金占用，严格控制对外担保产生的债务风险，依法履行关联交易和对外担保的审议程序和信息披露义务。控股股东、实际控制人及其他关联方不得以任何方式侵占上市公司利益。上市公司及其董事、监事、高级管理人员，控股股东、实际控制人及其他关联方违反上述指引的，中国证监会根据违规行为性质、情节轻重依法给予行政处罚或者采取行政监管措施。涉嫌犯罪的移交公安机关查处，依法追究刑事责任。

（四）股票交易违法违规

此类违规行为主要是指上市公司股东（尤其是大股东和董监高）在交易公司股票时，违反《证券法》《上市公司董事、监事和高级管理人员所持本公司股份及其变动管理规则》《上市公司大股东、董监高减持股份的若干规定》等相关法律法规，进而被监管予以处罚。股票交易主要的违规行为包括短线交易、窗口期交易、权益变动披露、减持预披露、任职期内超过减持比例限制、离职后半年内减持、违反前期承诺等，以下为比较典型的三个违规交易案例。

（五）内幕交易

内幕交易是各国证券监管部门及司法部门的重点打击对象，我国资本市场也不例外，对于内幕交易的查处也是重中之重。《证券法》第五十三条、第

> **案例**
>
> 2022年5月27日晚间,某上市公司发布公告称,该公司某股东收到中国证监会的《行政处罚决定书》,由于其未及时依法履行信息披露义务(未提前15个交易日披露减持计划,也违背其有关承诺),违规减持近29亿金额的股票,证监会责令其改正,给予警告并处以2亿元的罚款。这是新《证券法》实施以来因违规减持被处罚的首个案例,而2亿元这一数字也刷新了A股历史上因违规减持罚款金额的最高记录。

> **案例**
>
> 某上市公司董事张某的母亲于2022年5月24日至2022年6月14日期间累计买入Z股票13500股,累计卖出Z股票11500股,短线交易所得收益为5405元,最终董事本人不仅要通过上市公司公告公开致歉、上缴违法所得,另外还收到一张当地证监局出具的警示函,可谓是因小失大。

> **案例**
>
> 2019年10月8日,某上市公司时任董事兼董秘通过集中竞价交易方式减持公司股票95550股,占公司总股本的0.09%,涉及金额165.21万元。公司于10月26日披露第三季度报告。该案例中相关人员的交易行为,违反了窗口期减持的有关规定。

五十六条、第一百九十一条等对内幕交易的界定和处罚都有详细阐述,而《刑法》第一百八十条则对内幕交易犯罪行为进行了具体规制,情节特别严重的,可以处五年以上十年以下有期徒刑,并处违法所得一倍以上五倍以下罚金。

> **案例**
>
> 杨某等人内幕交易某上市公司股票案。本案是一起上市公司并购重组环节的内幕交易窝案。2018年9月至12月,某上市公司策划收购另一家公司的股权。在内幕信息公开前,并购重组参与方的内幕信息知情人及其同事、客户、亲友、邻居等内幕交易上市公司股票,导致10人被行政处罚。本案提示,上市公司应当加强并购重组环节的内幕信息管理,内幕信息知情人要增强自律意识,防范和杜绝内幕交易。

四、上市公司违法违规的风险防范

证券市场违法违规行为不仅会对上市公司控股股东、实际控制人、持股5%以上股东、董事（独立董事）、监事、高管、董事会秘书等自身产生影响,还会影响上市公司的经营管理和资本运作。

上市公司向不特定对象发行股票,不得存在下列情形：上市公司或者其现任董事、监事和高级管理人员最近三年受到中国证监会行政处罚,或者最近一年受到证券交易所公开谴责,或者因涉嫌犯罪正在被司法机关立案侦查或者涉嫌违法违规正在被中国证监会立案调查。

上市公司向特定对象发行股票不得存在下列情形：现任董事、监事和高级管理人员最近36个月内受到过中国证监会的行政处罚,或者最近12个月内受到过证券交易所公开谴责；上市公司或其现任董事、监事和高级管理人员因涉嫌犯罪正被司法机关立案侦查或涉嫌违法违规正被中国证监会立案调查。

根据相关法律,相关人员承担相关法律责任,还会影响其职务的担任。上交所股票上市规则规定,候选人存在下列情形之一的,不得被提名担任上市公司董事、监事和高级管理人员：被中国证监会采取不得担任上市公司董事、监事和高级管理人员的市场禁入措施，期限尚未届满；被证券交易所公开认定为不适合担任上市公司董事、监事和高级管理人员，期限尚未届满。具有下列情形之一的人士不得担任董事会秘书：最近三年受到过中国证监会的行政处罚；最近三年受到过证券交易所公开谴责或者3次以上通报批评。

上市公司相关人员承担法律责任，也会影响其成为股权激励的对象。《上市公司股权激励管理办法》规定，下列人员也不得成为激励对象：最近12个月内被证券交易所认定为不适当人选；最近12个月内被中国证监会及其派出机构认定为不适当人选；最近12个月内因重大违法违规行为被中国证监会及其派出机构行政处罚或者采取市场禁入措施；具有《公司法》规定的不得担任公司董事、高级管理人员情形的。

可见，上市公司出现违法违规行为时，上市公司的发展就会受到不同程度的影响，有的影响还相当重大。上市公司为了避免出现上述违法违规行为，需要采取以下措施。

（1）增强法律意识，知法、懂法、守法。"敬畏市场、尊重法律"是上市公司防范法律风险的唯一路径。上市公司不能为了不正当利益，铤而走险，进行造假等主观故意的违法违规行为；也不能因为对相关法律要求不了解不掌握，或虽然了解和掌握，但在实际执行中出现偏差，致使违法违规行为的产生。

（2）完善公司治理，加强对"关键少数"的管理。上市公司应注意根据相关法律法规的规定，完善企业的法人治理结构，发挥股东大会、董事会、监事会和经营层相互制衡的作用，增强控股股东、实际控制人、董事、监事、高管等相关人员的合规与内部控制意识，明确企业管理层、合规与内控人员职责，针对可能的违法违规风险采取预防性措施，加强监管执行力，排除潜在风险。

（3）完善内控，加强内部执行。上市公司需要进一步加强内部控制制度和机制的建设，加强内控制度的执行，通过稽核、内审、检查、审计等发挥督导作用，确保上市公司内部控制合理有效，避免违法违规行为的产生。

（4）对董秘加强履职保障，加强董事会办公室的建设。上市公司董事会秘书作为上市公司合规的看门人，董事会办公室作为落实相关法规要求的具体部门，在传导法规要求、贯彻落实方面，发挥枢纽作用。对于这方面的内容，我们会在第十六章，作进一步的阐述。

第十六章　上市公司董秘与董办建设

上市公司的正常运行和高质量发展，需要董事会秘书发挥良好的作用，需要加强其工作机构董事会办公室的建设。

一、上市公司董事会秘书

（一）上市公司董事会秘书的定位与价值

《公司法》《上市公司治理准则》《上市公司信息披露管理办法》等法规，规定了上市公司应该设董事会秘书，属于上市公司的高级管理人员，并在履职保障方面作了相应规定。

表 16–1　　　　　　　　上市公司董秘的相关规定

法规	相关条文
《公司法》	第一百二十三条　董事会秘书　上市公司设董事会秘书，负责公司股东大会和董事会会议的筹备、文件保管以及公司股东资料的管理，办理信息披露事务等事宜。 第二百一十六条　本法相关用语的含义　本法下列用语的含义：（一）高级管理人员，是指公司的经理、副经理、财务负责人，上市公司董事会秘书和公司章程规定的其他人员

续表

法规	相关条文
《上市公司治理准则》	第二十八条　上市公司设董事会秘书，负责公司股东大会和董事会会议的筹备及文件保管、公司股东资料的管理、办理信息披露事务、投资者关系工作等事宜。 董事会秘书作为上市公司高级管理人员，为履行职责有权参加相关会议，查阅有关文件，了解公司的财务和经营等情况。董事会及其他高级管理人员应当支持董事会秘书的工作。任何机构及个人不得干预董事会秘书的正常履职行为
《上市公司章程指引》	第十一条　本章程所称其他高级管理人员是指公司的副经理、董事会秘书、财务负责人。 第一百二十四条　公司设经理一名，由董事会聘任或解聘。公司设副经理（人数）名，由董事会聘任或解聘。公司经理、副经理、财务负责人、董事会秘书和（职务）为公司高级管理人员
《上市公司信息披露管理办法》	第三十二条　上市公司应当制定定期报告的编制、审议、披露程序。经理、财务负责人、董事会秘书等高级管理人员应当及时编制定期报告草案，提请董事会审议；董事会秘书负责送达董事审阅；董事长负责召集和主持董事会会议审议定期报告；监事会负责审核董事会编制的定期报告；董事会秘书负责组织定期报告的披露工作。 第三十三条　上市公司应当制定重大事件的报告、传递、审核、披露程序。董事、监事、高级管理人员知悉重大事件发生时，应当按照公司规定立即履行报告义务；董事长在接到报告后，应当立即向董事会报告，并敦促董事会秘书组织临时报告的披露工作。 第三十八条　董事会秘书负责组织和协调公司信息披露事务，汇集上市公司应予披露的信息并报告董事会，持续关注媒体对公司的报道并主动求证报道的真实情况。董事会秘书有权参加股东大会、董事会会议、监事会会议和高级管理人员相关会议，有权了解公司的财务和经营情况，查阅涉及信息披露事宜的所有文件。董事会秘书负责办理上市公司信息对外公布等相关事宜。 上市公司应当为董事会秘书履行职责提供便利条件，财务负责人应当配合董事会秘书在财务信息披露方面的相关工作。 第五十一条　上市公司董事、监事、高级管理人员应当对公司信息披露的真实性、准确性、完整性、及时性、公平性负责，但有充分证据表明其已经履行勤勉尽责义务的除外。 上市公司董事长、经理、董事会秘书，应当对公司临时报告信息披露的真实性、准确性、完整性、及时性、公平性承担主要责任。 上市公司董事长、经理、财务负责人应当对公司财务会计报告的真实性、准确性、完整性、及时性、公平性承担主要责任

续表

法规	相关条文
《上交所股票上市规则》	4.4.1 上市公司应当设立董事会秘书，作为公司与本所之间的指定联络人。公司应当设立由董事会秘书负责管理的信息披露事务部门。 4.4.3 上市公司应当为董事会秘书履行职责提供便利条件，董事、监事、财务负责人及其他高级管理人员和相关工作人员应当支持、配合董事会秘书的工作。 董事会秘书为履行职责，有权了解公司的财务和经营情况，参加涉及信息披露的有关会议，查阅相关文件，并要求公司有关部门和人员及时提供相关资料和信息。 董事会秘书在履行职责的过程中受到不当妨碍或者严重阻挠时，可以直接向本所报告。

由此，我们可以看到上市公司设立董事会秘书职位的初衷，就是保障一家上市公司运行的基本规范。上市公司董事会秘书之所以设定为高级管理人员，可以参加履职有关的各类会议，董事、监事和高级管理人员等应配合支持董事会秘书的工作，就是为了董事会秘书能够依法全面履职和发挥作用创造条件。

根据我们的体验，上市公司董事会秘书的工作价值主要体现在以下四个方面。

1. 上市公司运作合规的价值

作为上市公司运作合规的"看门人"，通过贯彻落实证监会、交易所一系列的监管制度和要求，确保上市公司在治理决策、信息披露等所有重大方面，符合上市公司规范的要求，避免上市公司被立案调查或遭受行政监管措施、行政处罚等行政责任以及承担民事责任、刑事责任。这方面为上市公司创造稳定的发展环境、可持续的资本运作，都是非常重要和必要的。

2. 建立公司良好的治理机制

确保上市公司的股东大会、董事会、监事会和党委、经营层，能够充分调动各方的积极性，依法依规履职、发挥良好的作用，如董事会的科学决策作用、监事会的监督作用、经营层的经营之责，同时又能做到相互制衡。公司治理机制好，不一定就能保障一家公司发展好，但公司治理机制不好的公司，在公司发展方面就一定会出现问题，就称不上一家好的上市公司。

3. 上市公司较好的市值表现

上市公司董事会秘书负责投资者关系管理工作，投资者关系管理工作做得好的上市公司，在一定程度上能享受估值的溢价。市值在一定程度上代表了上市公司的市场地位，代表了股东拥有的财富水平，也为上市公司资本运作创造有利的条件。

4. 上市公司资本运作的价值

董事会秘书通过组织上市公司的再融资、并购重组、员工持股或股权激励等资本运作，从资本、业务、机制上为上市公司发展作出实实在在的价值贡献，成为推动上市公司发展的重要推动力之一。在这方面，一位好的上市公司董秘，能发挥出独特的贡献。

（二）上市公司董秘的主要工作职责

《上海证券交易所股票上市规则》对上市公司董事会秘书的法定职责，作了较为全面的规定，现摘录如下。

董事会秘书对上市公司和董事会负责，履行如下职责：

（1）负责公司信息披露事务，协调公司信息披露工作，组织制定公司信息披露事务管理制度，督促公司及相关信息披露义务人遵守信息披露相关规定；

（2）负责投资者关系管理，协调公司与证券监管机构、投资者及实际控制人、中介机构、媒体等之间的信息沟通；

（3）筹备组织董事会会议和股东大会会议，参加股东大会会议、董事会会议、监事会会议及高级管理人员相关会议，负责董事会会议记录工作并签字；

（4）负责公司信息披露的保密工作，在未公开重大信息泄露时，立即向本所报告并披露；

（5）关注媒体报道并主动求证真实情况，督促公司等相关主体及时回复本所问询；

(6) 组织公司董事、监事和高级管理人员就相关法律法规、本所相关规定进行培训，协助上述人员了解各自在信息披露中的职责；

(7) 督促董事、监事和高级管理人员遵守法律法规、本所相关规定和公司章程，切实履行其所作出的承诺；在知悉公司、董事、监事和高级管理人员作出或者可能作出违反有关规定的决议时，应当予以提醒并立即如实向本所报告；

(8) 负责公司股票及其衍生品种变动管理事务；

(9) 法律法规和本所要求履行的其他职责。

可以看到，董事会秘书的法定职责主要是公司治理、信息披露、投资者关系管理、市值管理等，同时作为公司的职责安排，一般同时负责公司的资本运作。董事会秘书职责定位的示意如图16-1所示。

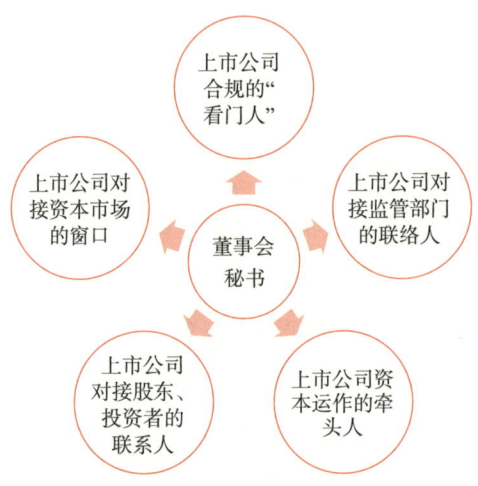

图16-1　上市公司董事会秘书的职责定位

(1) 上市公司合规的"看门人"。董事会秘书负责上市公司规范运作法规制度的传导、贯彻和落实，关键时刻需要坚持原则，成为上市公司运作合规的"看门人"角色。

(2) 上市公司与资本市场的联接人。董事会秘书需要对资本市场的基本概况，包括市场、行业、公司有一定的了解，成为上市公司内对资本市场比较熟悉的专家，为上市公司利用资本市场促进发展作好科学决策。

（3）上市公司与股东、投资者的联系人。董事会秘书需要与公司的股东、潜在投资者、分析师等，保持较为紧密的关系，为上市公司创造好的投资者基础。一方面，需要向市场讲好公司故事，向投资者传导公司发展价值；另一方面，注重将投资者对公司发展的意见和建议，传递回公司的管理层，使公司的经营发展更加科学合理，符合投资者的希望和需求。

（4）上市公司资本运作项目的牵头人。董事会秘书，作为上市公司资本运作项目的牵头人，牵头项目团队，具体负责组织和推进公司的资本运作项目，为公司发展创造价值。

（5）对接证监会、交易所、证监局、国资委的联系人。作为一家上市公司，在日常的工作中，需要与中国证监会、证券交易所、证监局和国资委，保持较为密切的工作关系，包括报批、报备、汇报、争取支持等多方面。

（6）董秘是上市公司的发言人。需要时刻关注上市公司的舆情，第一时间回复媒体和公从的质疑。对于错误的信息，要及时予以纠正；对于负面的信息，要降低对上市公司的影响。

（三）上市公司董秘的素质与能力培养

信公咨询高质量发展研究院副院长岑斌指出，董事会秘书作为真正因上市而存在公司高级管理职位，董秘集证券、法律、财务、管理等专业能力于一身，具备宏观视野，也时刻聚焦公司微观治理，始终站在资本市场一线，既要八面玲珑，灵活应对，也要关键时刻坚持原则，守好公司合法合规的节点。我们认为，上市公司董事会秘书需要做好以下的知识储备和能力培养。

1. 知识的角度

法律：掌握《公司法》《证券法》《上市公司治理准则》《上市公司信息披露管理办法》《交易所股票上市规则》等一系列的法规。

财务：掌握财务会计的基本理论和知识，看得懂财务报表，能够分析和解释财务报告。

管理：需要管理团队、管理项目，因此需要管理学的相关知识。

业务：需要对企业的主要业务，有专业的了解和掌握，能和投资者讲得清楚业务发展的数据、逻辑和方向。

资本市场：需要对宏观经济、资本市场等各方有较好的了解，便于内外联系和互动。

2. 能力的角度

科学决策能力：需要综合内外部环境条件，在坚持原则底线的基础上，在符合企业发展的条件下，及时作出科学的决策。

组织协调能力：需要协调监管部门和公司董监高团队，组织公司内部有关资源，为相关事项推进创造条件。

沟通表达能力：需要向监管部门进行各类专业汇报，需要与投资者进行沟通交流，参加业绩说明会、专项交流会等。

项目管理能力：对于企业的资本运作项目，需要建立团队，围绕确定的目标，按照预定的计划予以推进，实现企业资本运作的目标。

团队管理能力：需要组织带领董事会办公室团队，需要组织管理资本运作项目组成的各方团队。

心理抗压能力：面对来自监管、市场、投资者和公司内部的各种压力，需要保持良好的心态，积极应对。

持续学习能力：需要持续不断地学习资本市场的法规变化和最新要求，了解企业内部的最新发展趋势。

> **案例**
>
> 万科董秘关键时刻力挽狂澜。在万科风波中，董事会就深圳地铁资产注入方案进行表决。独董张先生因有利益冲突，提出弃权。他话音刚落，万科董秘朱旭就马上追问："您是回避表决，对吗？"张先生答："没有错。"朱旭仿佛怕与会者没有听清，又再度确认，随后还提醒张先生以书面形式做出回避表决声明。朱旭之所以如此仔细，是因为这一票

> 是弃权还是回避直接影响表决结果。因为根据万科章程，需要2/3以上董事表决通过，该名独立董事回避表决是否计入分母，关系到表决结果。这个7÷10还是7÷11的问题，不仅引发了华润和万科的激烈交锋，也引来了监管层的关注，法学专家也对此进行了两方论证。那这个争议最后的结局还是以张先生存在关联关系，他这一票不计入分母为结果。最终，因为这一票被定性为回避，深铁资产注入方案得以通过。

随着监管部门对上市公司监管的零容忍和监管处罚力度的加大，董事会秘书的履职风险在进一步加大。对此，我们认为董事会秘书需要持续不断学习，坚守合规意识，坚持原则底线。同时，也希望监管部门为董事会秘书提供更加充分的履职保障，不承担超过自身职责范围的责任。

二、建设专业高效的董事会办公室

董事会秘书的履职，需要建立董事会办公室的专业部门和团队来组织开展。

如图16-2所示，根据董事会办公室的基本工作职能，董事会办公室一般设立公司治理、信息披露、投资者关系管理团队，资本运作团队可以专设，也可以由其他团队共同承担。

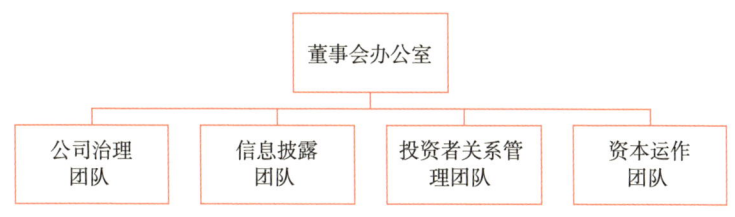

图16-2 上市公司董事会办公室的架构

根据企业的发展历程和董办定位，上市公司的董事会办公室承担的职能，在实践中也会略有差别。有的公司设立监事会办公室，服务监事会工作，协助发挥监督的职能；有的公司的董事会办公室，还承担了公司的战略管理、子公司管理、对外投资管理、统一的品牌管理与宣传等职责。

从人员编制情况来看,我们认为单纯 A 股上市公司,为了履行好董事会办公室的基本职能,一般需要 3—5 人组成的团队为好;如果是 A＋H 股等两地以上的上市公司,一般需要 5—10 人组成的团队为好。对于董事会办公室团队成员的专业背景,一般建议由法律、财务、管理等专业人员组成。

董事会办公室的工作人员,需要着力提升工作的专业化水平,这需要通过持续学习、培训、交流来实现;需要向优秀的上市公司学习和交流,开扩自己的视野;需要增强内部的协同能力,工作虽然有分工,但工作都是有些交叉的,需要加强配合,形成整体的合力。

案例 力学笃行，做好"四篇文章"

（光明乳业董秘 沈小燕）

董事会秘书作为投资者日常接触频率最高的对象，其个体形象关系着公司在资本市场上的形象，为此，董秘要力学笃行，不断提升自身内涵；要开放包容，保持精诚沟通的理念；要以身作则，保持对外良好的形象

我加入光明乳业是在 2001 年。当时，公司正在为上市做准备，我也有幸成为公司首任董事会秘书助理。作为一名初出象牙塔仅一年的毕业生，我很难理解为什么董事会秘书还要配助理。此后，我在光明乳业董秘办一干就是二十年，这期间，我亲身经历并参与了公司 IPO、股权分置改革、再融资、股权激励、收购兼并等一系列重大事项的全过程，从董事会秘书助理做到了证券事务代表，再到后来进一步晋升为董事会秘书。站在新的岗位上回望一路走来的风雨历程，我感触良多，对董事会秘书一职的认识也愈发清晰。

（一）攻坚克难砥砺成长

2001 年对光明乳业而言可以称得上是"披星戴月，日不暇给"的一年。那一年，公司进入了决战 IPO 的"白热化"阶段，全公司上下对此都极为重视。涉及 IPO 无小事，项目组办公室的灯火常常彻夜通明。我和董秘、投行、律师、会计师被淹没在资料之中也成为家常便饭，常常为了一份文件通宵达旦地工作。那段时间，办公室为了修改材料不知道用了多少箱纸，我也因此被公司同事戏称为"印后"。那台当时性能十足的复印机，在挺到 IPO 结束后就"罢工"了。在站着印文件的过程中，我对公司的历史日渐熟悉，对公司的主要股东也逐渐了解，对各项业务的掌握也愈发熟练，对公司的财务状况、行业地位和发展战略也有了更加清晰的认识。

2002 年 8 月，公司成功上市后，董秘办被赋予了一项新的职能信息披露。当时，信息化办公尚未发展成熟，每次披露的报告都需要提前准备好，并送至交易所进行审核。为了每次审核都能一次通过，在送审之前我不放过任何

存疑之处，反反复复修改确认。即便是在审核的过程中，高悬的心也迟迟不敢放下，直至审核通过那一刻我才敢放松。二十年来，我不知参与过多少次公告的披露工作。得益于积累多年的信披经验，如今我在处理重大公告时能够更加从容和稳重。

召开股东大会是董秘办除信息披露外最具挑战性的一项工作。对董秘办而言，股东大会就像人生大考，高难度伴随着这场"大考"的始末。在股东大会的"备考"过程中，参会通知的编写、会议资料的排印、董监高管的联系、各级股东的沟通都是最基础却又极为重要的工作，其中的每一步是否做好做细往往关乎再融资、股权激励、关联交易、收购兼并等重大事项的成功与否；在股东大会的"考试"过程中，会议现场的把控、股东意向的掌握、网络投资者的参与度以及媒体传播的准确透明等，则是更加充满不确定性的因素。在董秘办的日子里，我始终坚持把股东利益放在首位，注重股东的意见和建议，积极筹备各项会议，保证会议有序进行。

投资者关系管理是除股东大会外公司维护好投资者利益的重要渠道，这也是光明乳业提升公司治理水平以及公司价值的重要举措之一。在投资者关系管理活动中，我们一方面分享公司近期经营情况，解惑投资者关心的问题；另一方面邀请投资者实地考察牧场和工厂，参加新品发布会和创新大会，参加重大市场推广活动，以此使投资者对公司的了解更加直观、更有深度。身为董秘办的重要一员，二十年来，从接待投资者来电来访和机构调研，到召开投资者交流会、邀请投资者实地参观，我始终坚持事事必躬亲、处处有留心，以此不断丰富投资者了解公司的渠道。

（二）精益求精初心不变

从业二十年，不变是初心。我对董秘这份工作的热爱每多一分，对其重要性的理解便深一分，对其本质的认识就更清晰一分。我认为，做好董事会秘书，尤其需要在合规运作、信息披露、投资者关系管理、助力提升企业价值等四个方面下功夫、做文章，以此推动公司规范运作，助力公司健康发展。

合规运作是董秘工作的第一要义。公司治理架构和各项制度需要根据资本市场的变化及相关法规的出台而不断修改和完善，在此基础上，股东大会、董事会及各专门委员会、监事会、管理层在公司章程和制度规定的框架内各司其职、各负其责、协调运转、有效制衡、高效运作。董事会秘书作为股东、董事、监事、管理层之间沟通的桥梁和纽带，熟悉各项制度规定、确保合规稳健运作是其有效开展工作的重要前提。

信息披露是董秘工作的主要内容，同时是资本市场了解公司的第一渠道，更是上市公司应履行的义务。董秘应按照信息披露相关制度的要求，及时了解相关信息，履行相关程序：对内需制定信息披露的原则、内容、工作机制、管理制度和审批程序，明确信息披露涉及的单位和人员；对外要保持与投资者积极沟通，把握宣传与信息披露的界限，真实准确完整地介绍公司的经营情况，做到客观真实地分享，减少主观选择性的解读，倡导价值和理性投资。

良好的投资者关系是董秘应致力的方向。投资者关系管理是董事会秘书"桥梁""纽带"作用的现实体现，也是衡量董事会秘书尽职与否的重要尺度。董事会秘书要主动通过多形式、多角度的沟通，充分展示公司优势，提升公司在资本市场上的形象，进一步提升投资者对公司的认知，以此吸引优质、长期投资者。同时，董事会秘书也要了解不同投资者的多元诉求，认真分析投资者差异化诉求中的共性联系，把具有共性意义的理性思考及时反馈给管理层，做到及时有效地内联外通。另外，董事会秘书作为投资者日常接触频率最高的对象，其个体形象关系着公司在资本市场上的形象，为此，董秘要力学笃行，不断提升自身内涵；要开放包容，保持精诚沟通的理念；要以身作则，保持对外良好的形象。

董事会秘书在做好合规运作、信息披露、投资者关系管理等工作的同时，也要借助资本市场，助力公司通过资本运作提升企业价值。董秘要通过资本运作，引进投资者，优化公司的股权结构，完善运作机制；通过资本市场，募集资金，助力公司重大项目推进，实现公司战略目标；通过收购兼并，扩大经营规模，完善产业链布局；通过交流互通，获得资本市场的认同和信任，树立公司在资本市场上的良好形象。

（三）善治前行感恩相伴

光明乳业在成立之初即按照现代化企业的要求，建立了与时代相符的企业治理架构，并随着公司的不断发展，持续进行完善。公司拥有较好的治理氛围，自上而下都十分重视、理解和支持董事会秘书的日常工作，并积极予以配合。有这样一个优秀的平台，董秘办的工作得到了很好的推进，也得到了资本市场较多的认可。公司多次获得中国上市公司协会颁发的"最受投资者尊重的上市公司"奖项，高效的信披工作也屡获上海证券交易所信息披露"A"级评价，出色的投资者关系管理也曾荣获法定披露媒体、财经媒体颁发的优秀投资者关系奖、最具社会责任上市公司等奖项。作为公司管理核心的董事会，更是多次被评为最佳上市公司董事会，我也多次被评为优秀董秘、金牌董秘。这些荣誉充分反映出资本市场对光明乳业公司治理、信息披露、投资者关系管理、社会责任等方面工作的充分肯定。

一路走来，我十分荣幸能加入光明乳业，我的进步离不开董秘办、管理层、董事会、投资者和相关各方对我的肯定与支持。我将一如既往，兢兢业业、恪尽职守，努力做好董事会秘书这份工作，为公司高质量发展增光添彩！

（资料来源：光明乳业　董事会杂志。）

参考文献

[1] 东方红资管. 向专家学看上市公司报告/透过巴菲特选股之道 读懂招股说明书. 东方红资管微信公众号, 2022年12月13日.

[2] 东方证券. 立足完善监督制衡机制 切实提升公司治理水平. 上海证券报, 2020年11月11日.

[3] 东方证券策略团队（段怡芊/薛俊/张书铭/张志鹏/余静远）. 海外机构ESG投资案例. 新券学社微信公众号, 2023年1月3日.

[4] 东方证券课题组（张芊、阮斐、夏立军、陈刚、薛俊、黄佳妮、袁金华、安思凡）. 中国证券业协协会2021年优秀重点课题研究报告《ESG推进上市证券公司高质量发展研究》. 2021.

[5] 董大海. 从七个基本原理探索公司治理. 国资报告, 2021年第4期.

[6] 郭勤贵, 赵万宝. 赢在资本——上市公司资本运营法律风险解析与防范［M］. 北京: 中国广播影视出版社, 2021.

[7] 胡静波. 我国上市公司信息披露制度及其有效性研究［M］. 北京: 科学出版社, 2012.

[8] 金文忠. 券商如何实现高质量发展. 券商中国, 2022年12月8日.

[9] 克里斯·皮尔斯. 段佳陆, 等, 译. 执行董事［M］. 北京: 华夏出版社, 2004.

[10] 李维安. 公司治理评价与指数研究［M］. 北京: 高等教育出版社, 2005.

[11] 刘运宏. 上市公司高质量发展须从六方面着力. 上海证券报, 2022

年12月30日.

［12］孟妍.公司治理的八大任务.信披一点通微信公众号，2022年12月6日.

［13］宋雪枫.以ESG管理贯彻落实新发展理念 以实际行动持久践行证券行业文化.中国网财经，2022年11月10日.

［14］宋志平.ESG已经成为投资的主流标准之一.第五届中国企业论坛ESG论坛，2022年11月11日.

［15］宋志平.从管理到治理，规范治理才能基业长青.中国上市公司协会微信公众号，2023年2月1日.

［16］宋志平.全面提高上市公司质量.券商中国，2020年5月12日.

［17］宋志平.三精管理［M］.北京：机械工业出版社，2022.

［18］余兴喜.如何防范因内部报告问题导致的信息披露不及时.新理财，2022年第11期.

［19］余兴喜.上市公司如何做好内幕信息管理.新理财，2023年第1期.

［20］舆论危机的特点与处理思路.董秘俱乐部微信公众号，2022年11月23日.

［21］张利国.董事会建设十大关键点.企业管理杂志微信公众号，2022年8月18日.

［22］中国上市公司协会，中证指数有限公司.中国上市公司ESG发展报告.2022.